Hello Kitty

Sei neugierig!

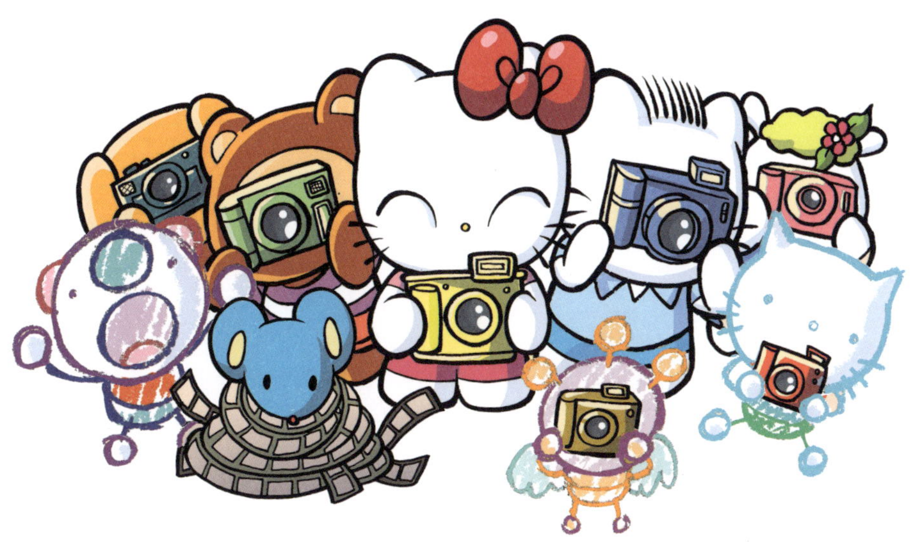

Texte und Zeichnungen

Giovanni Castro, Jacob Chabot, Ian McGinty und Jorge Monlogo

Hello Kitty Kurzgeschichten

Stephanie Buscema und Maite Oz

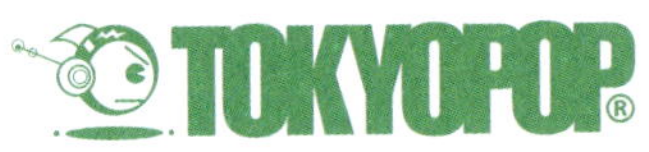

TOKYOPOP GmbH
Hamburg

TOKYOPOP
1. Auflage, 2019
Deutsche Ausgabe/German Edition

Aus dem Englischen von Hartmut Klotzbücher

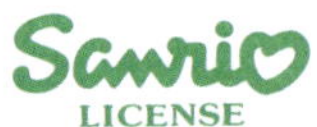

Redaktion: Lisa Duty
Handlettering: Hartmut Klotzbücher
Retusche: Vibrant Publishing Studio
Lettering: Mathias Neumeyer
Herstellung: Mathias Neumeyer
Druck und buchbinderische Verarbeitung:
CPI – Clausen & Bosse GmbH, Leck
Printed in Germany

ISBN 978-3-8420-4759-4

www.tokyopop.de

Inhalt

Familie und Freunde 6
Die Kritzelei 9
Wasserfarben 14
Eine tolle Vorstellung 15
Drachenstark! 20
Naturtalent 25
Traummusik 30
Schnurrbart-Krimi im Kunstmuseum 31
Tumult in der Töpferei 34
Eine Burg mit Sti(e)l 38
Aus dem Rahmen gefallen 39
Eine unvorhergesehene Reise 49
Bitte lächeln! 59
Ganz schön scharf! 63
Pingus Eispalast 69
Kosmischer Kuchen 70
Total Banane! 76
Süße Träume 79
Wie viele sind es? 88
Ein riesiges Problem 89
Der grauenvolle Nudelstrudel 99
So ein Schlemmer-Dilemma! 109
Wir backen 115
Die Autoren 117

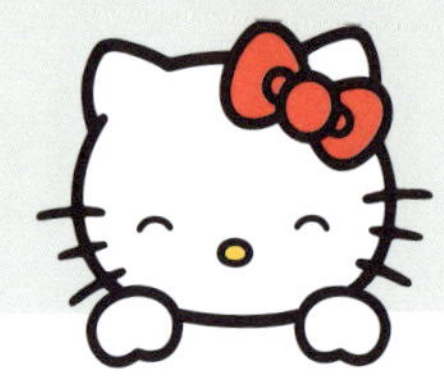

Familie

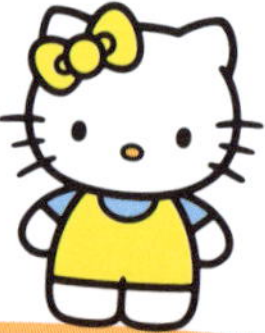

Mimmy

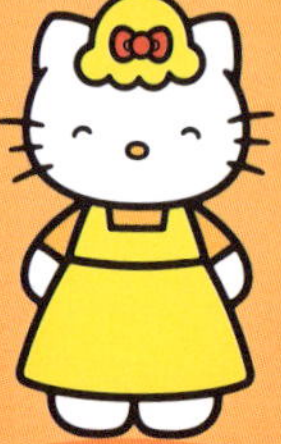

Mama

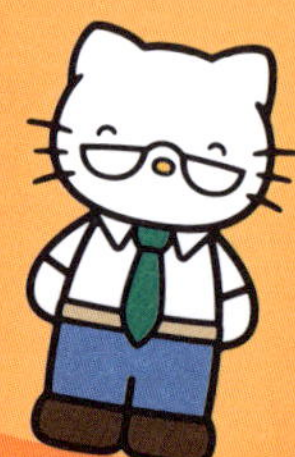

Papa

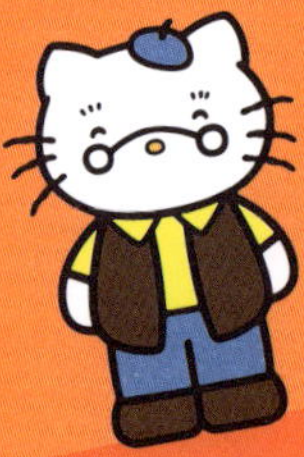

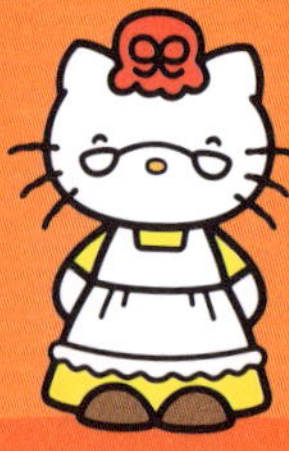

Opa

Oma

und Freunde

Dear Daniel
Fifi
Tippy
Jodie
Tracy
Thomas
Rorry
Joey
Mory
Tim &
Tammy

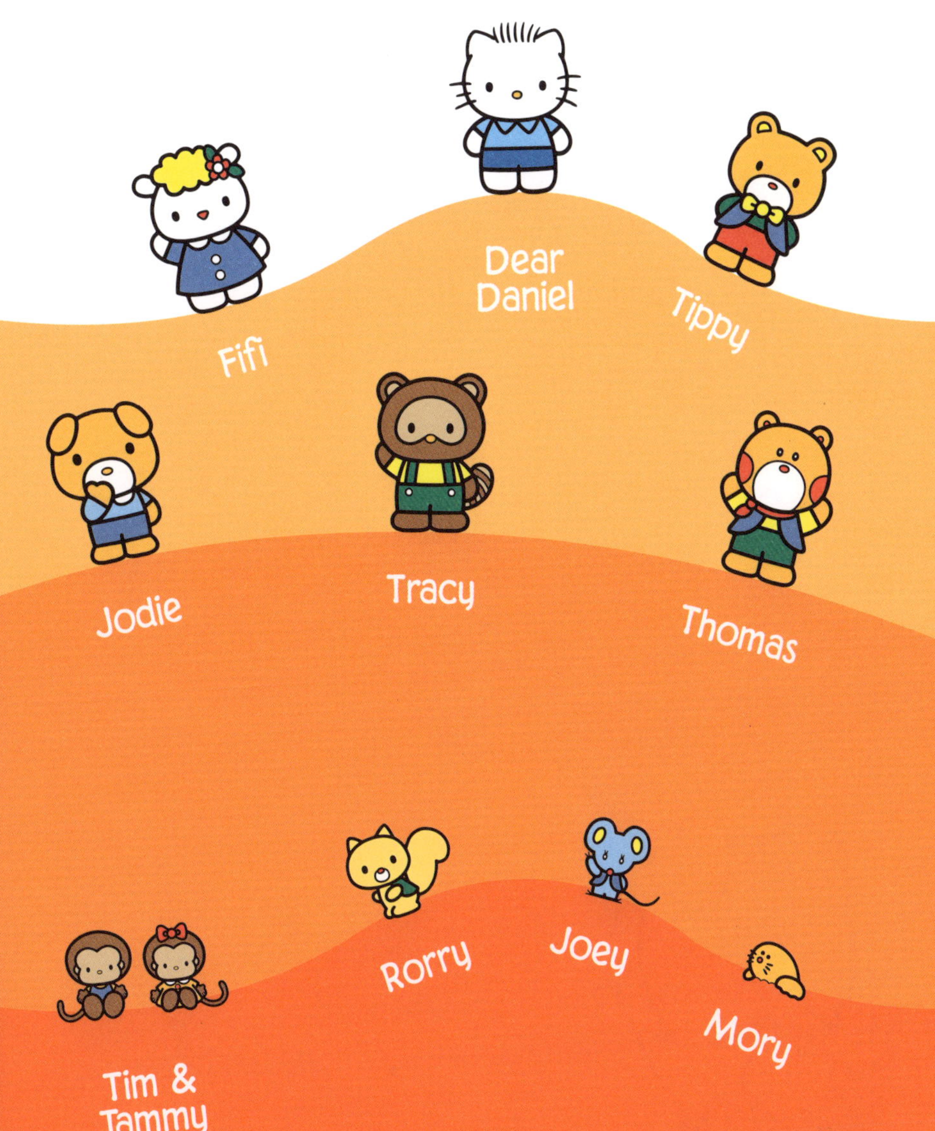

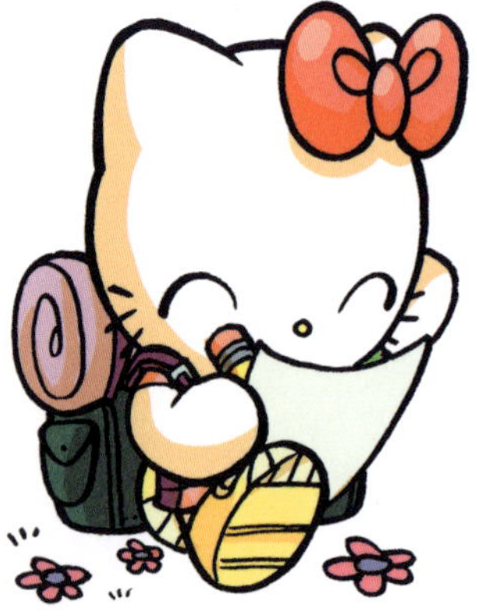

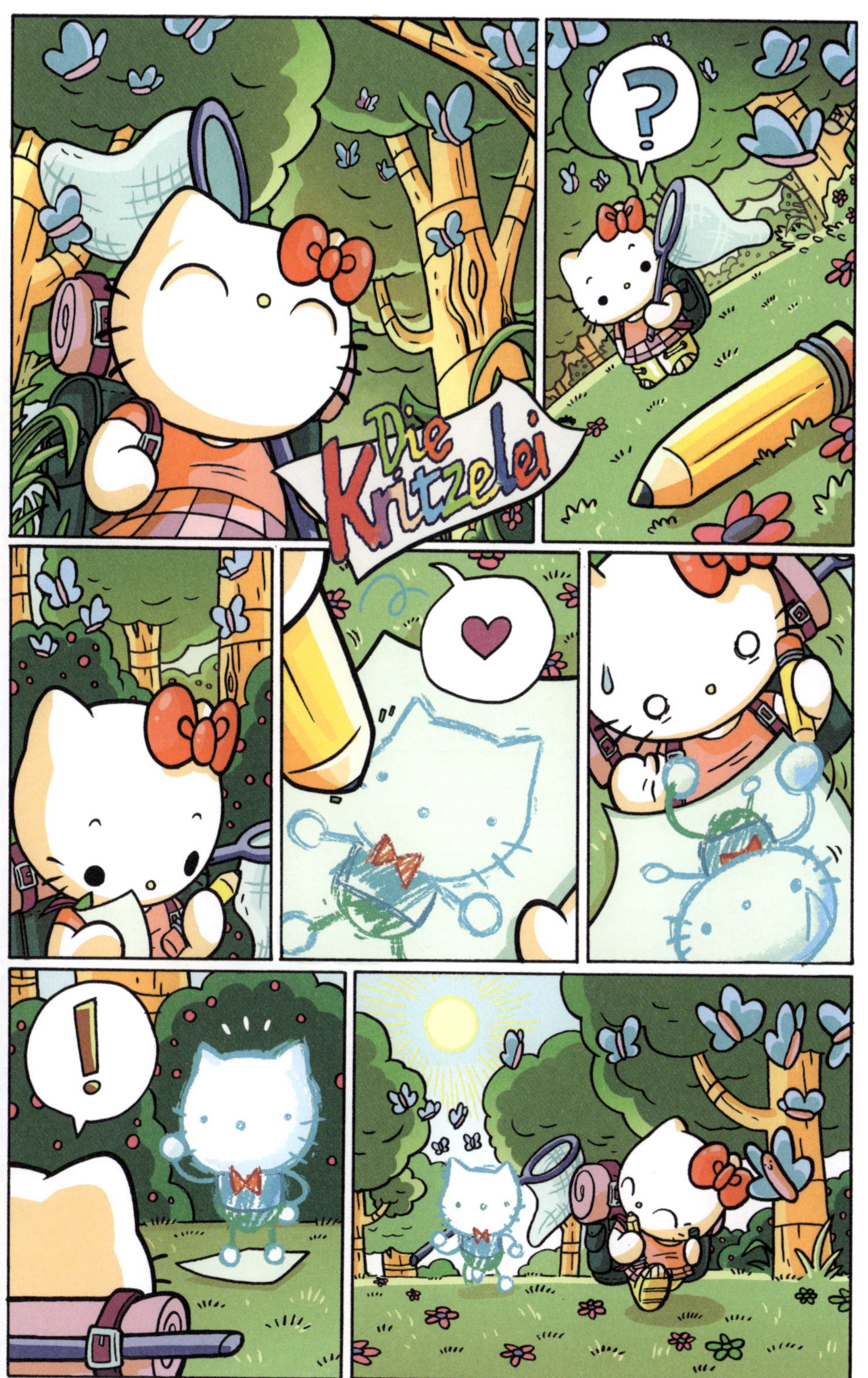
Die Kritzelei
?
!

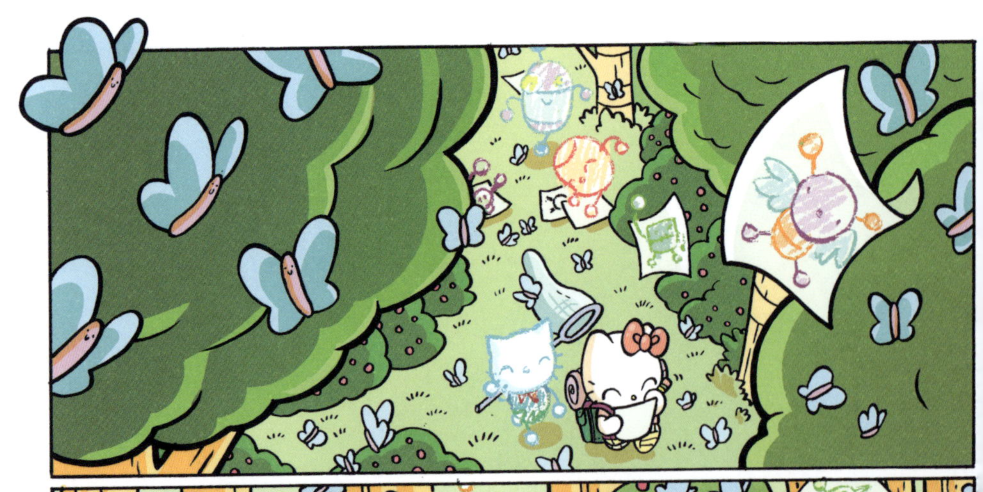

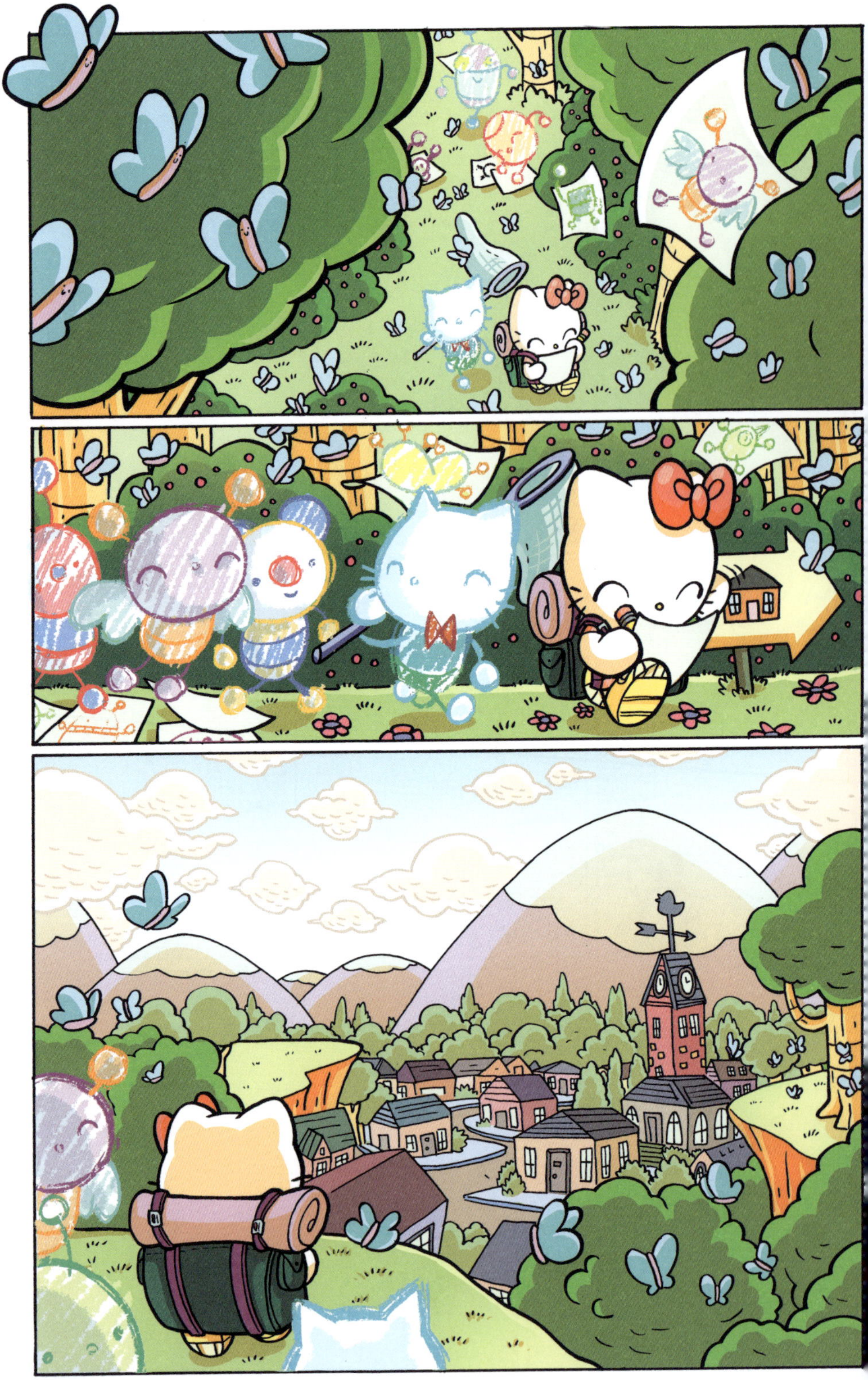

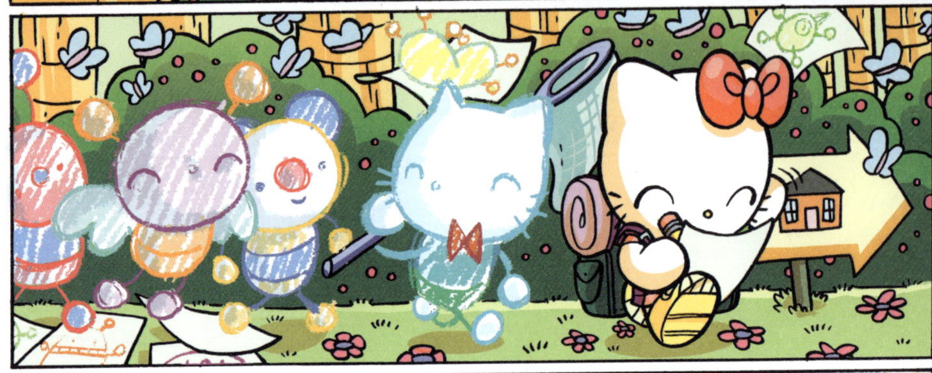

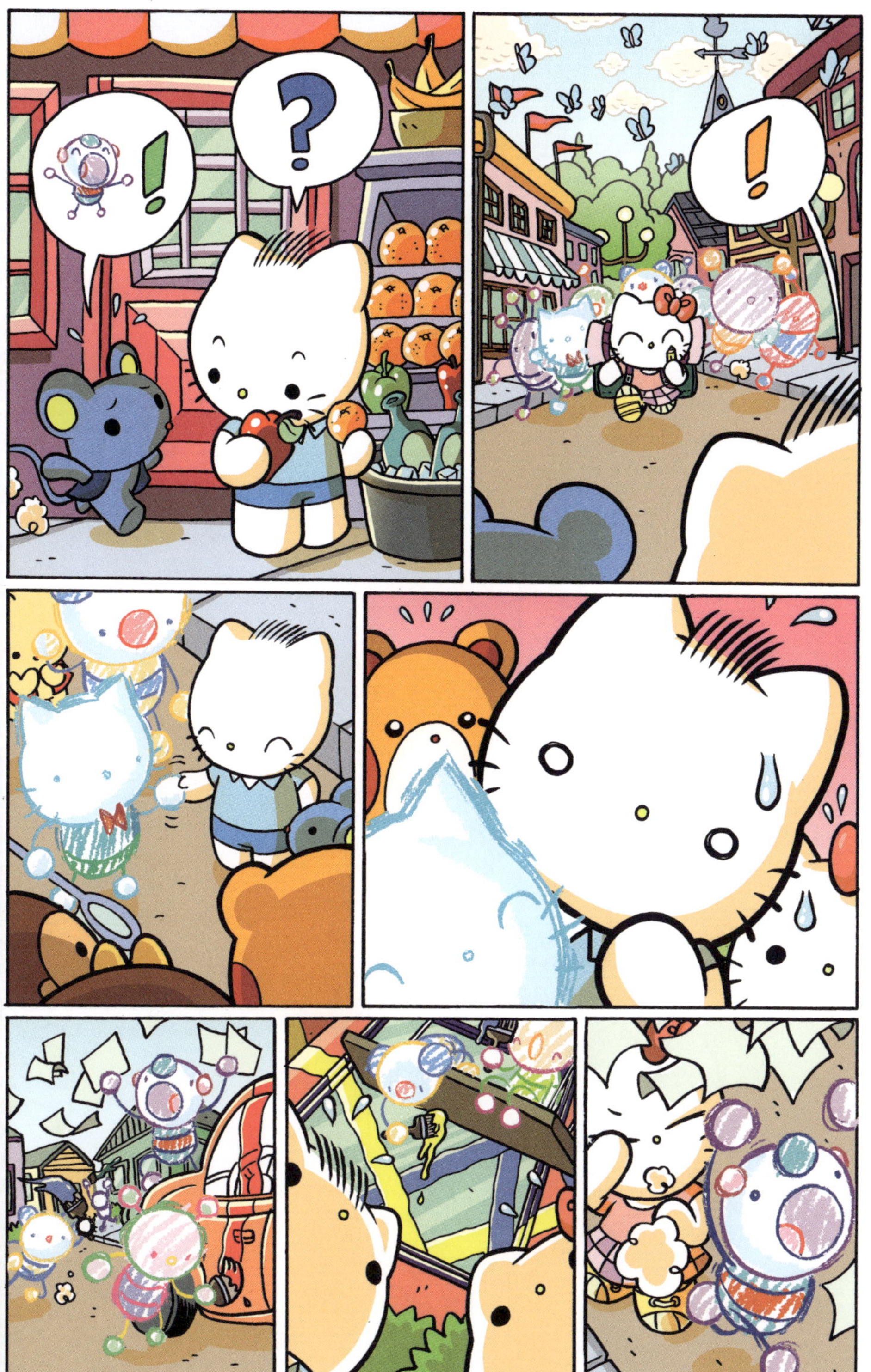

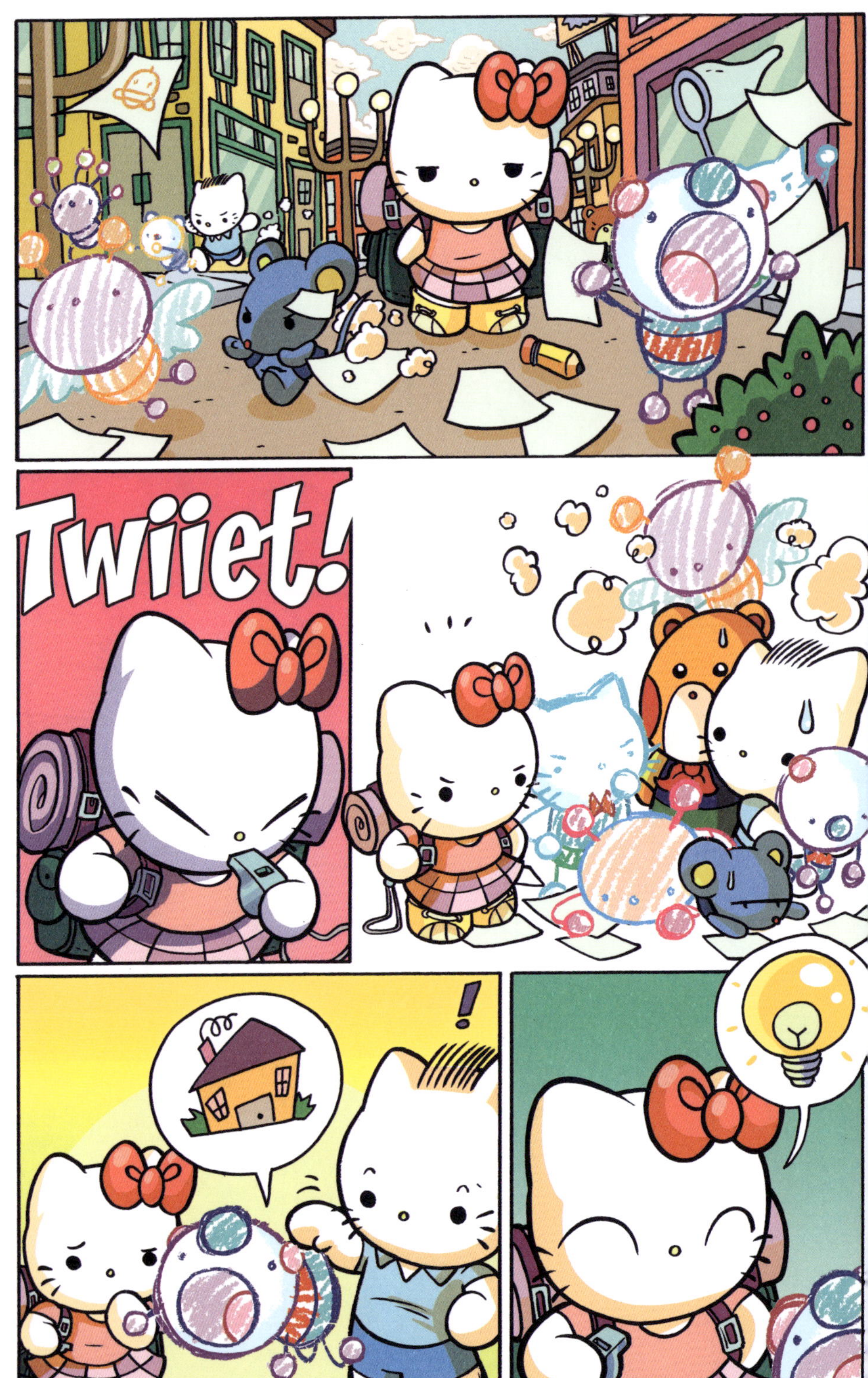
Twiiet!
!

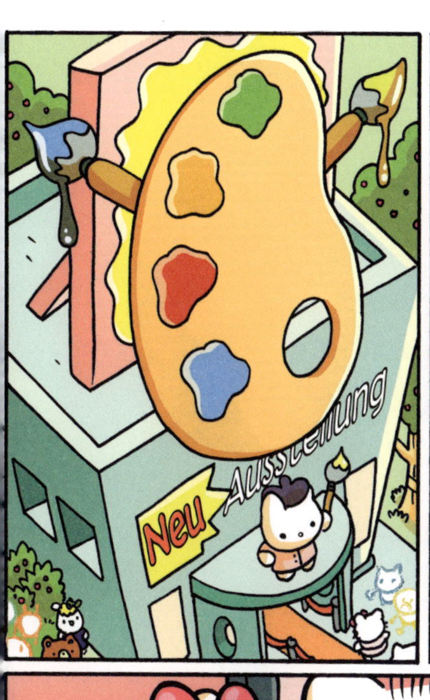
Neu
Ausstellung

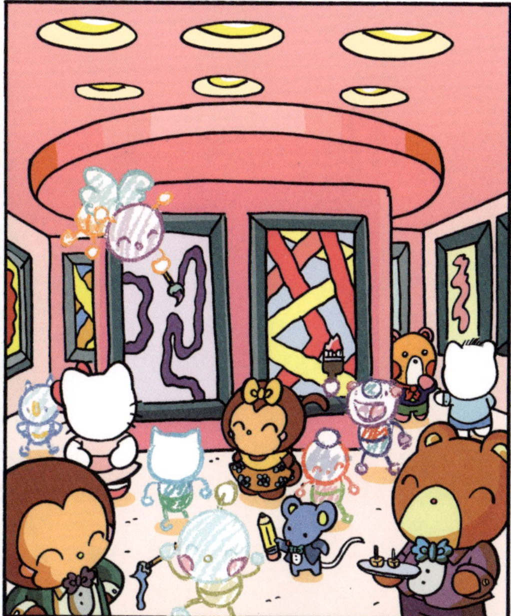

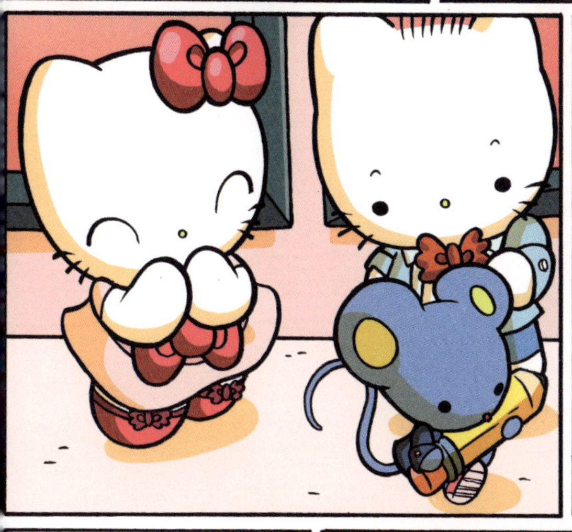

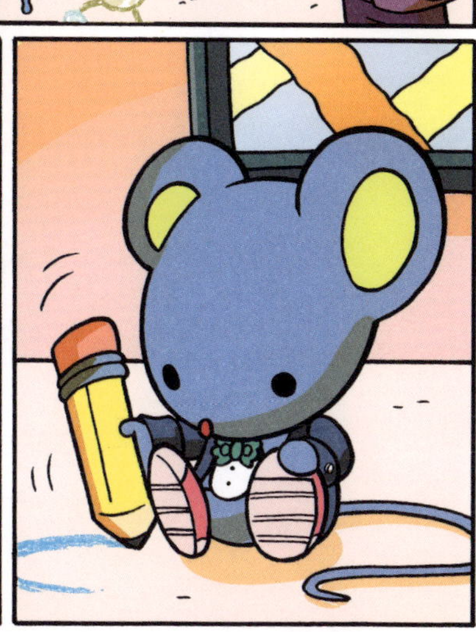

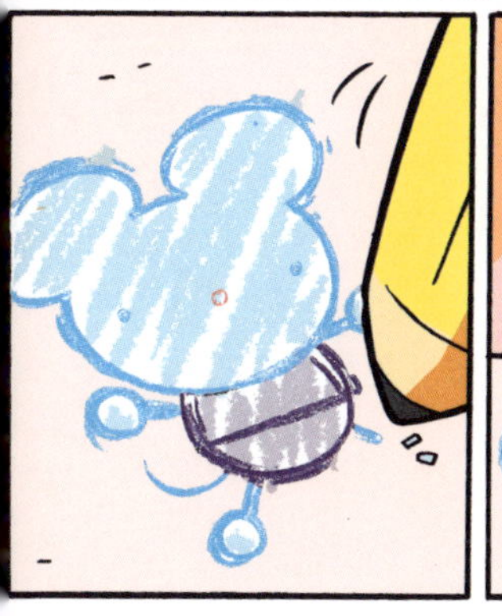

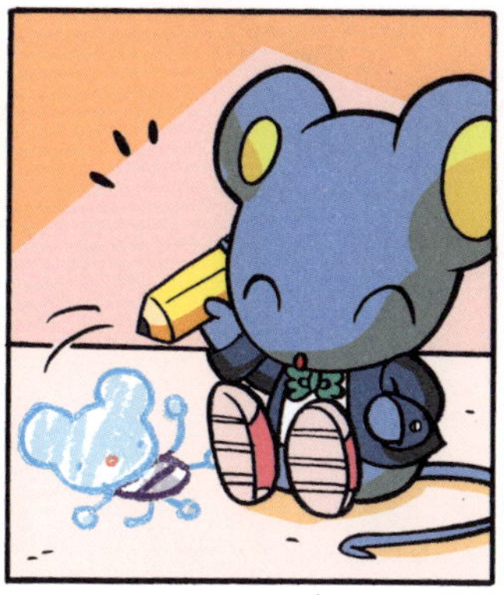

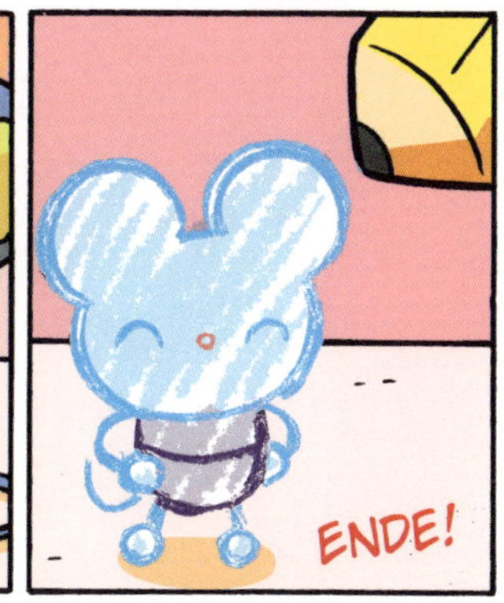
ENDE!

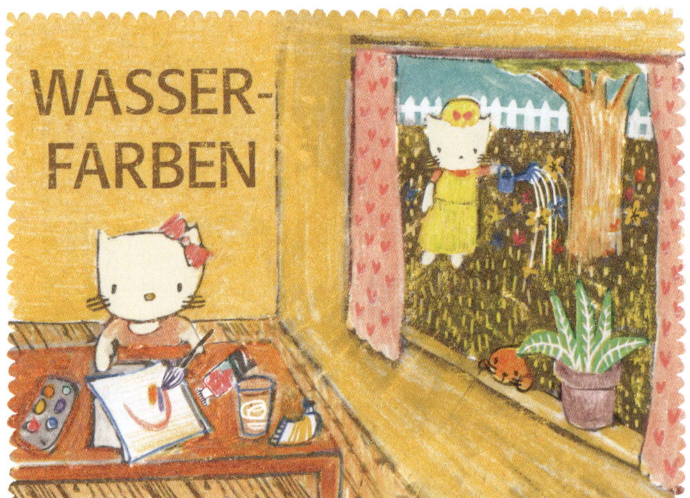
WASSER-
FARBEN

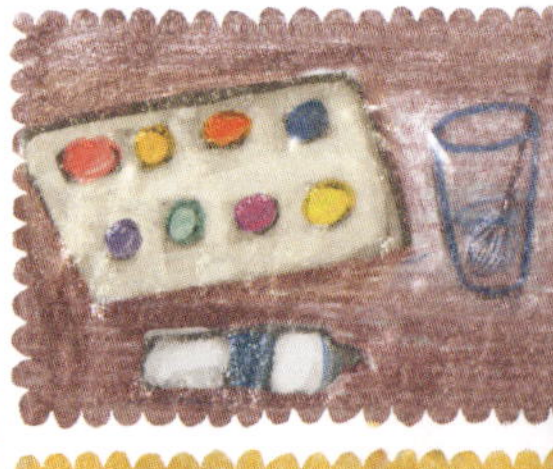

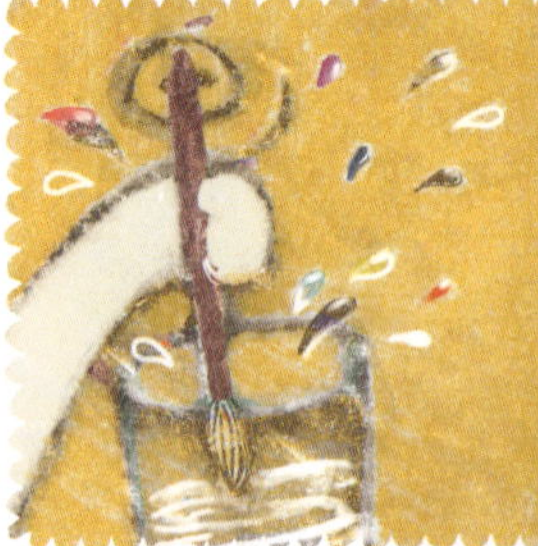

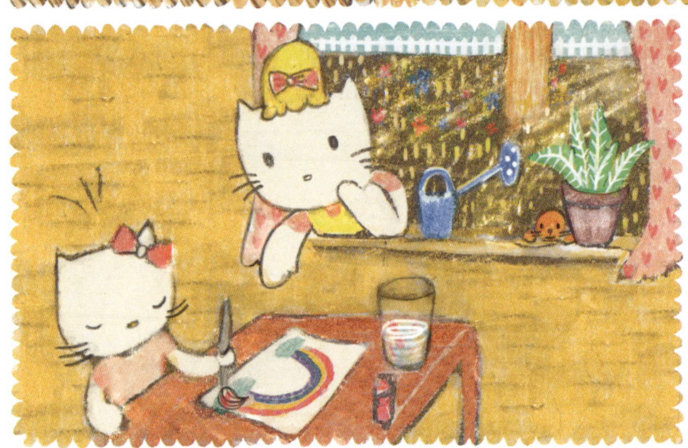

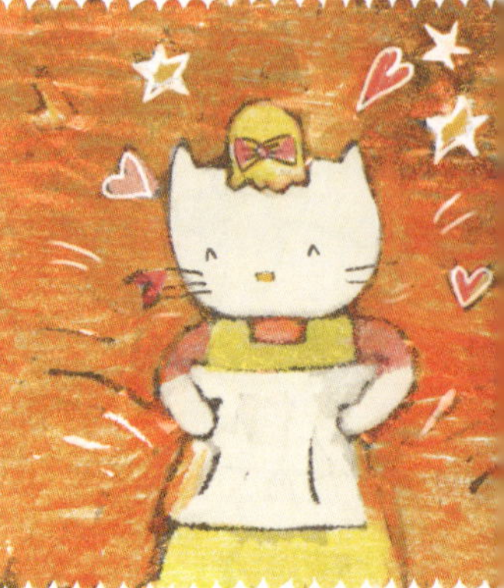

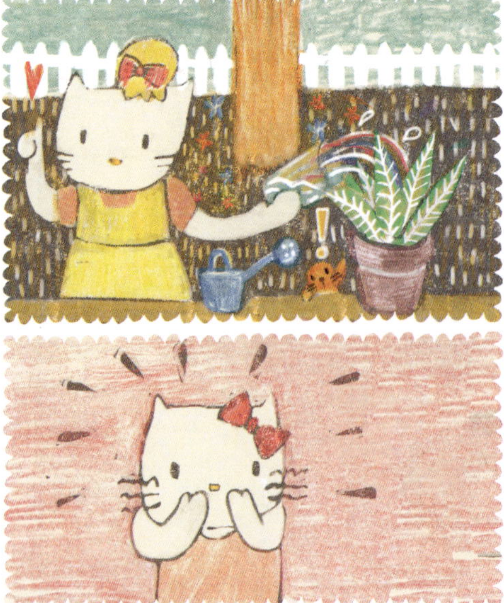

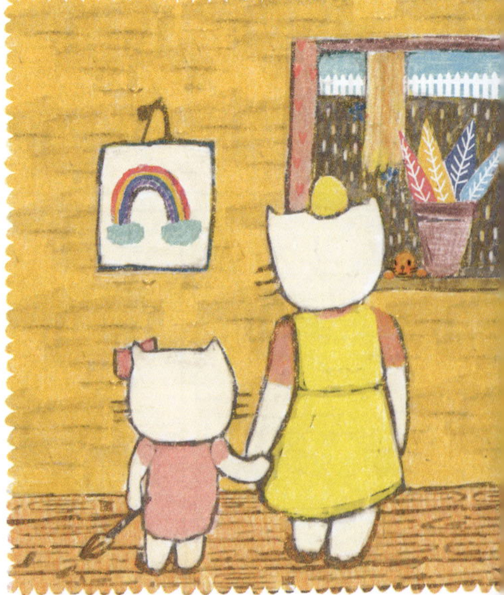

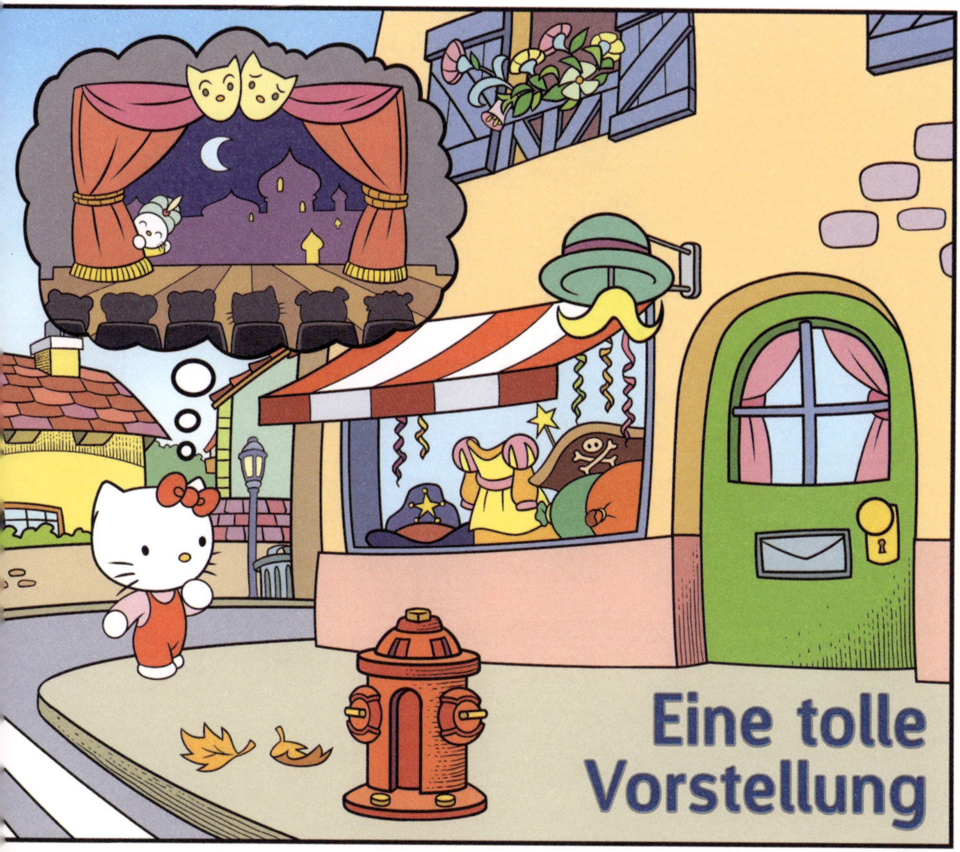

Eine tolle Vorstellung

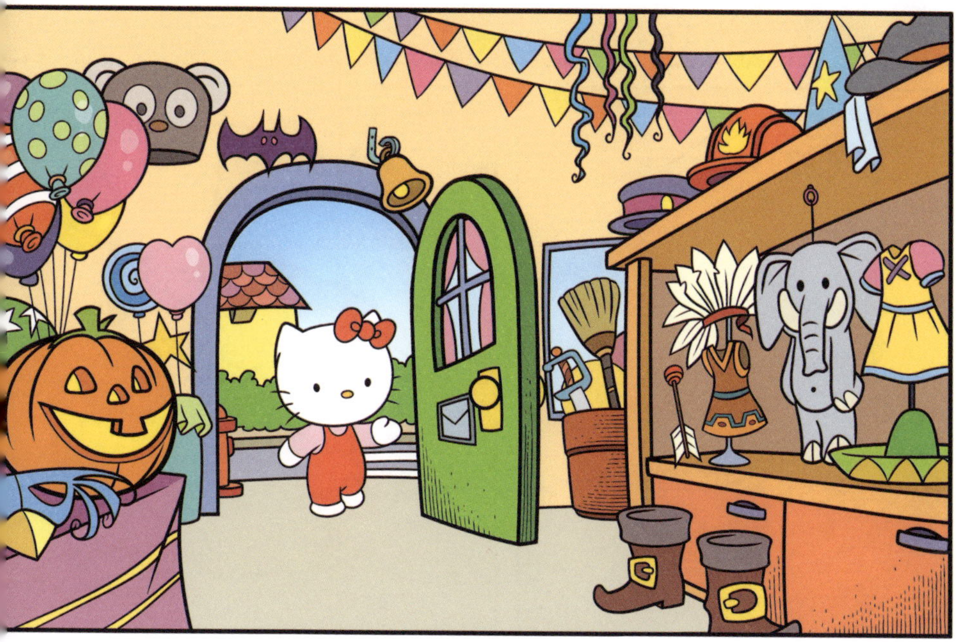

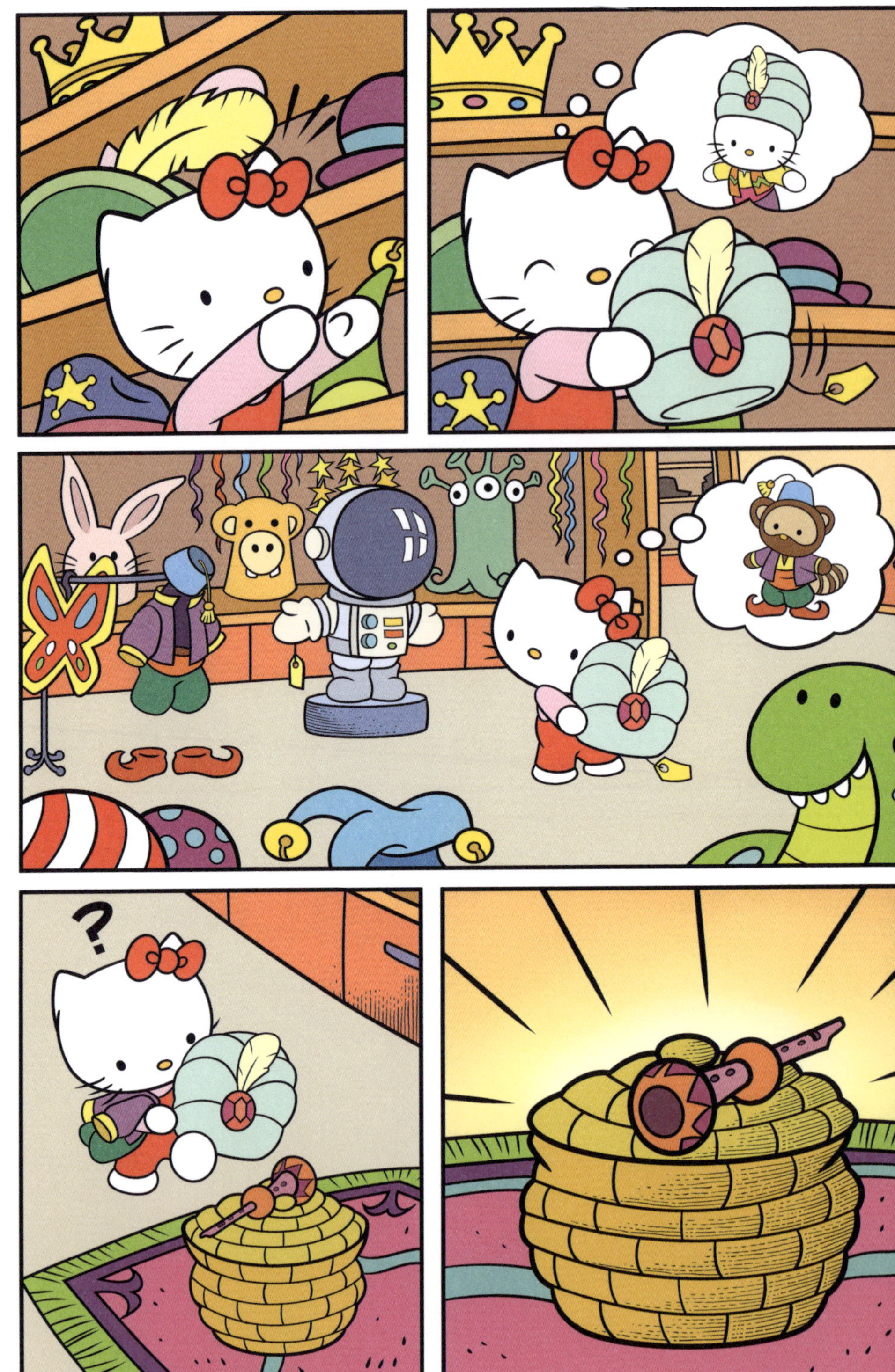

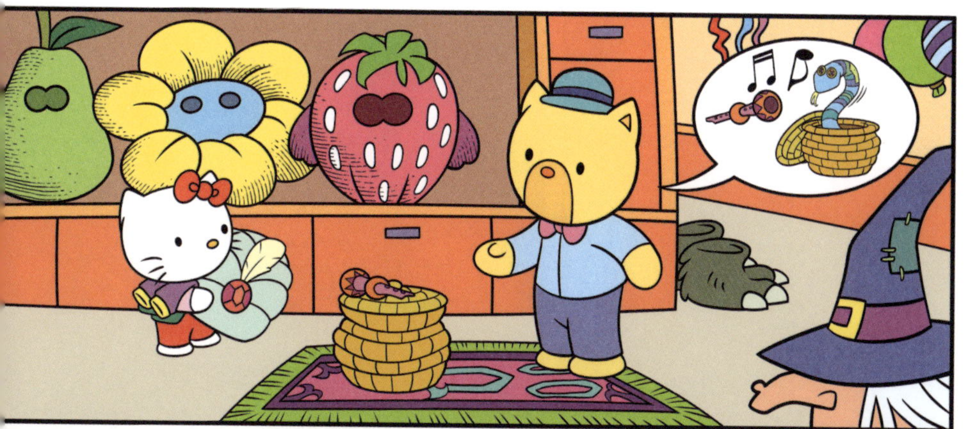
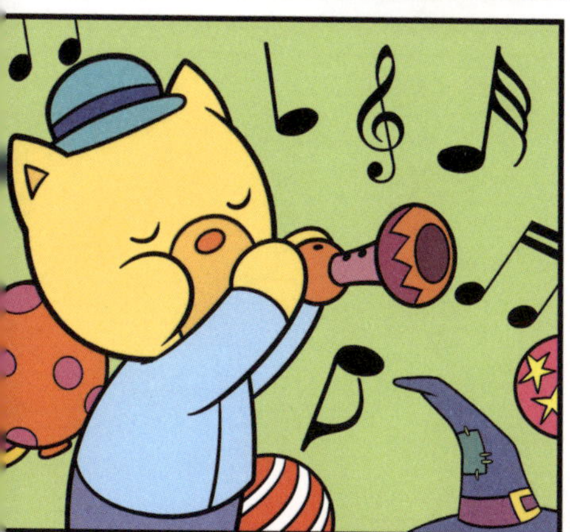
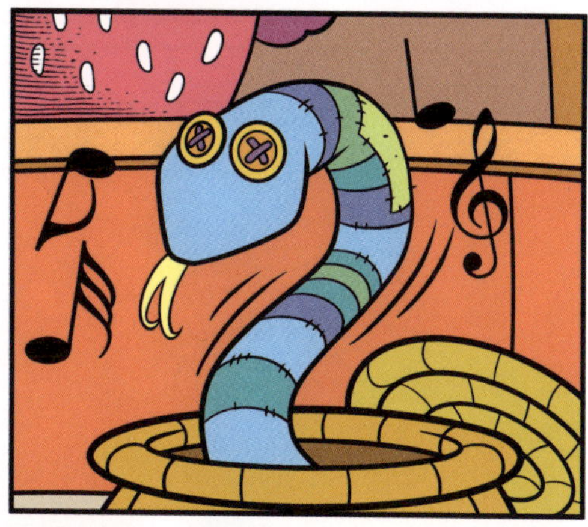
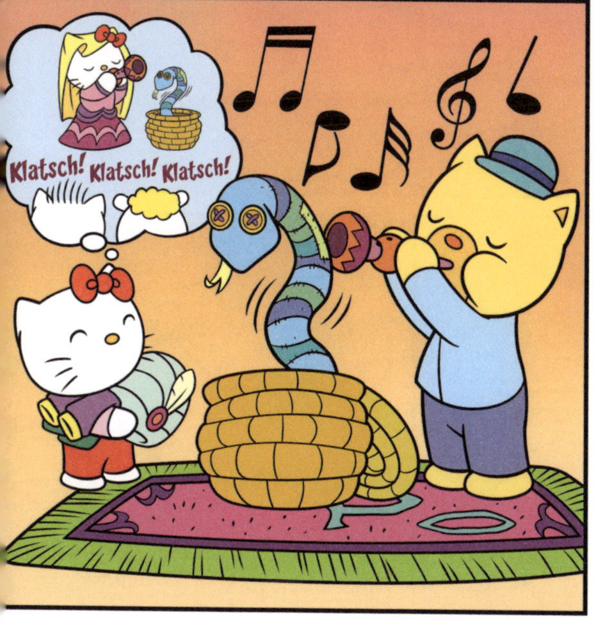
Klatsch! Klatsch! Klatsch!
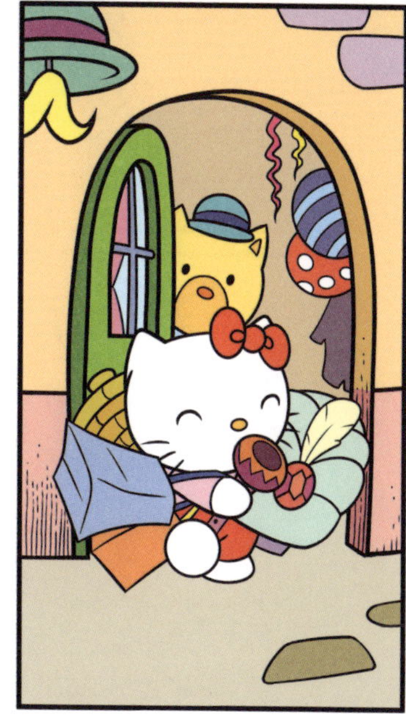

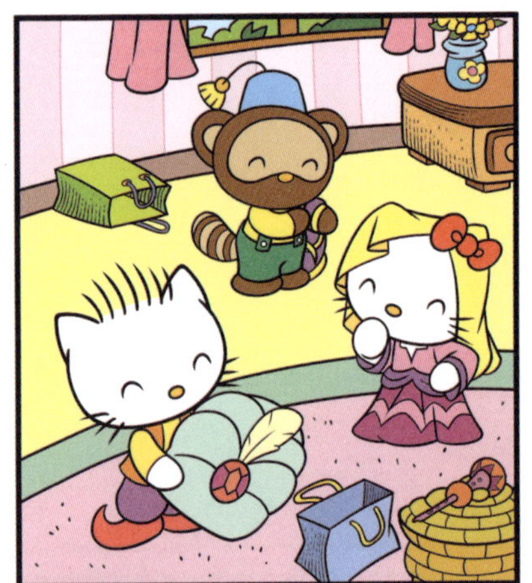

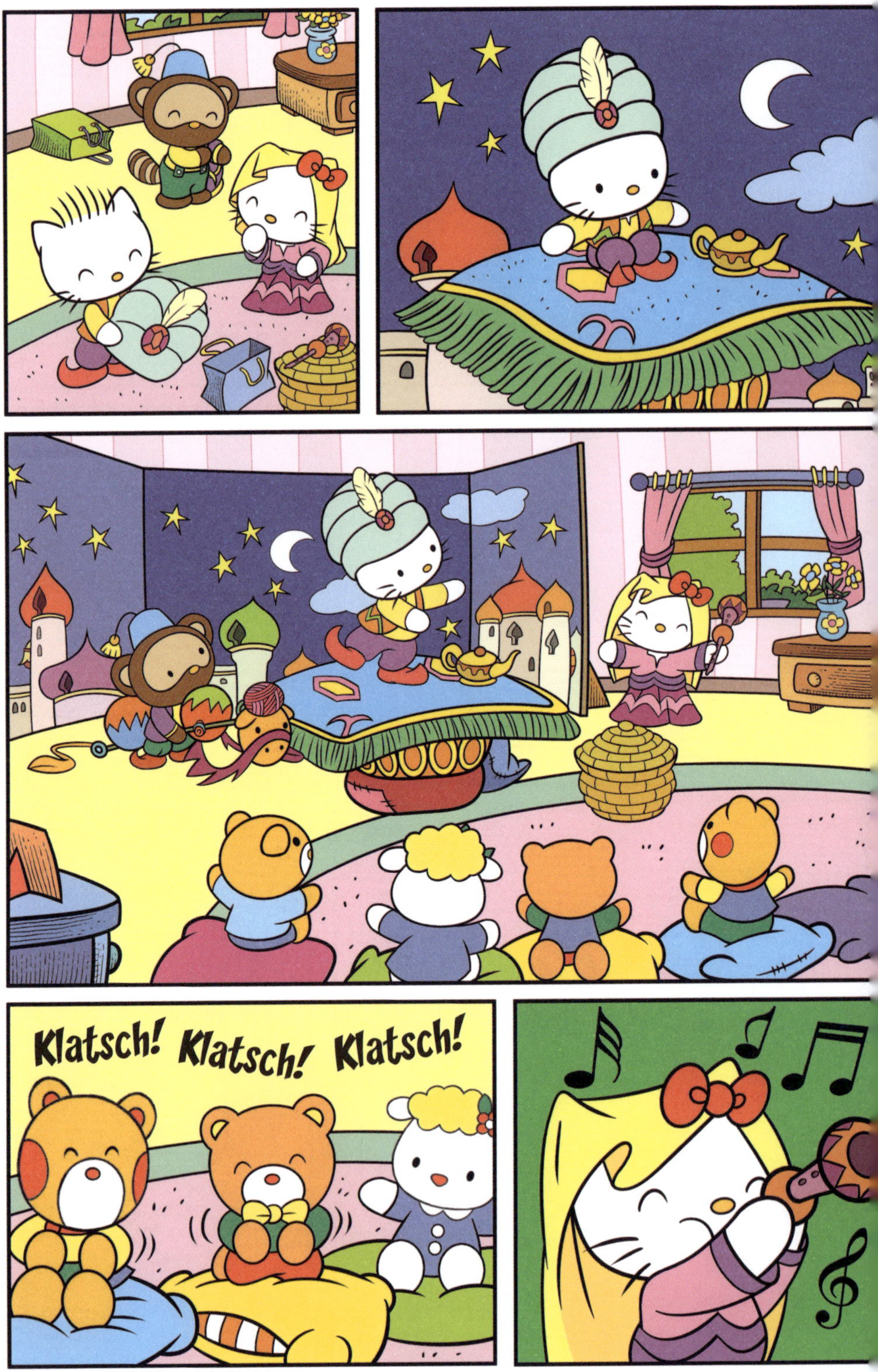

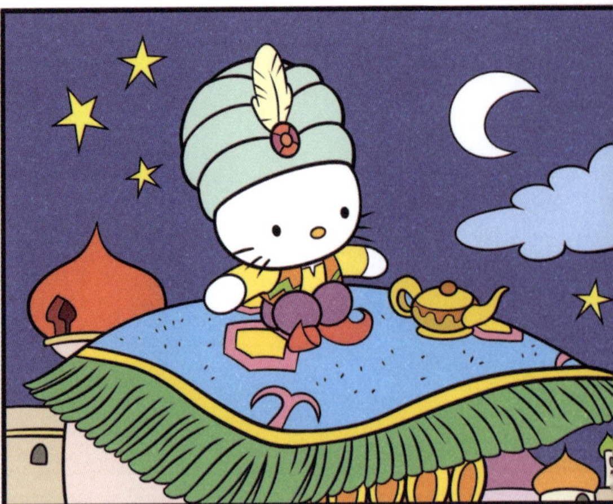

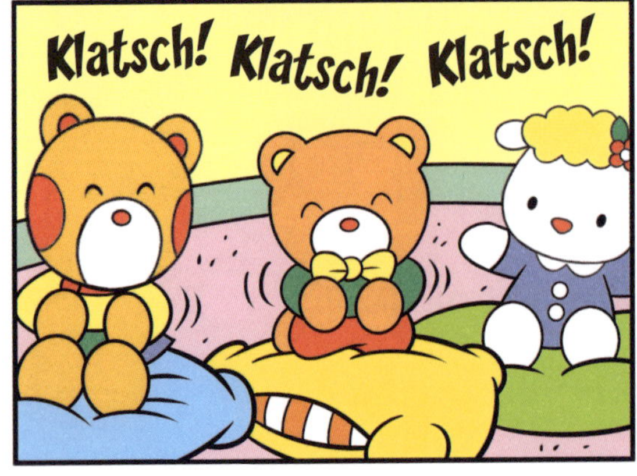
Klatsch! Klatsch! Klatsch!

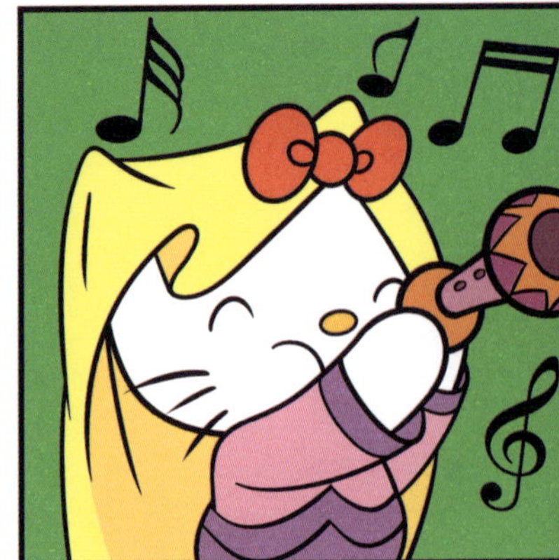

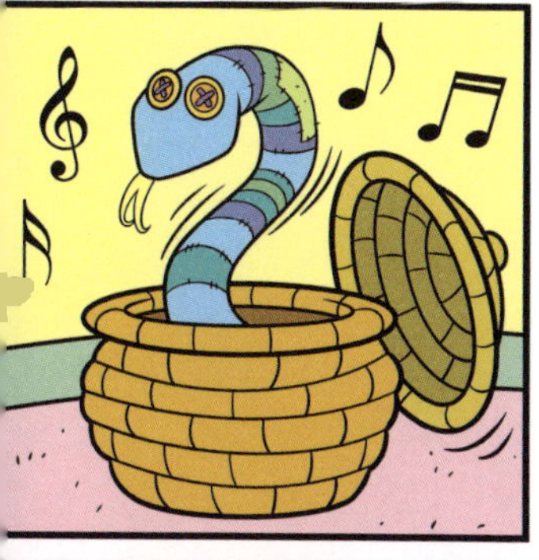
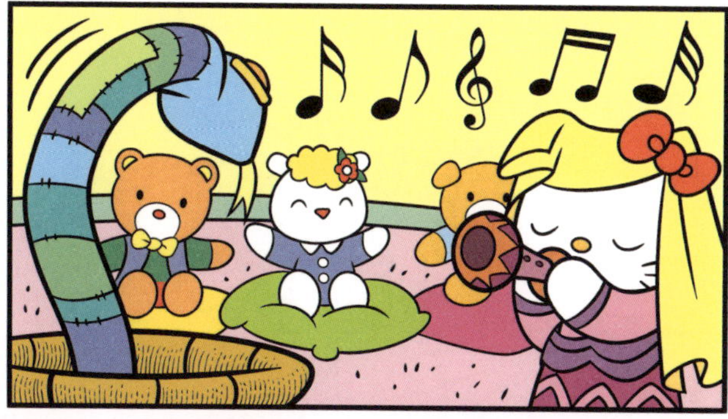
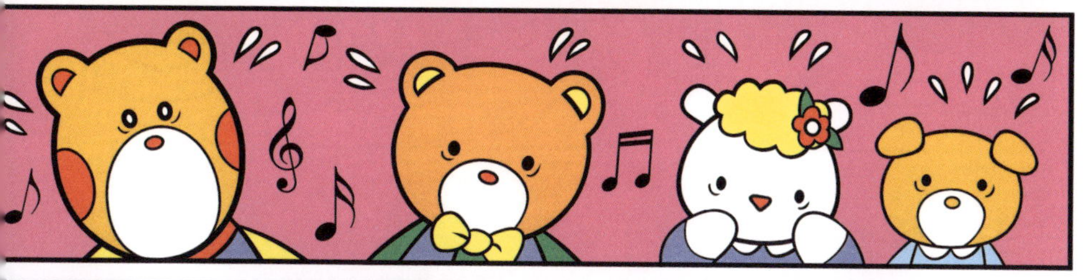
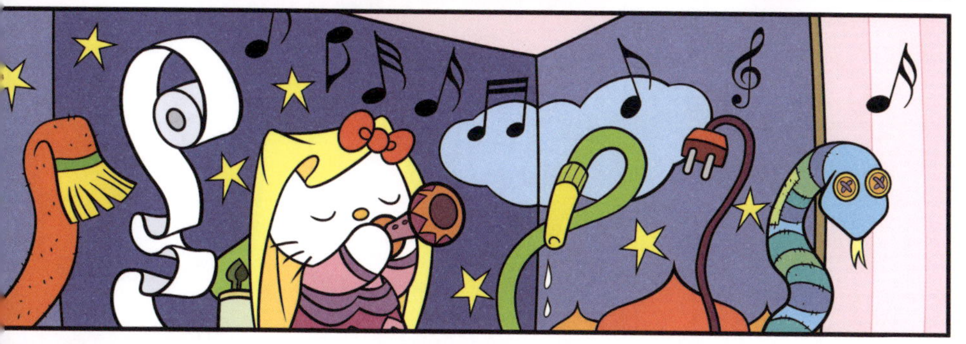
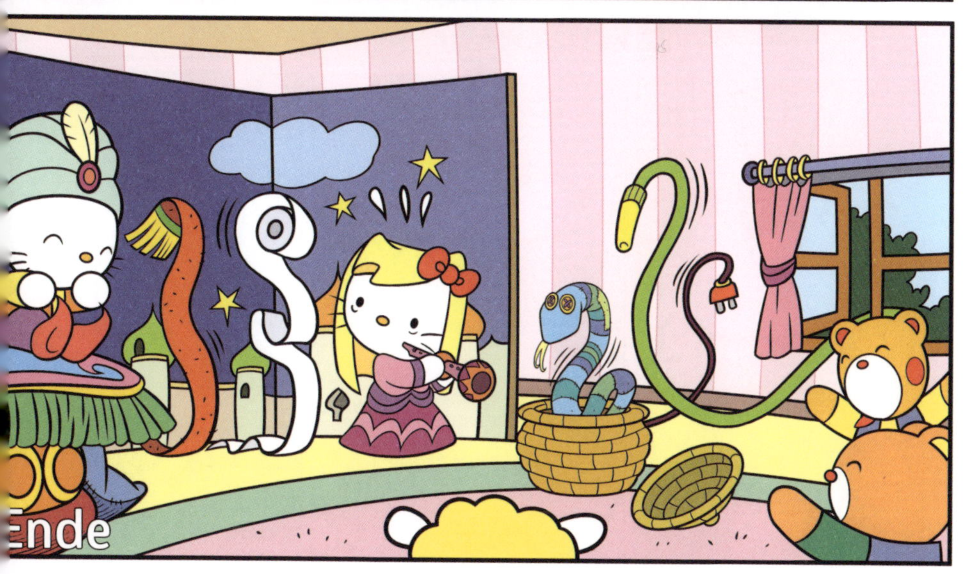
Ende

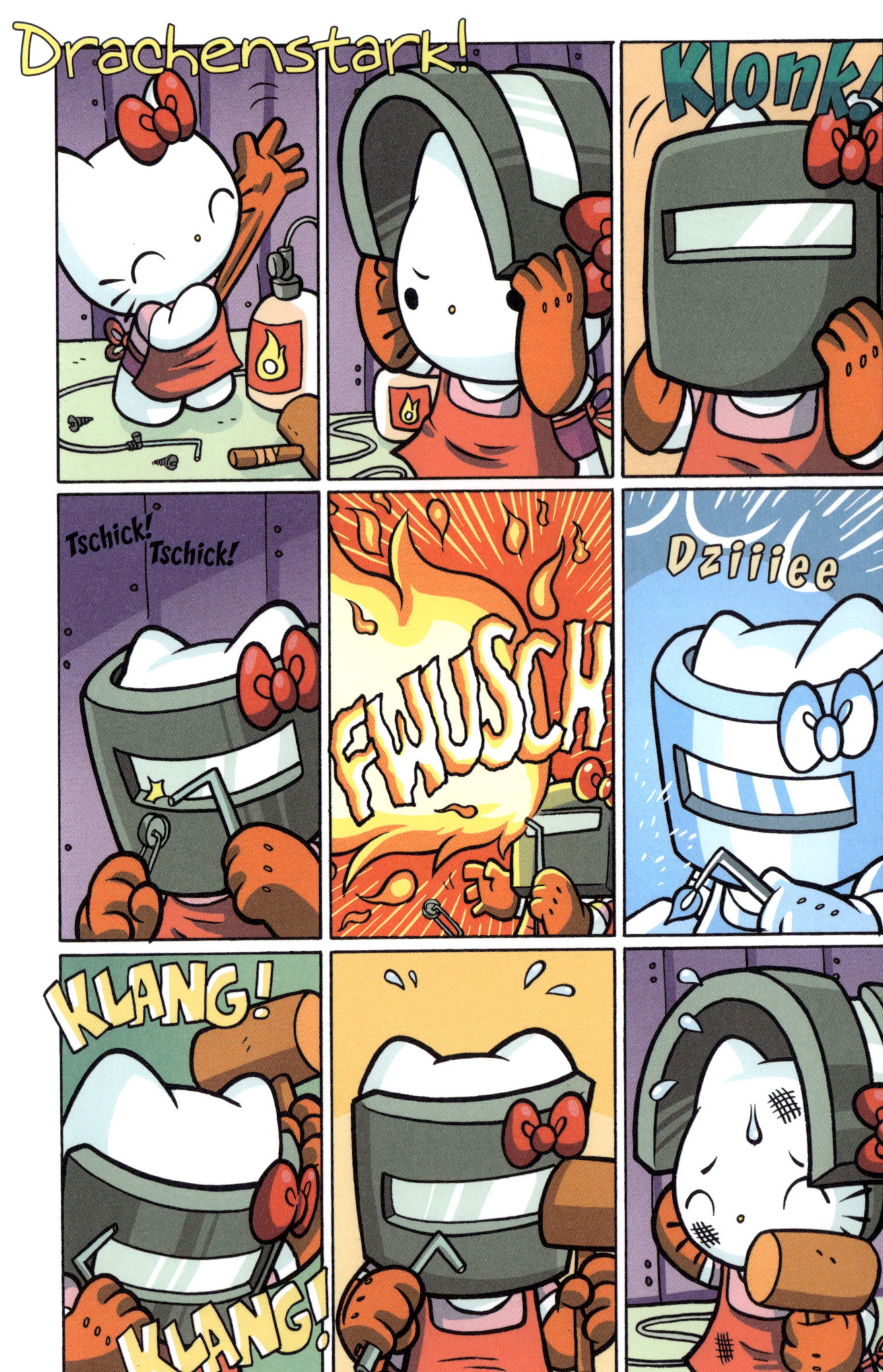
Drachenstark!
Klonk!
Tschick!
Tschick!
FWUSCH
Dziiiee
KLANG!
KLANG!

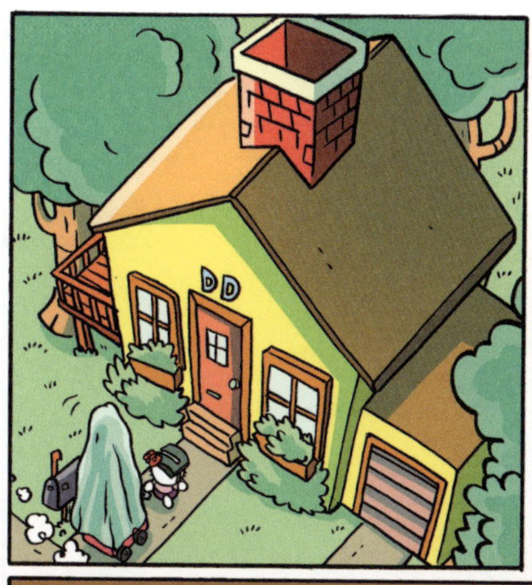
DD
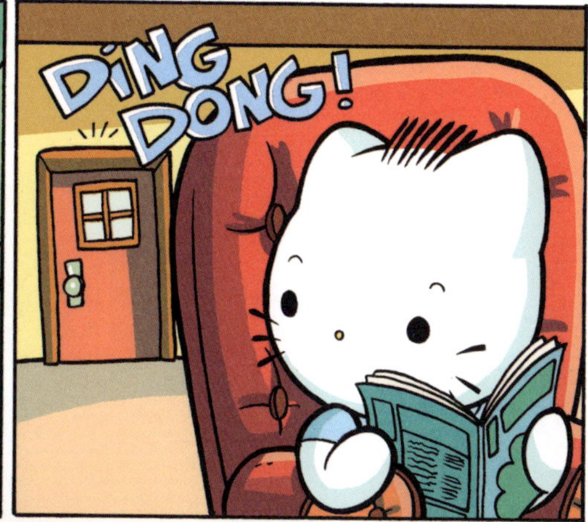
DING DONG!
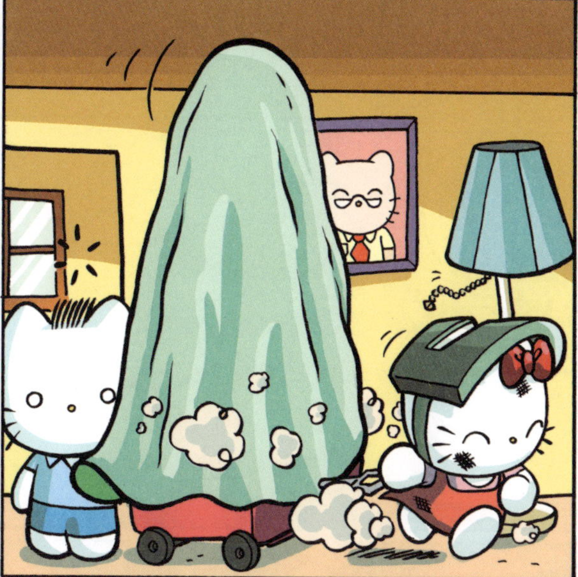
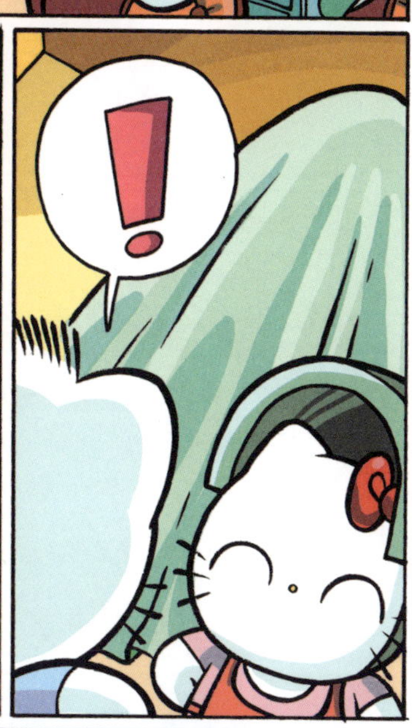
!
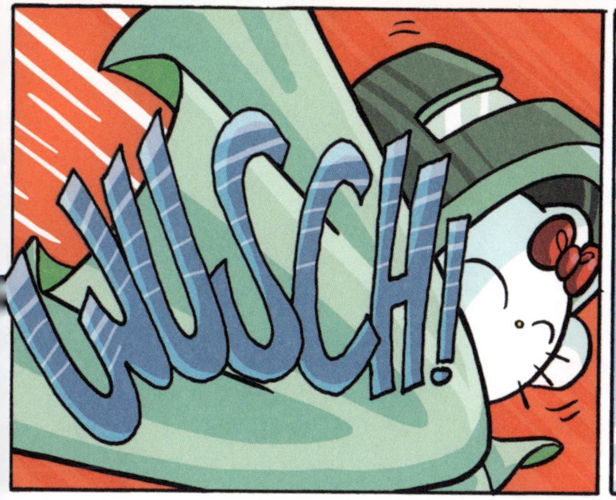
WUSCH!
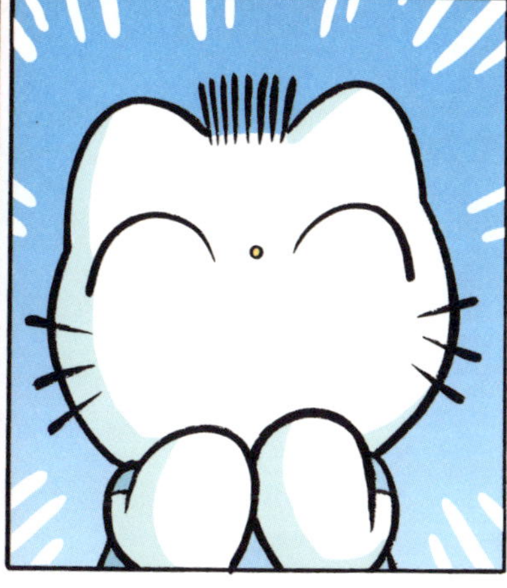

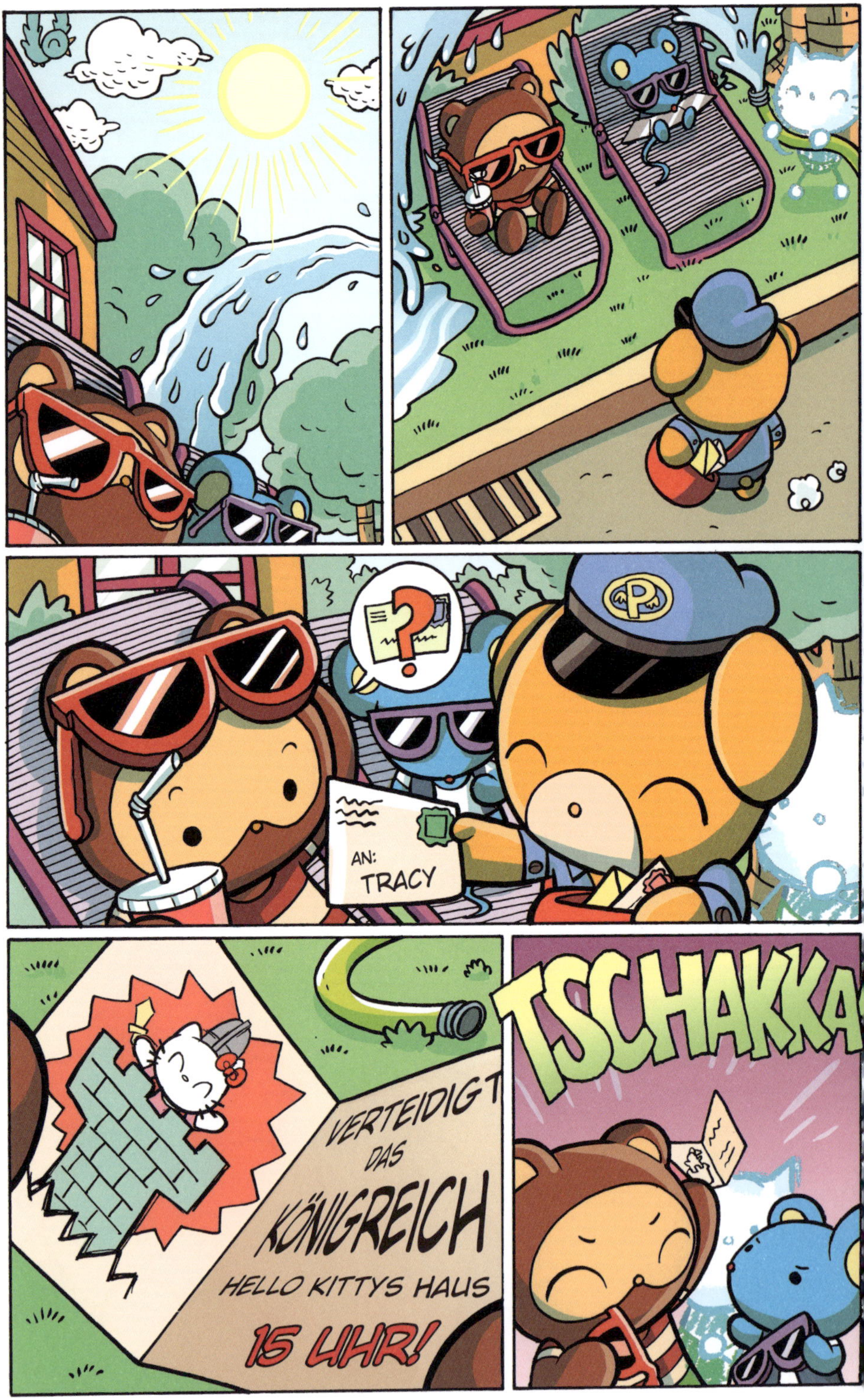

AN:
TRACY

VERTEIDIGT DAS KÖNIGREICH
HELLO KITTYS HAUS
15 UHR!

TSCHAKKA

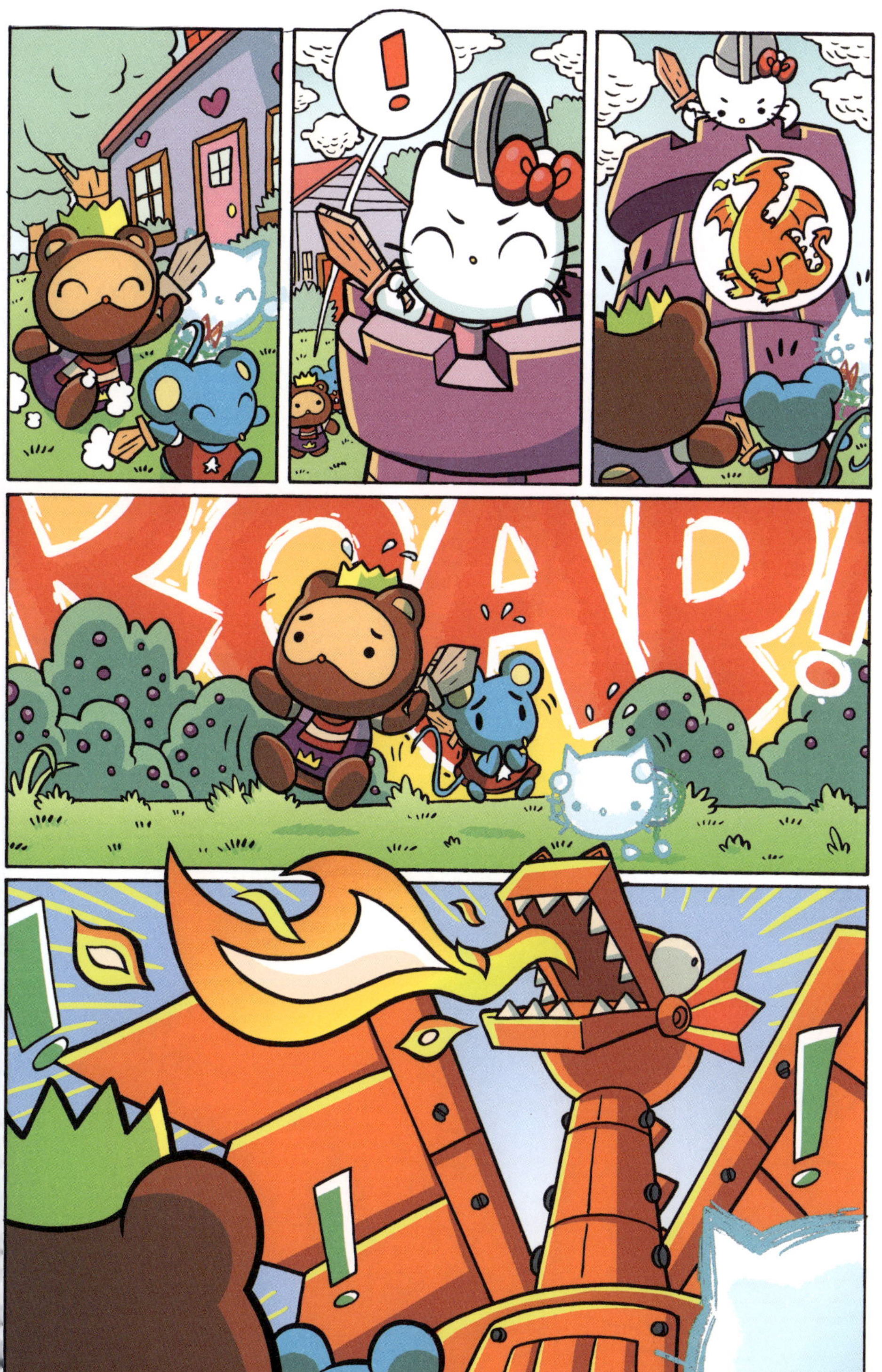
!
ROAR!

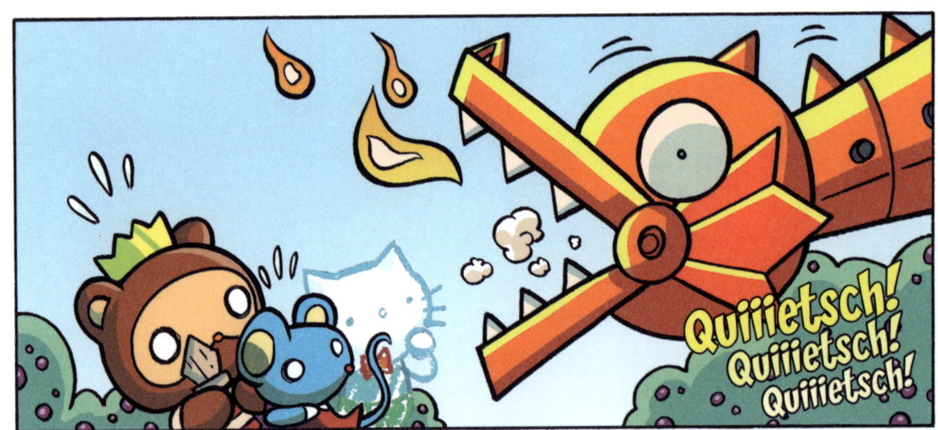
Quiiietsch!
Quiiietsch!
Quiiietsch!

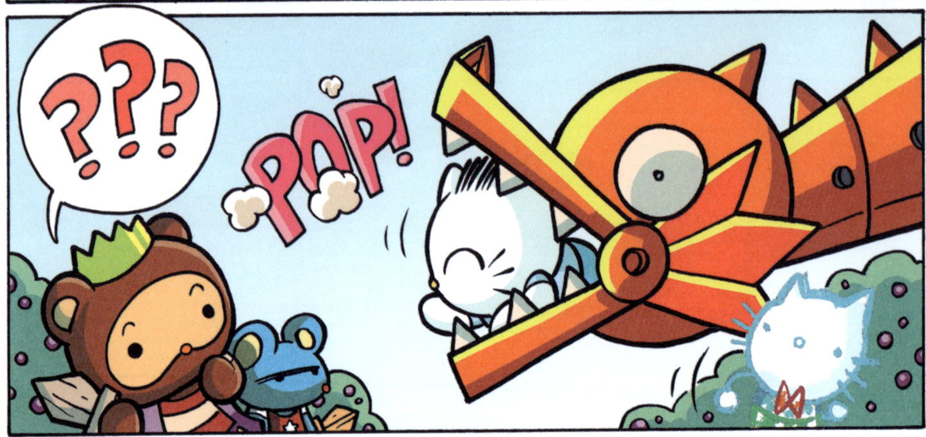
???
POP!

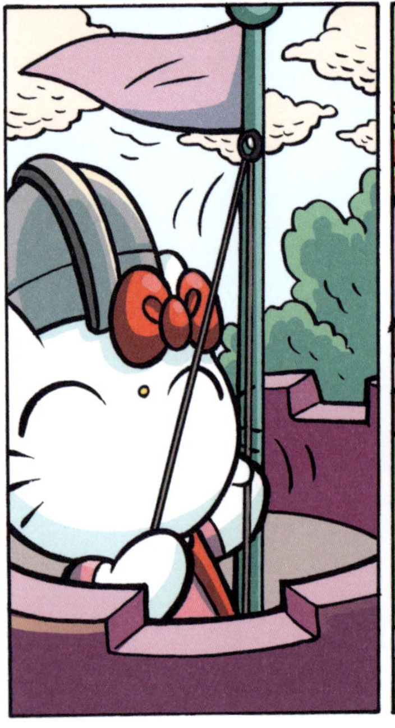

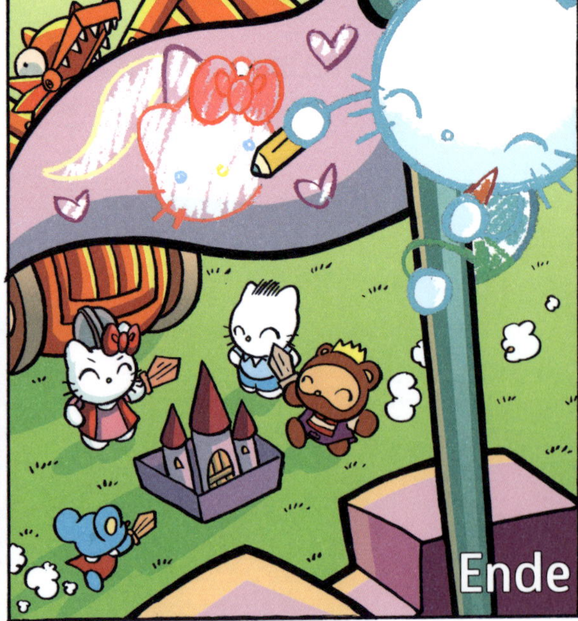
Ende

Naturtalent

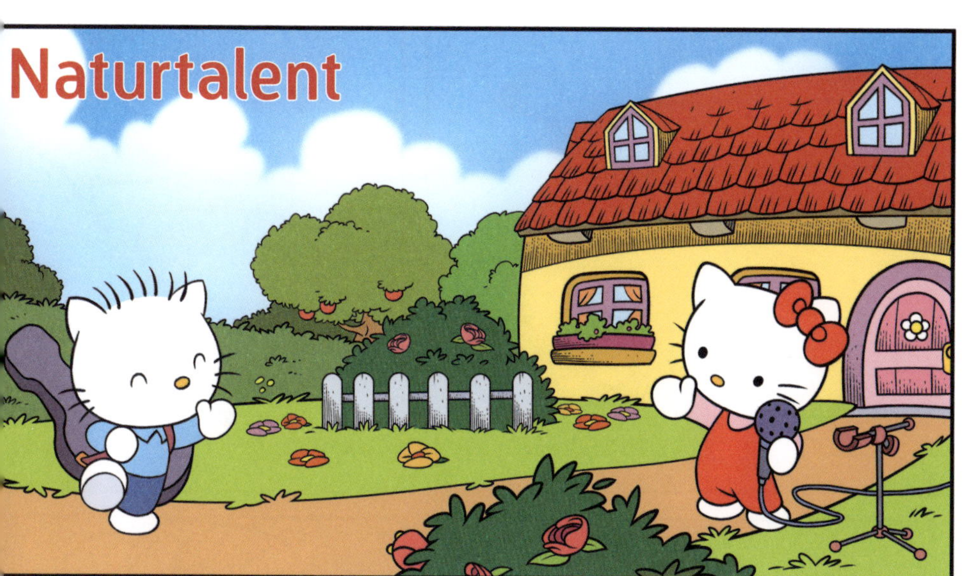

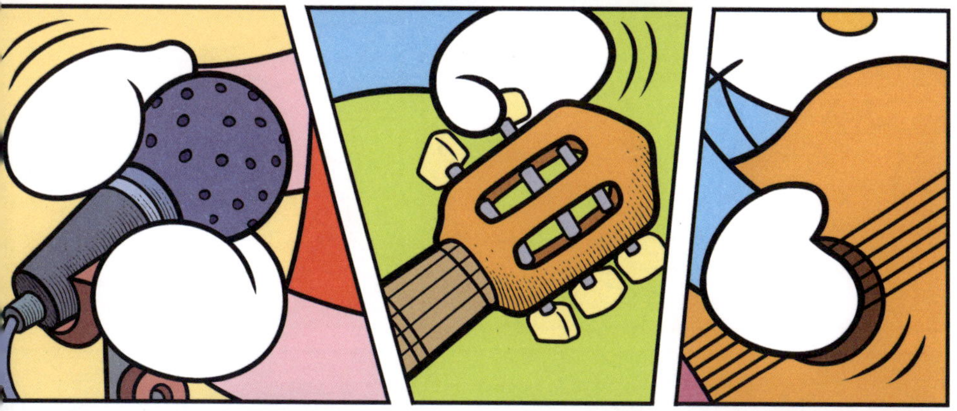

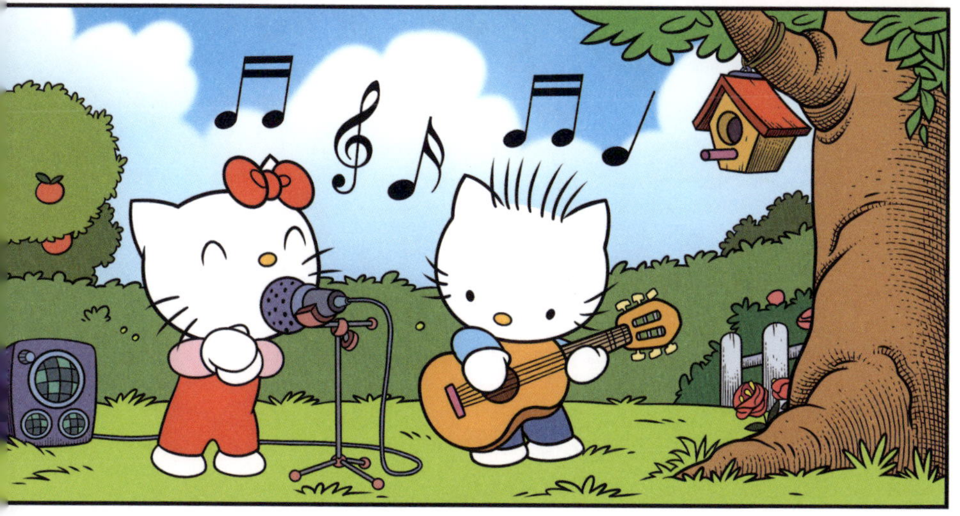

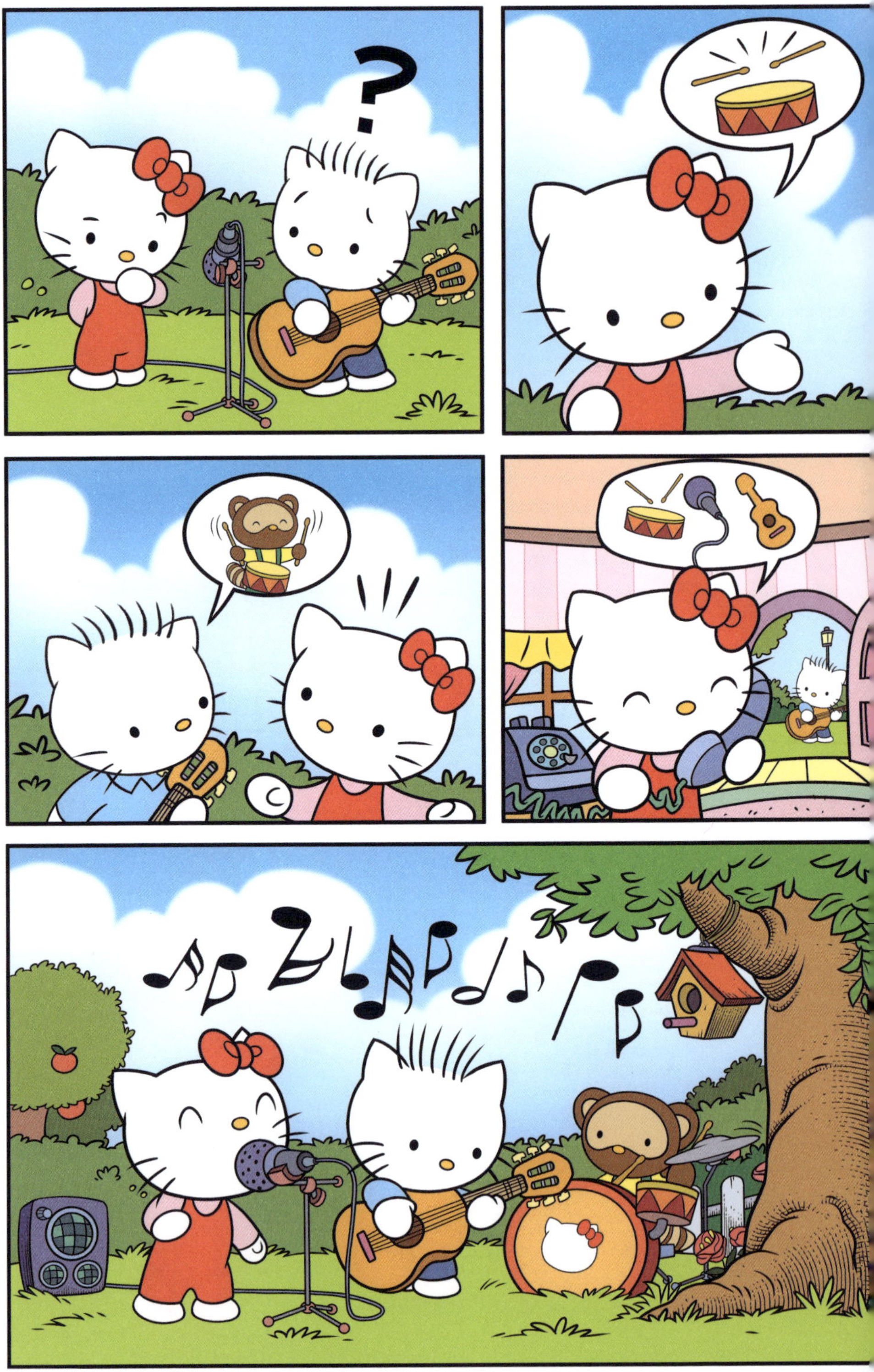

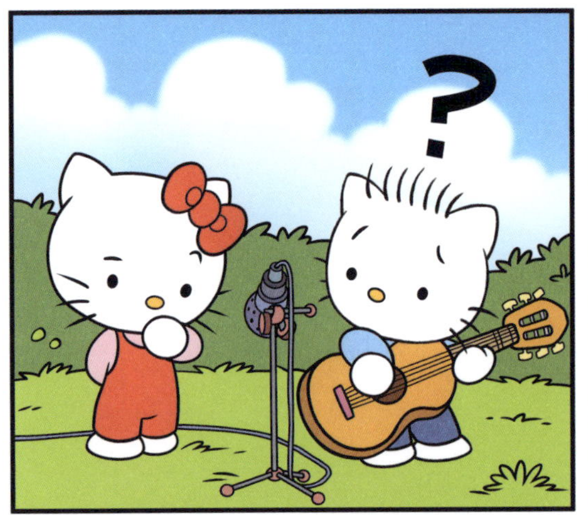
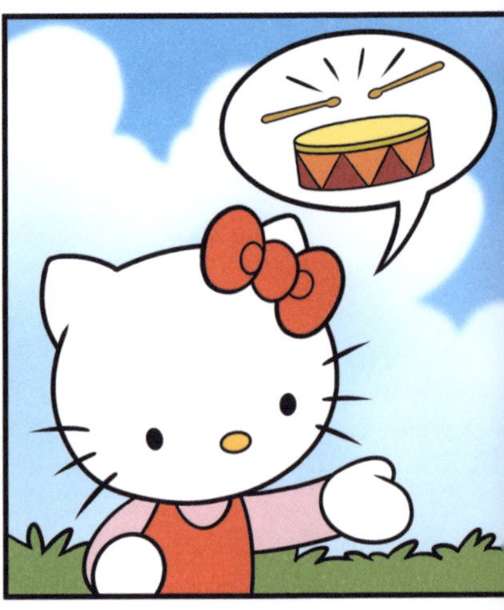
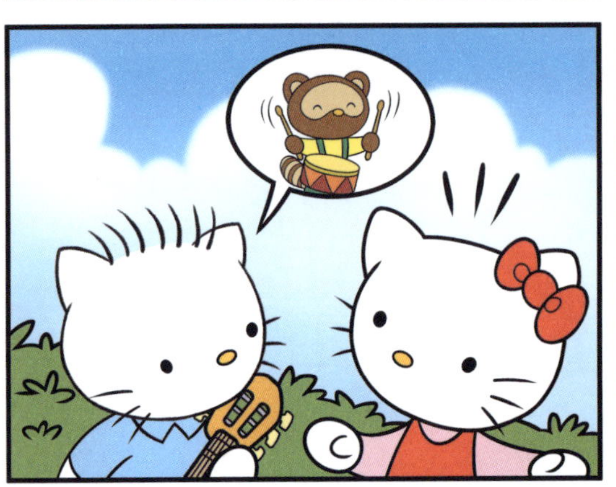
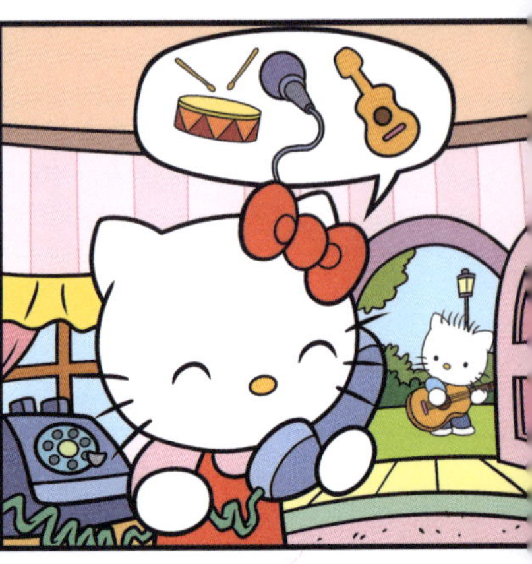

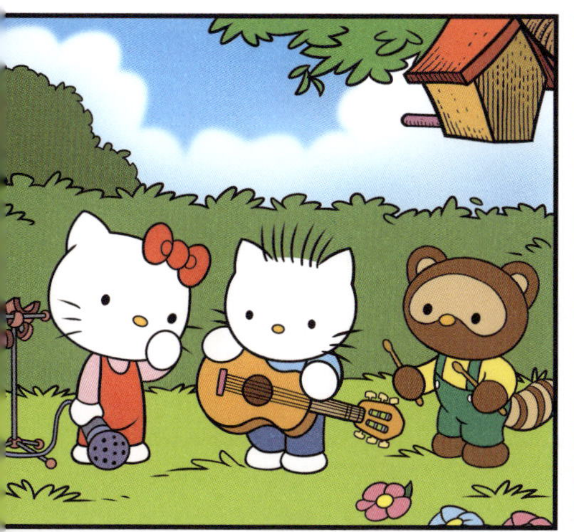

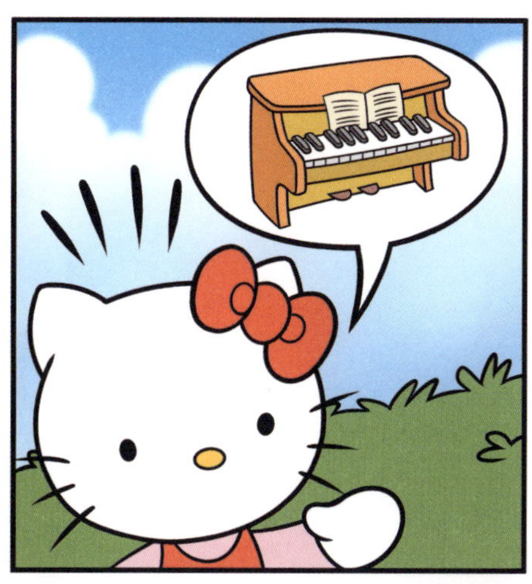

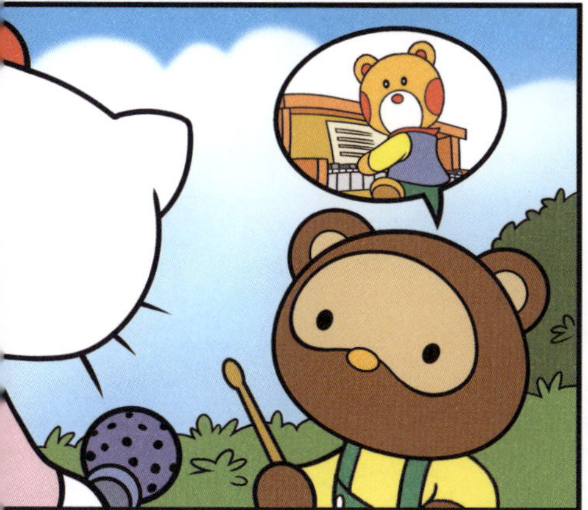

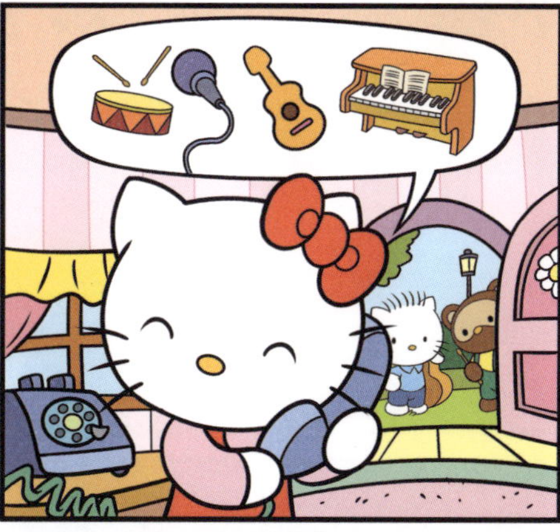

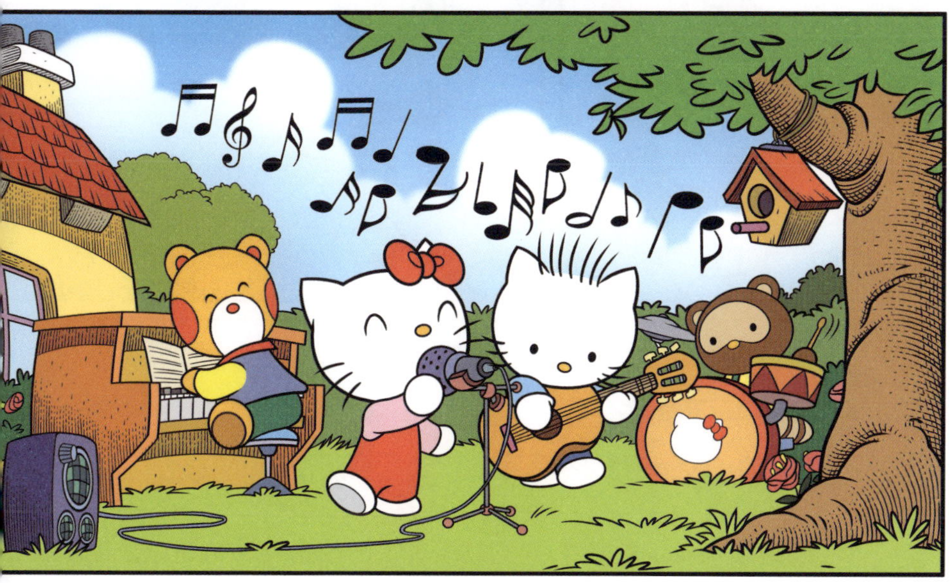

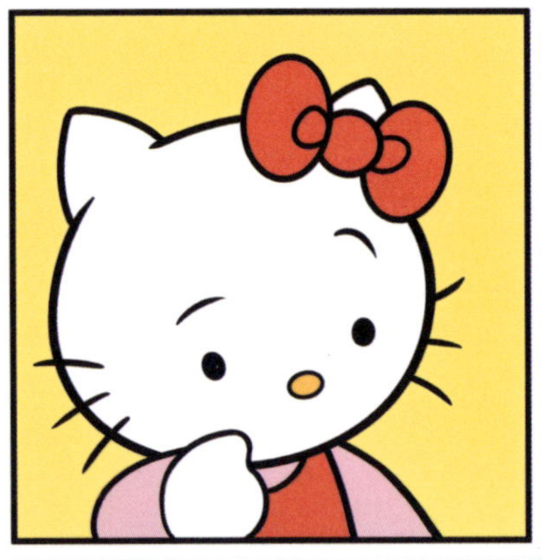
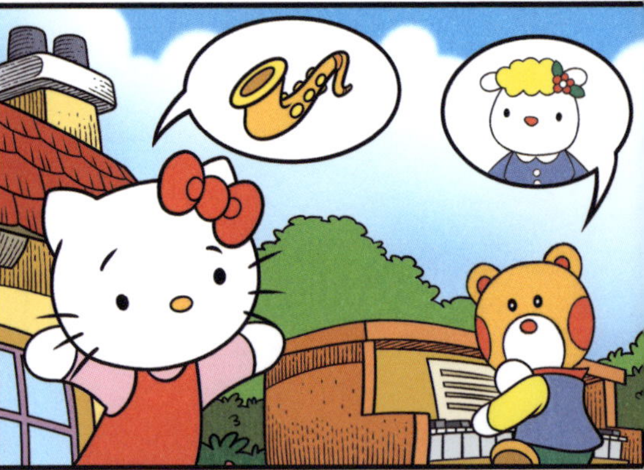
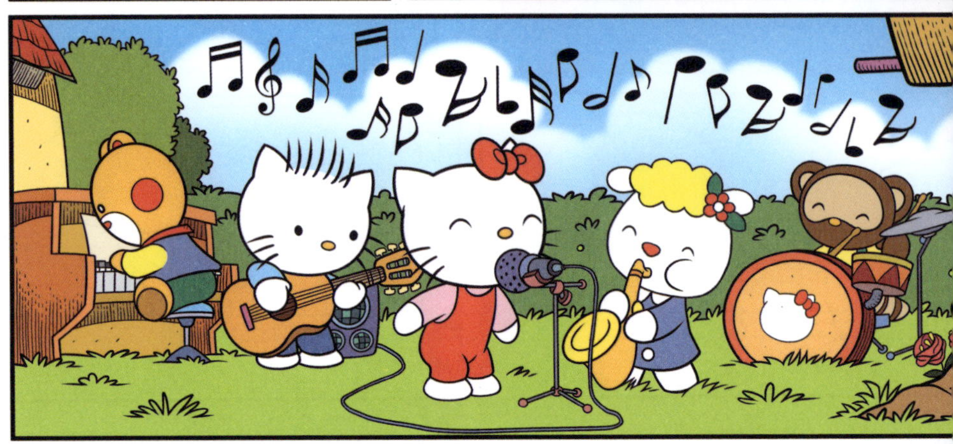
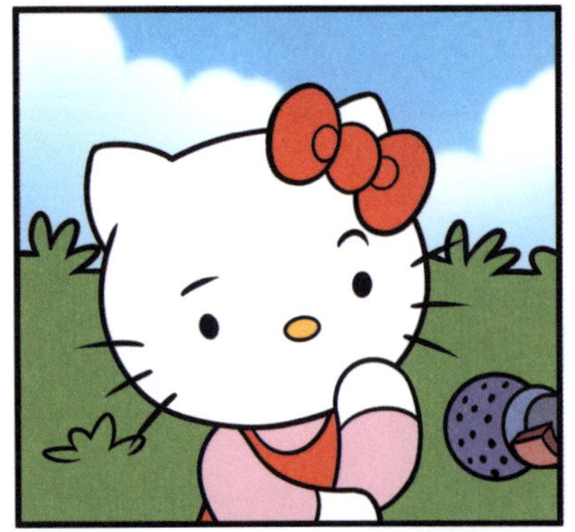
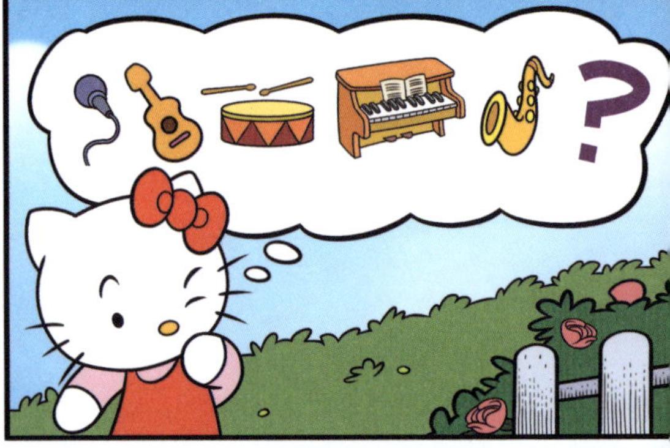
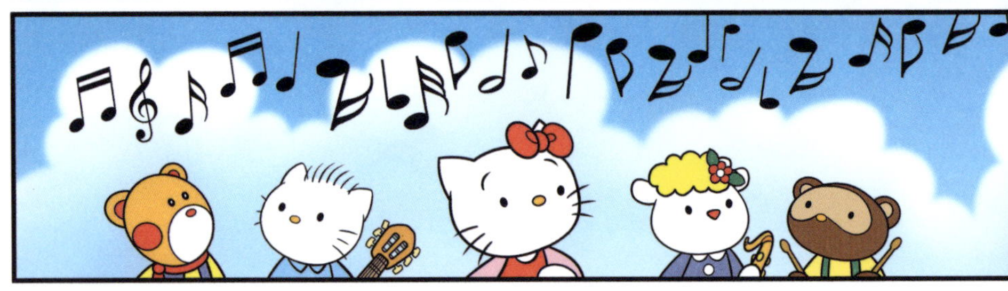

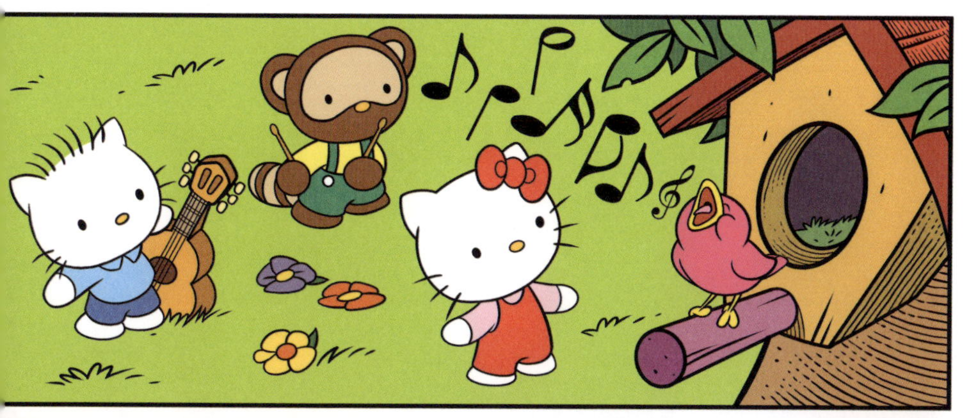

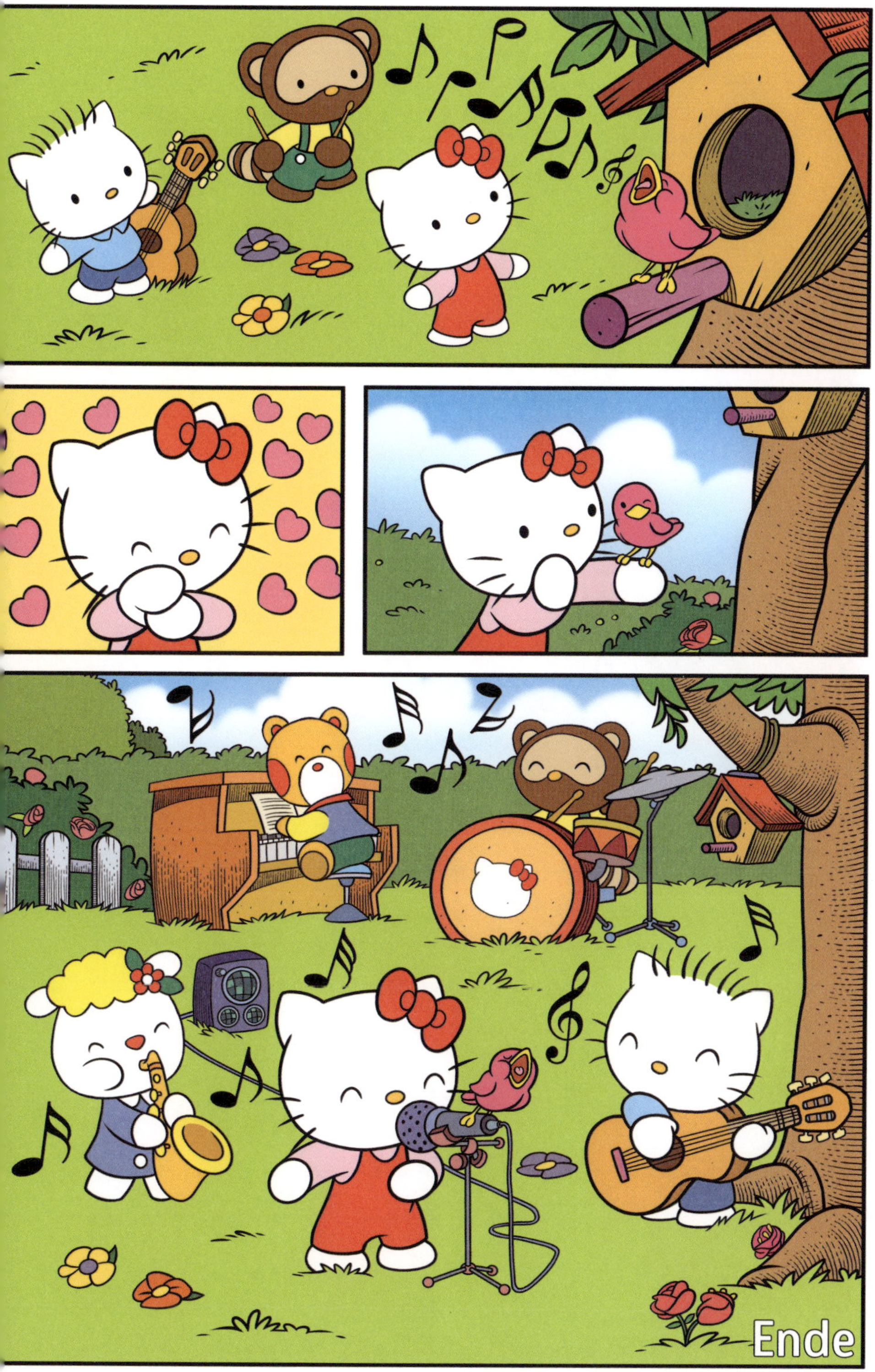

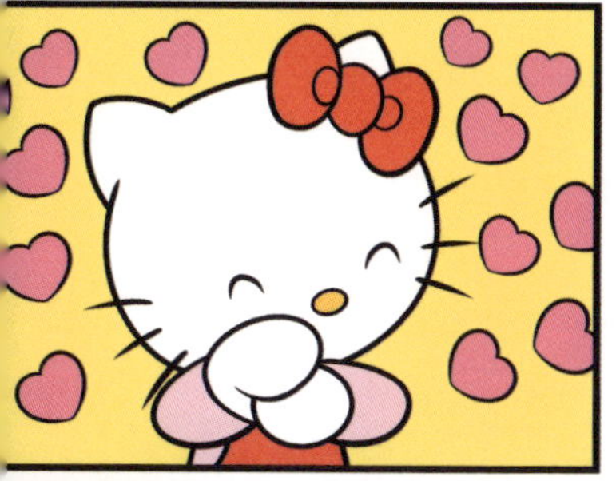

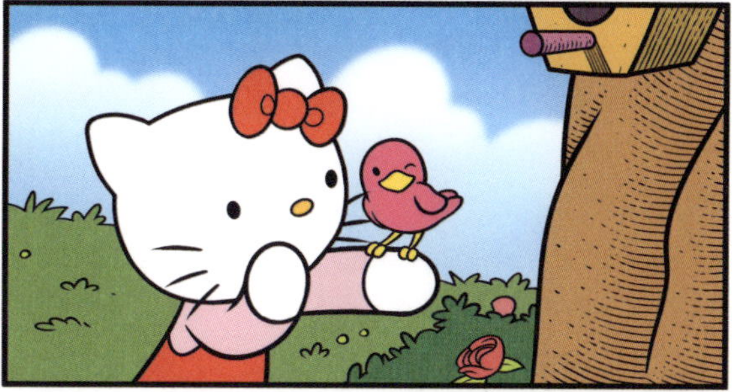

Ende

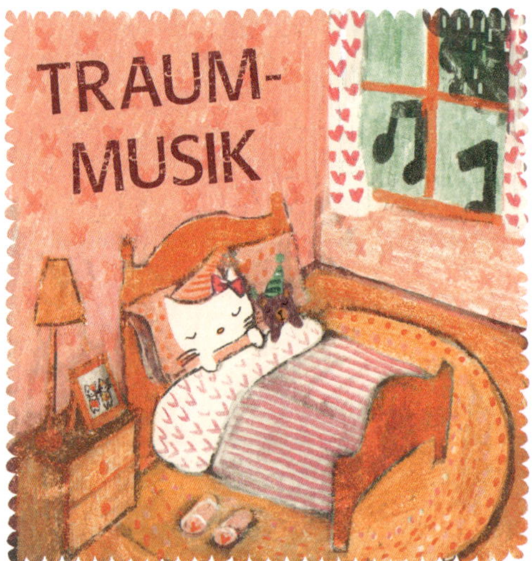
TRAUM-
MUSIK
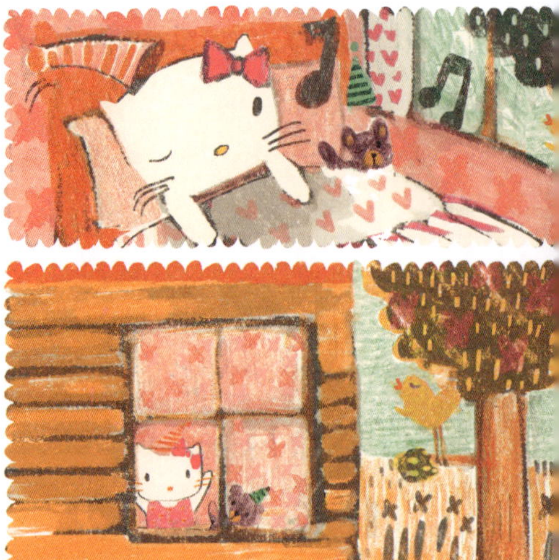
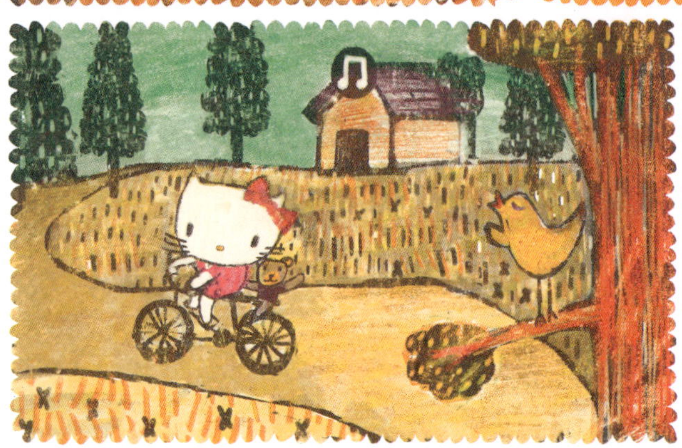
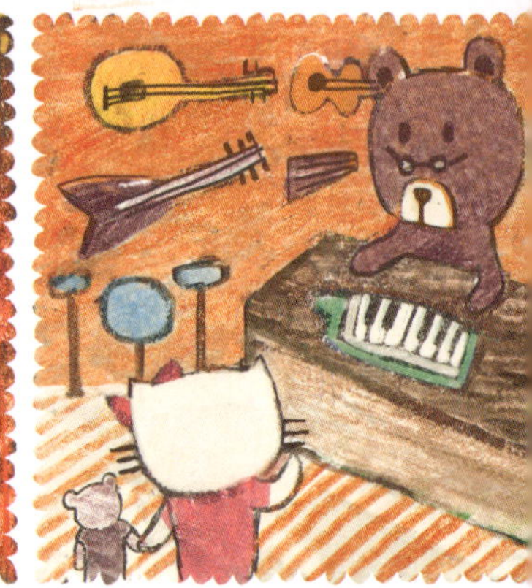
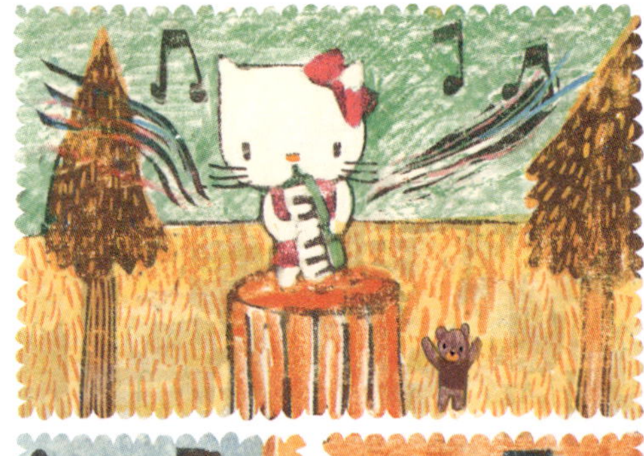
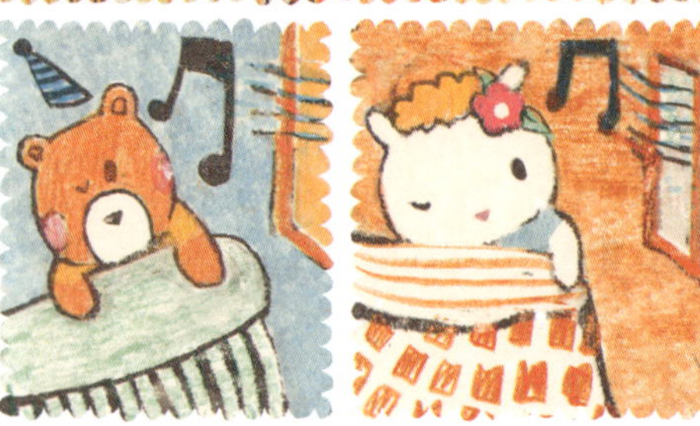
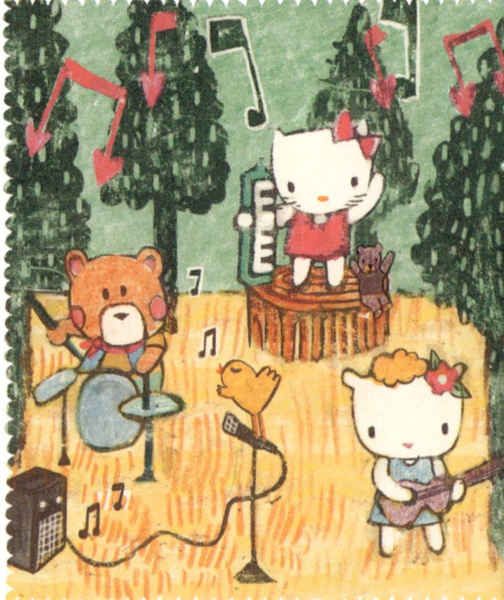

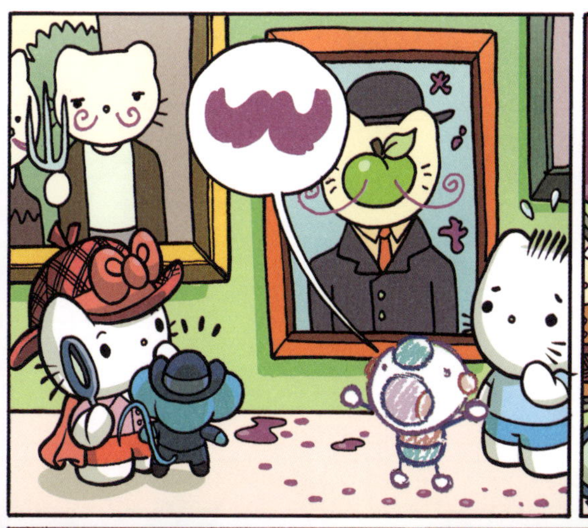
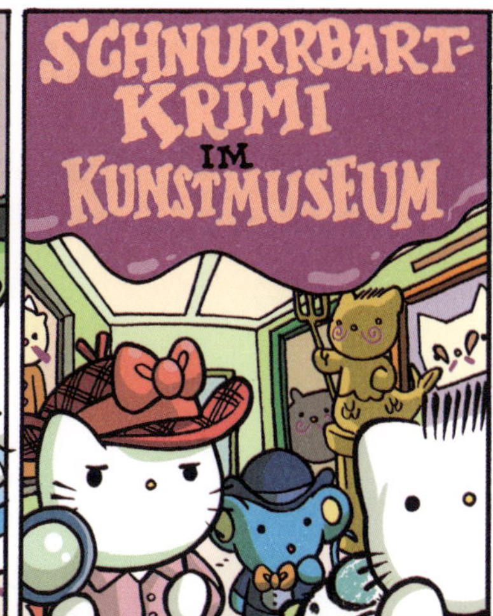
SCHNURRBART-
KRIMI
IM
KUNSTMUSEUM
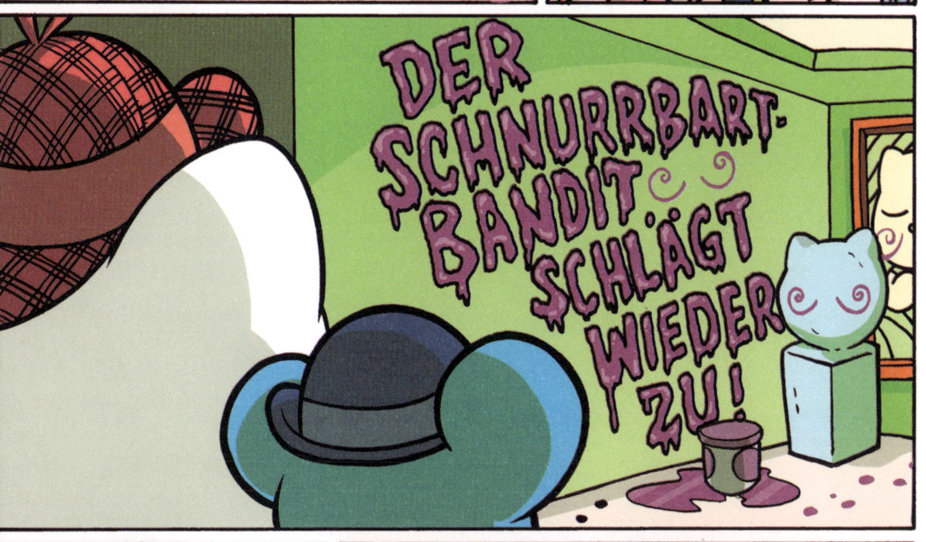
DER SCHNURRBART-BANDIT SCHLÄGT WIEDER ZU!
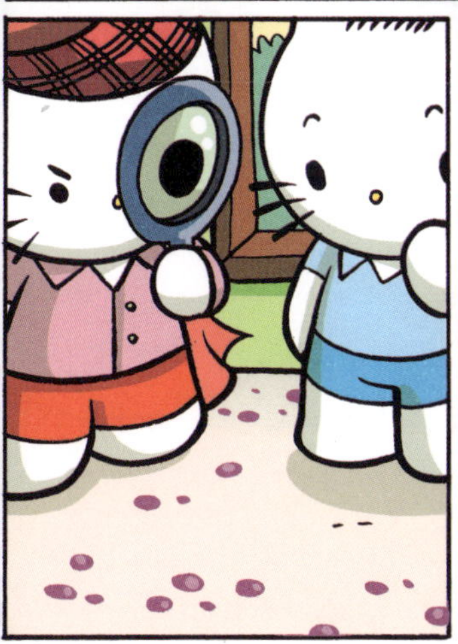
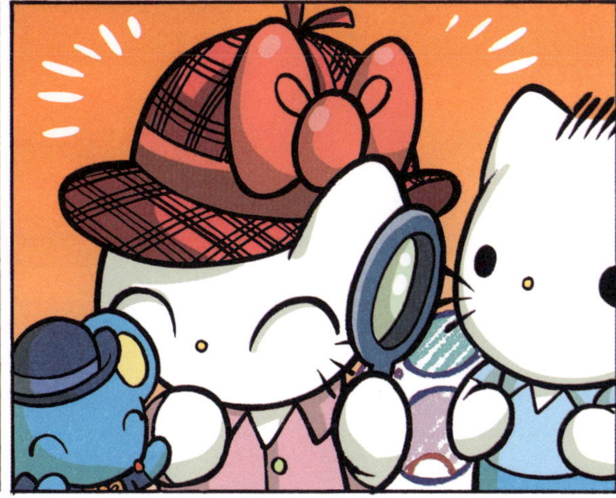

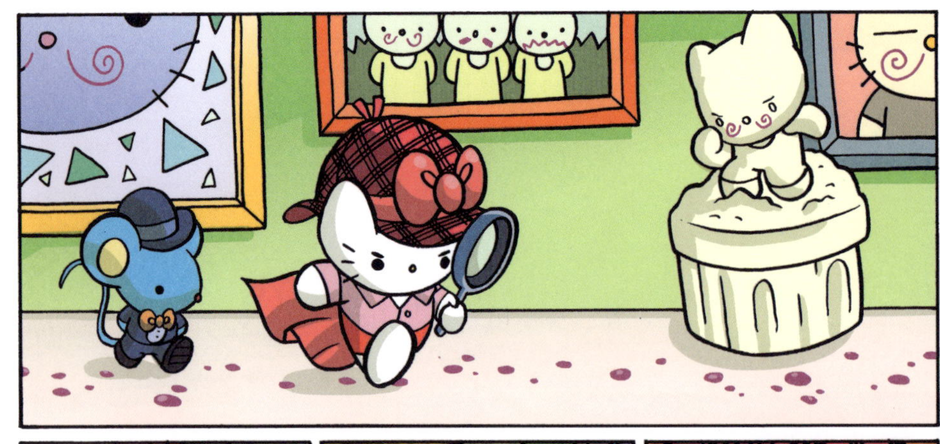

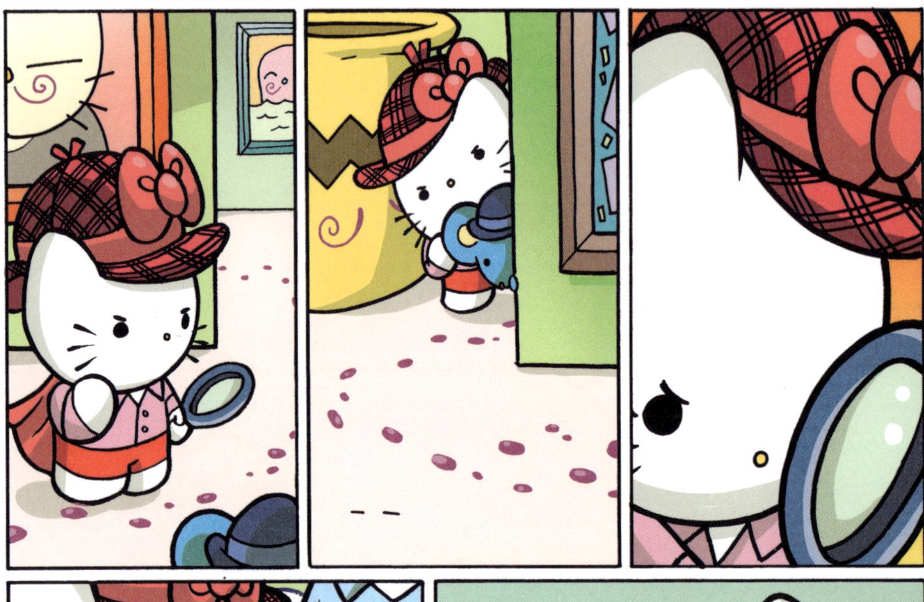

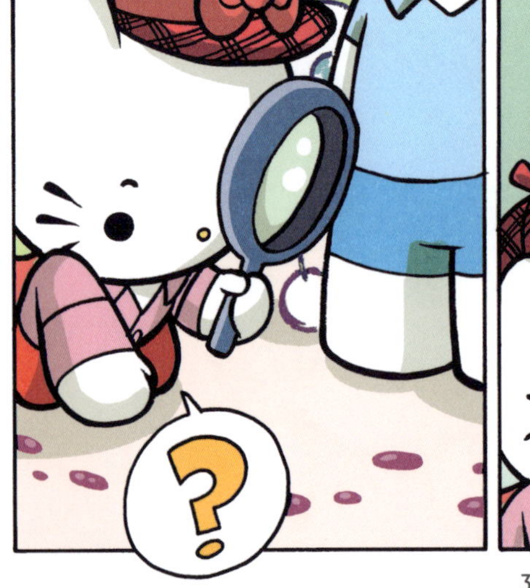

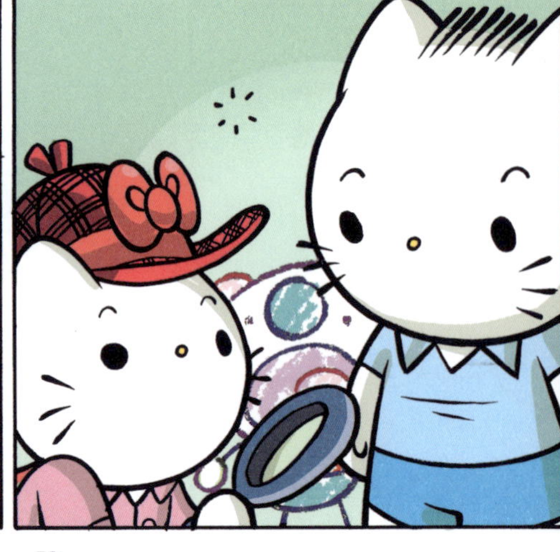

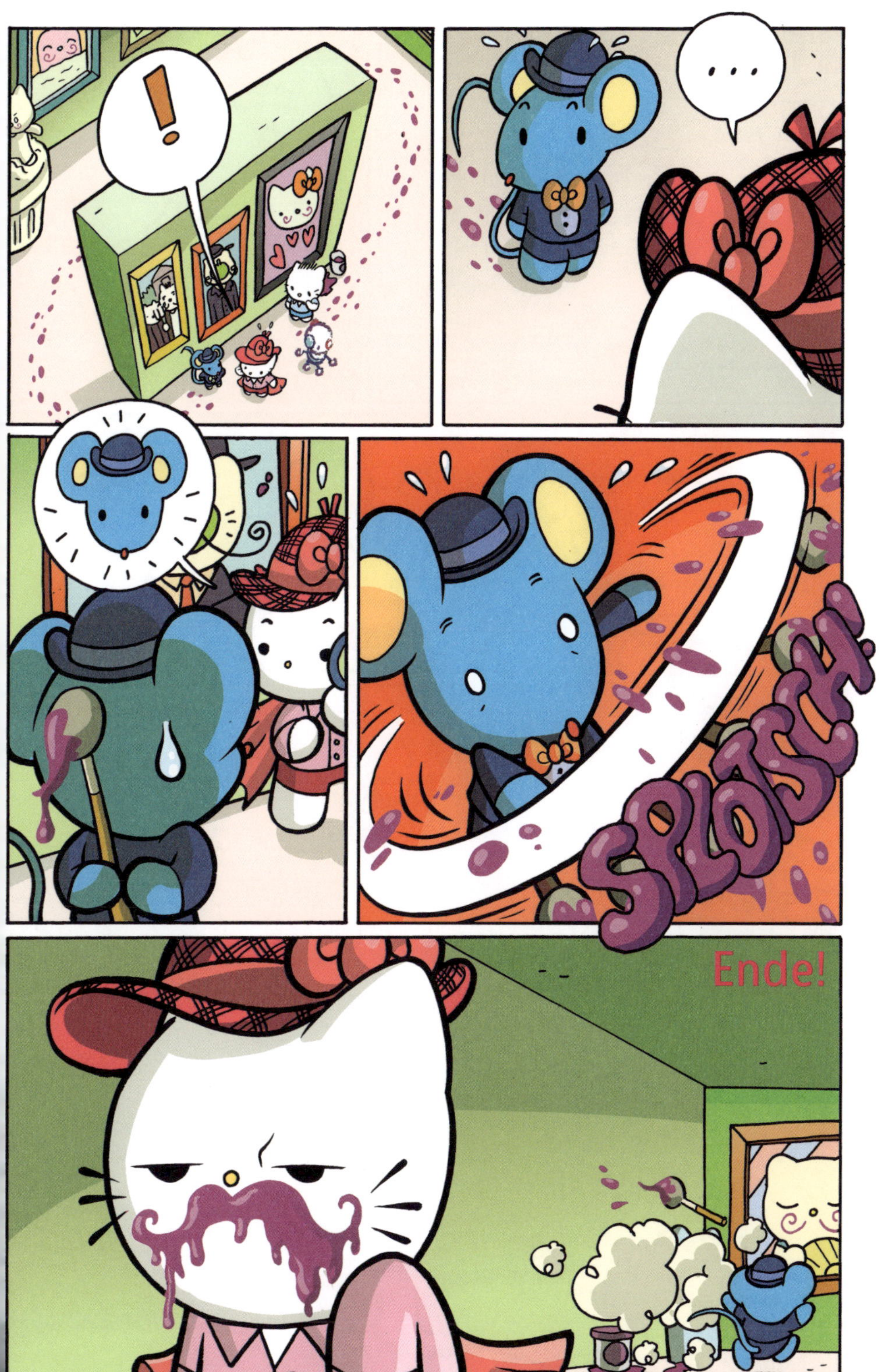
!
...
SPLOTSCH!
Ende!

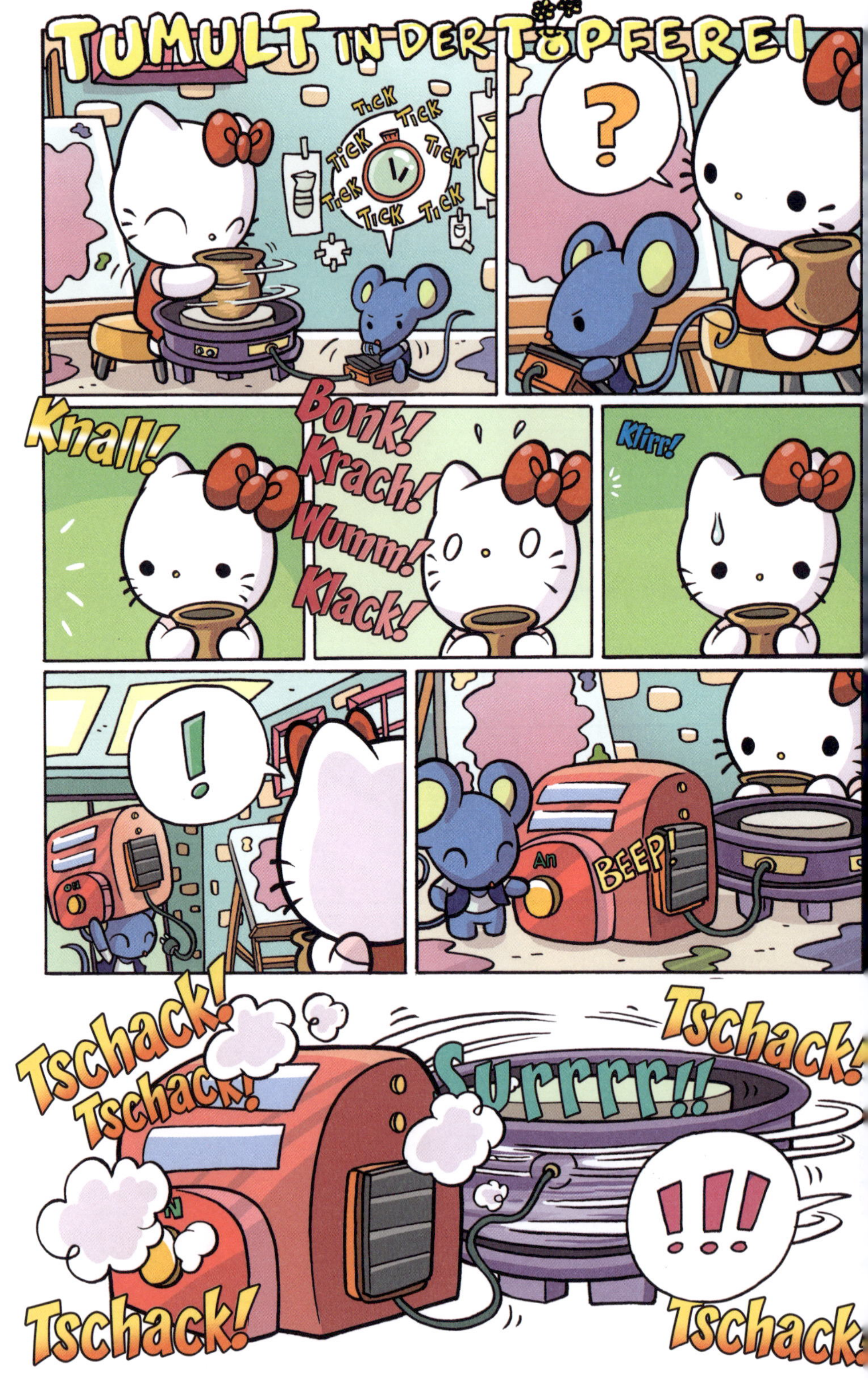

TUMULT IN DER TÖPFEREI
TICK TICK TICK TICK TICK TICK TICK TICK
?
Knall!
Bonk!
Krach!
Wumm!
Klack!
Klirr!
!
An
BEEP!
Tschack!
Tschack!
Surrrrr!!
Tschack!
!!!
Tschack!
Tschack!

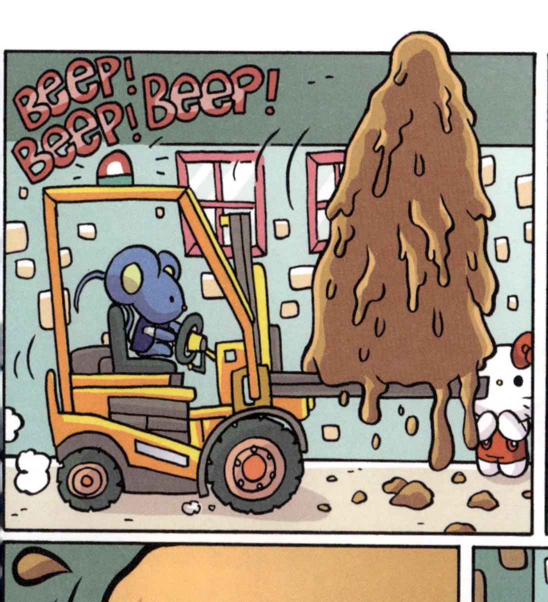
BEEP! BEEP! BEEP!
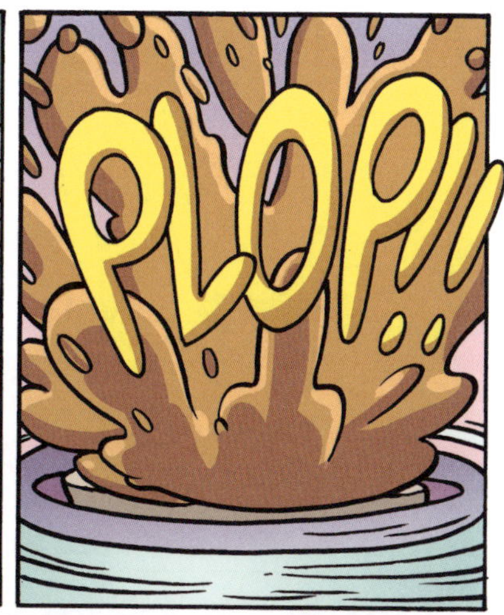
PLOP!!
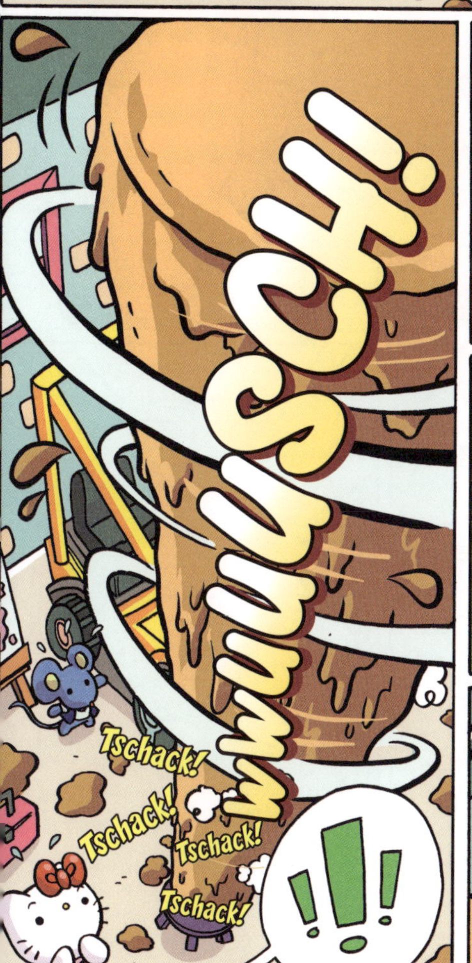
WWUUSCH!
Tschack!
Tschack!
Tschack!
Tschack!
!!!
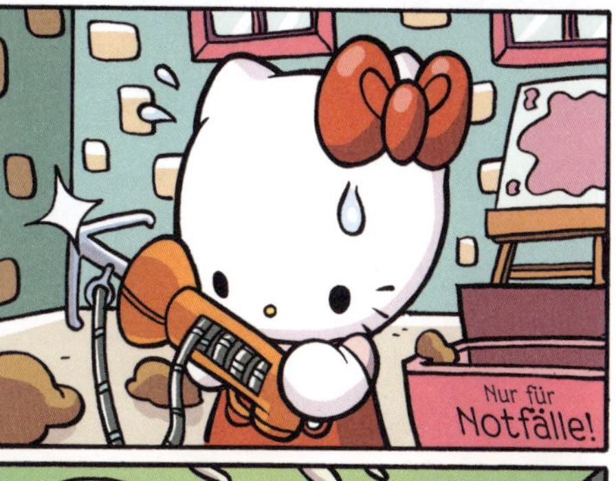
Nur für
Notfälle!
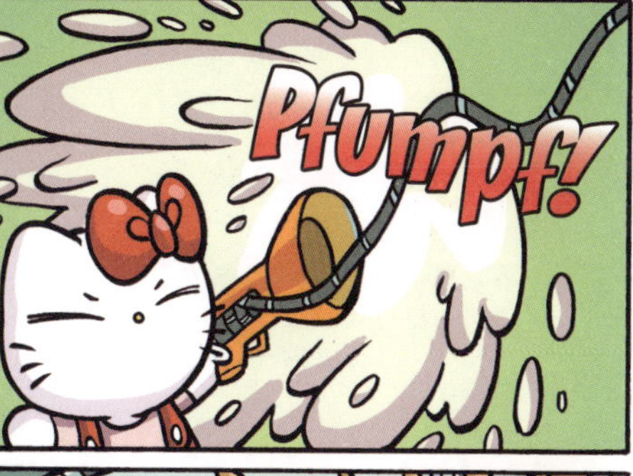
Pfumpf!
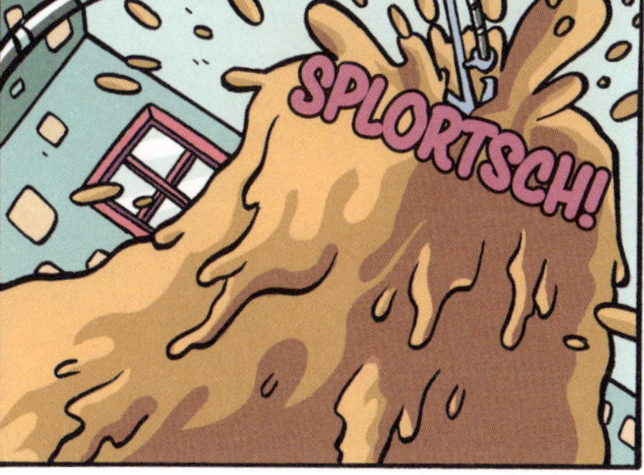
SPLORTSCH!

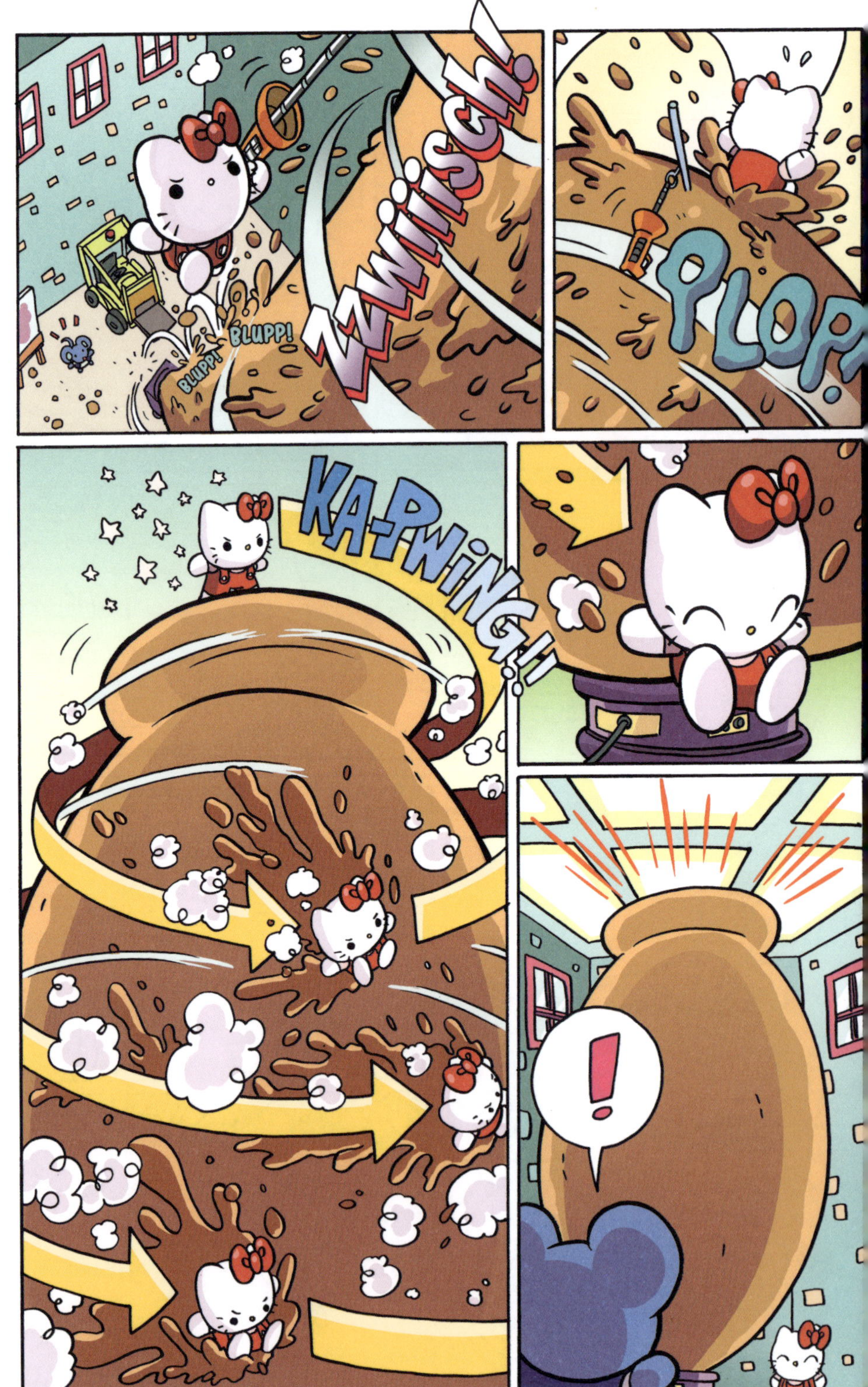

ZZWIIISCH!
BLUPP!
BLUPP!
PLOP!
KA-PWING!!
!

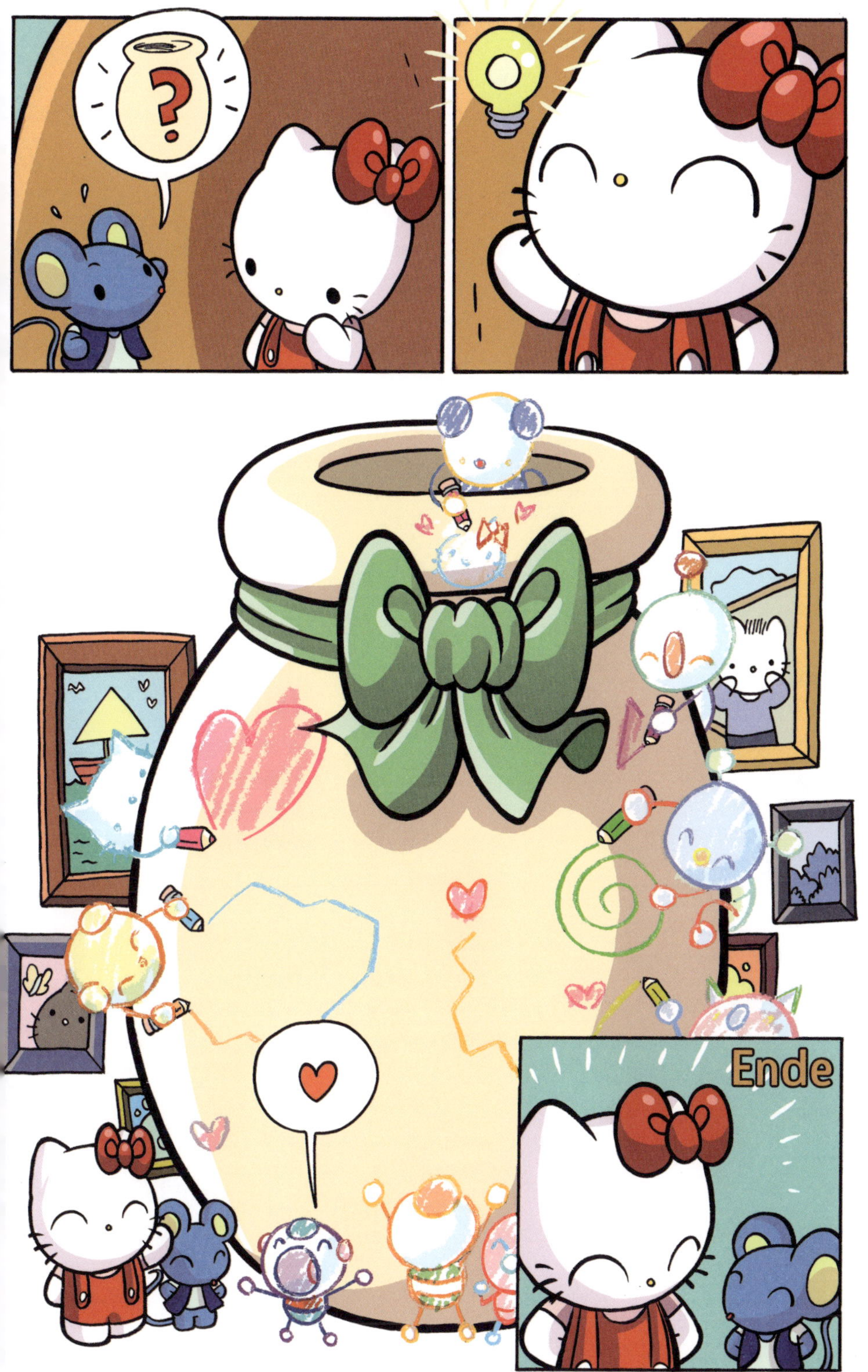
Ende

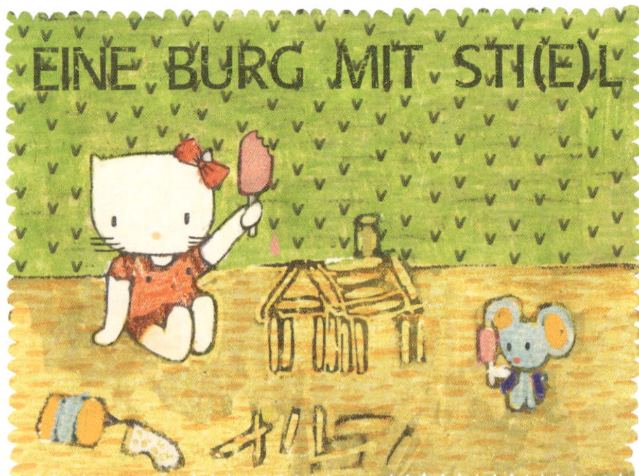
EINE BURG MIT STI(E)L

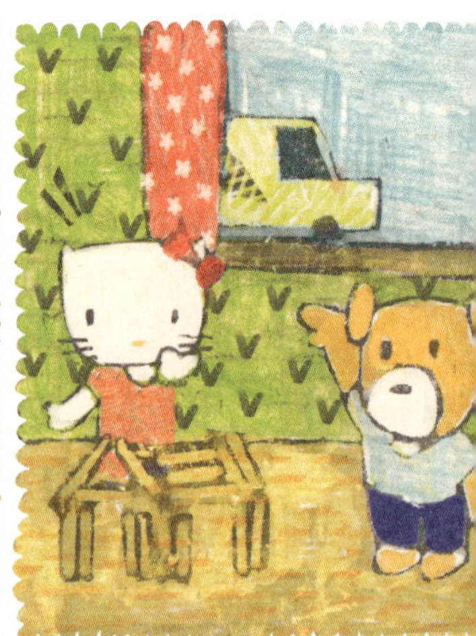

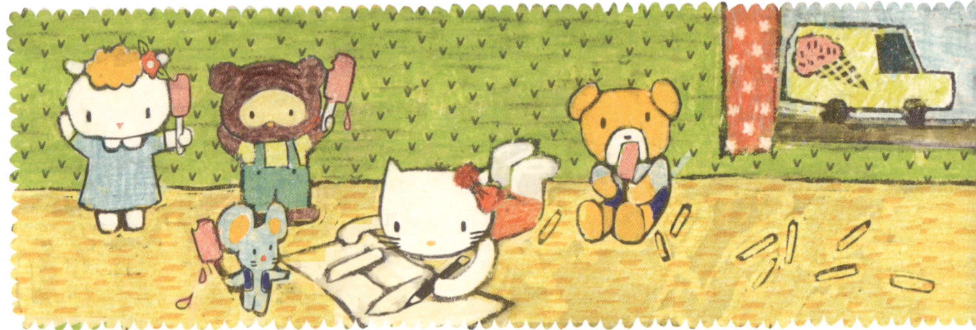

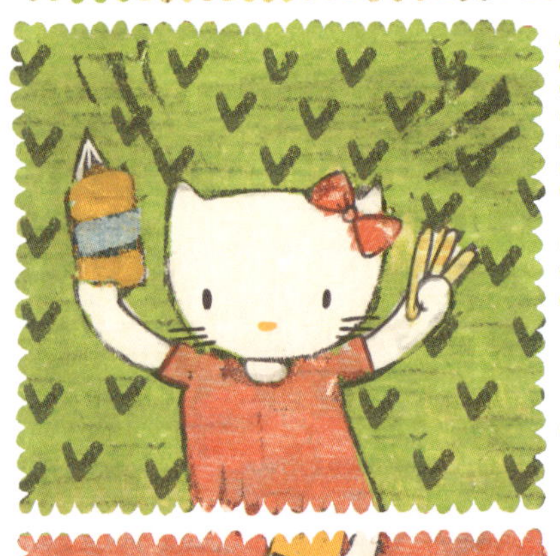

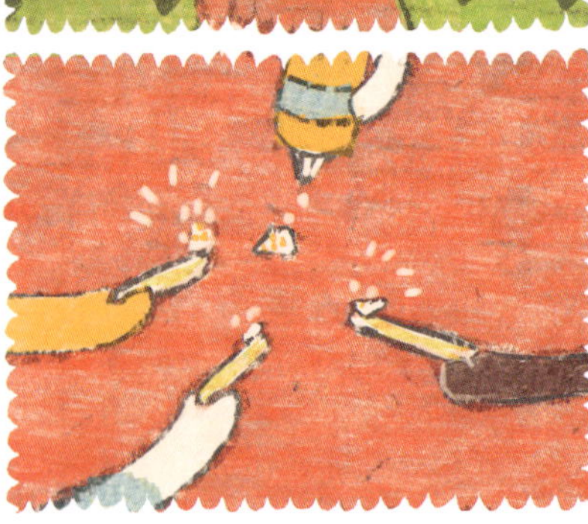

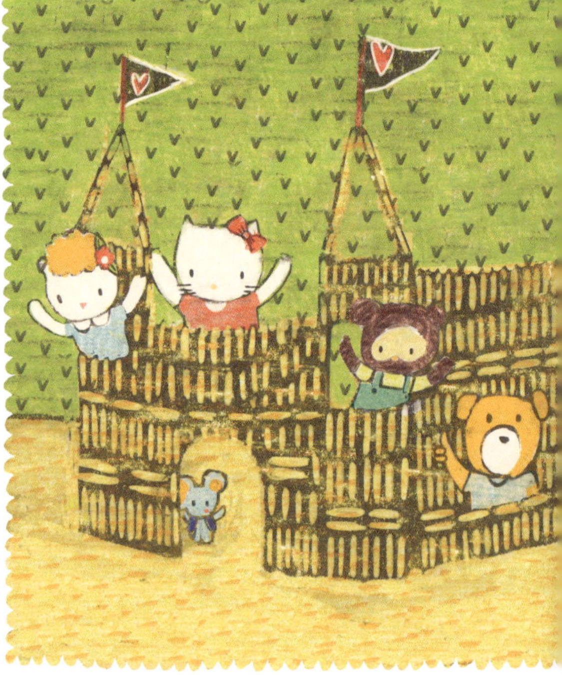

Aus dem Rahmen gefallen

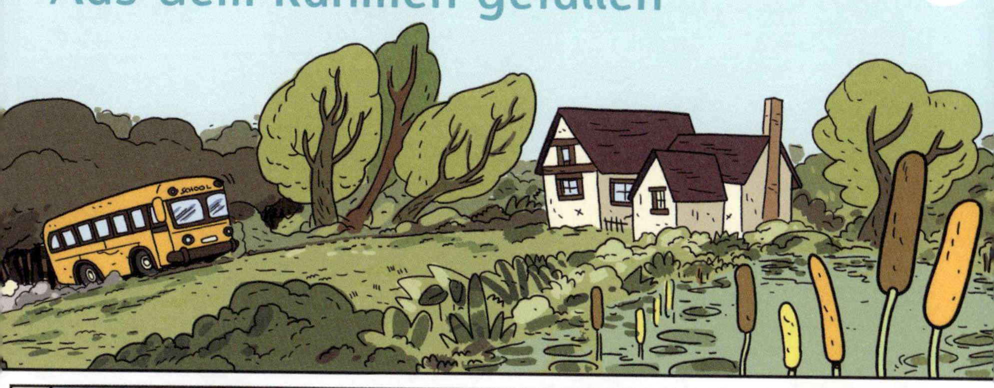

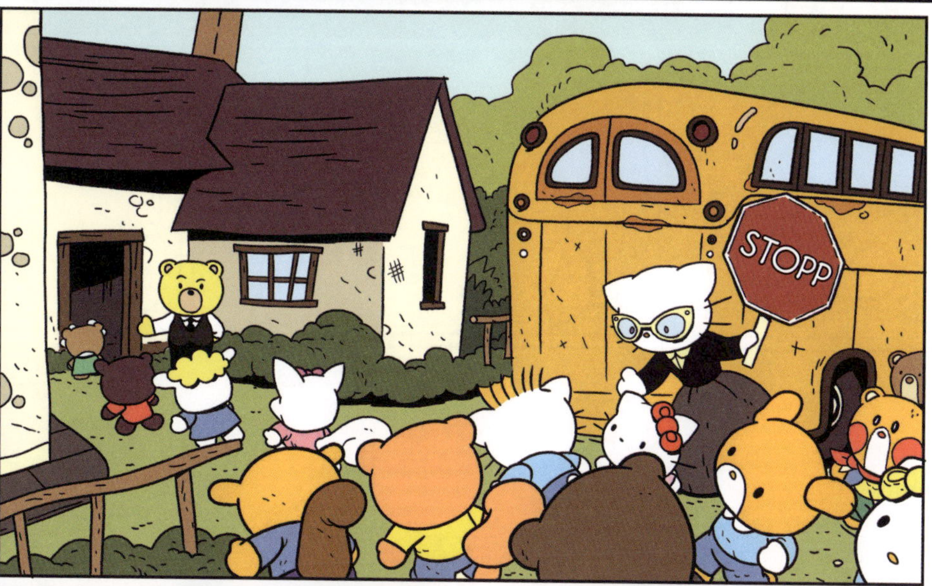

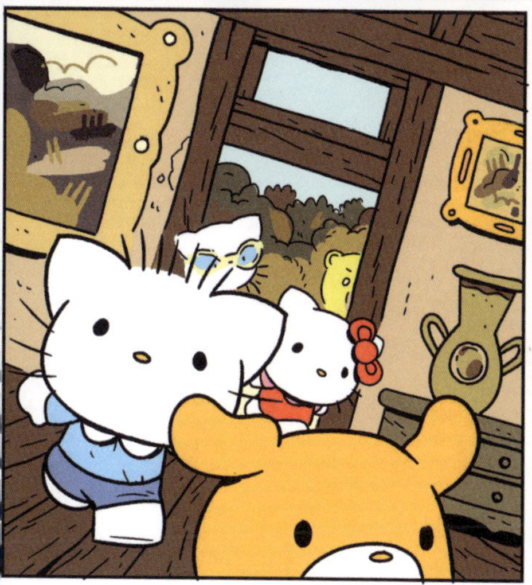

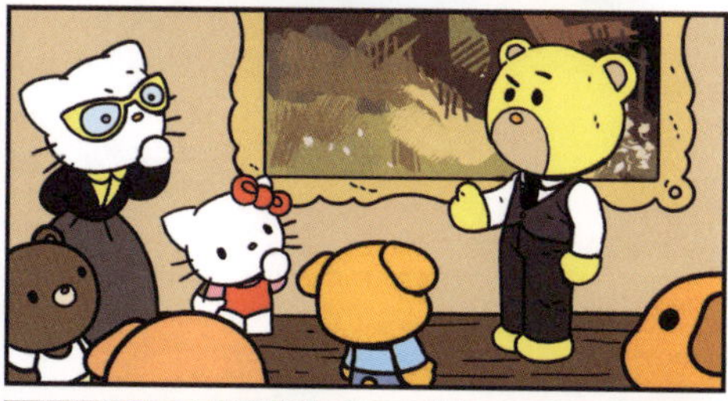

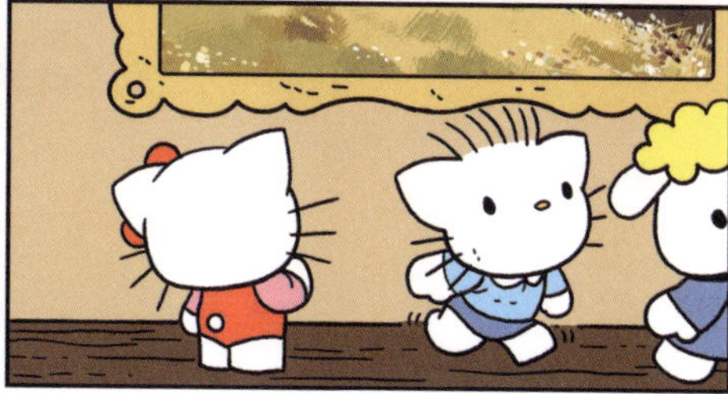

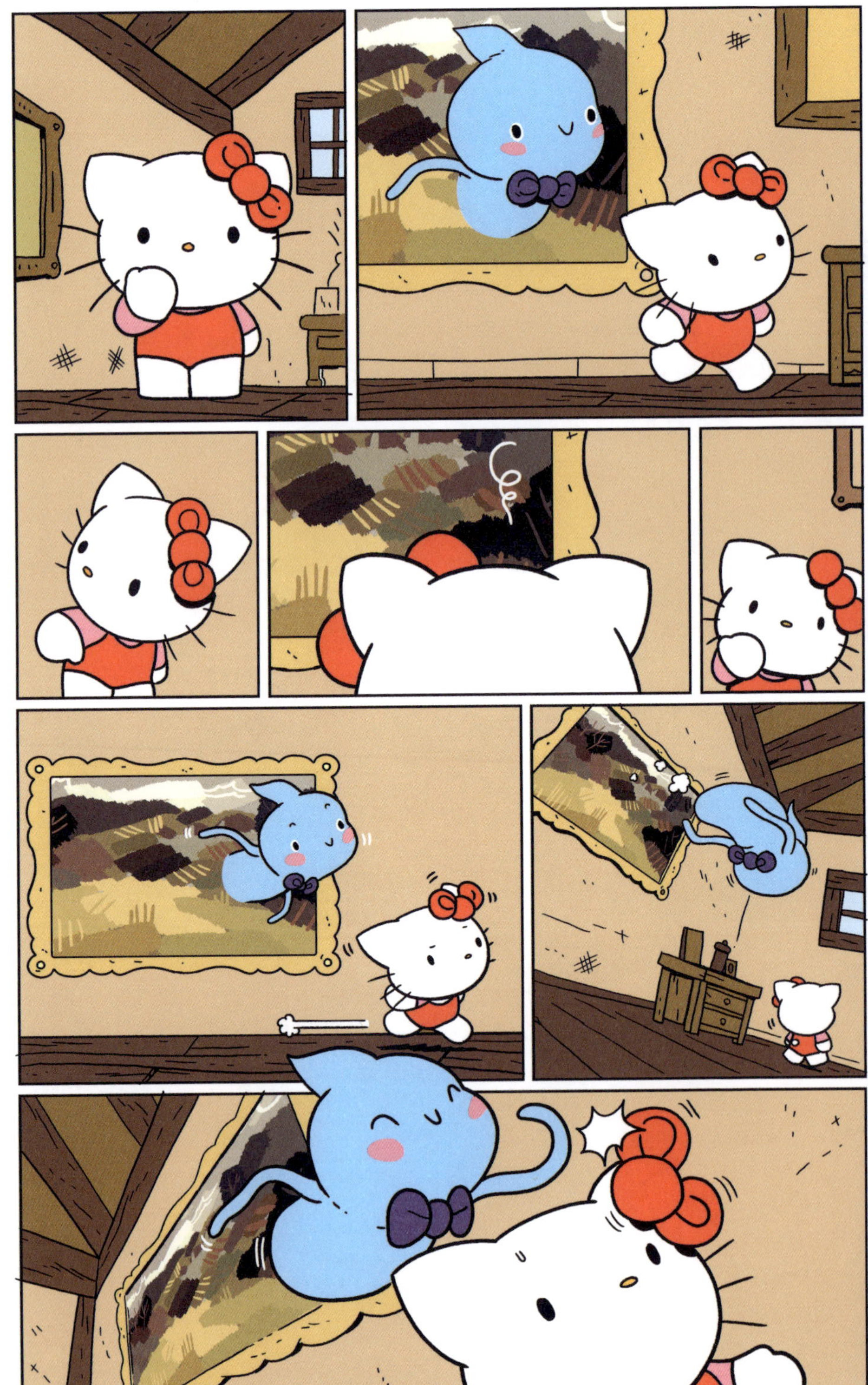

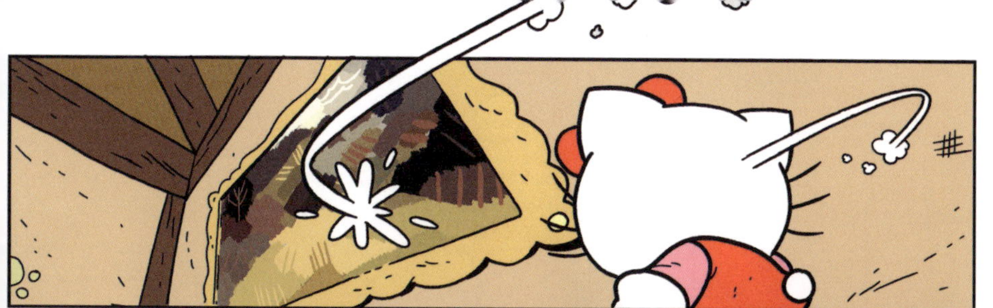

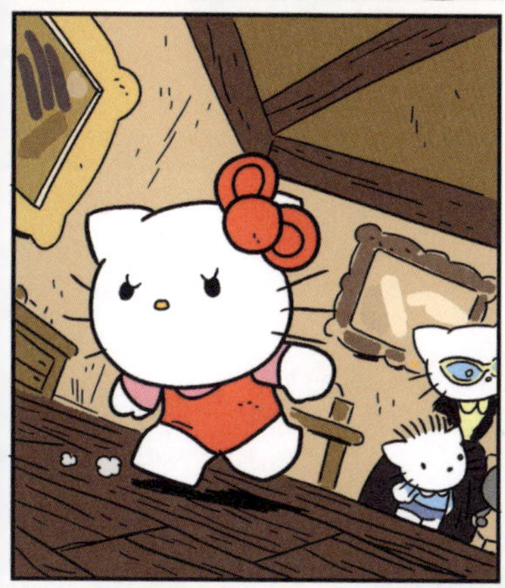

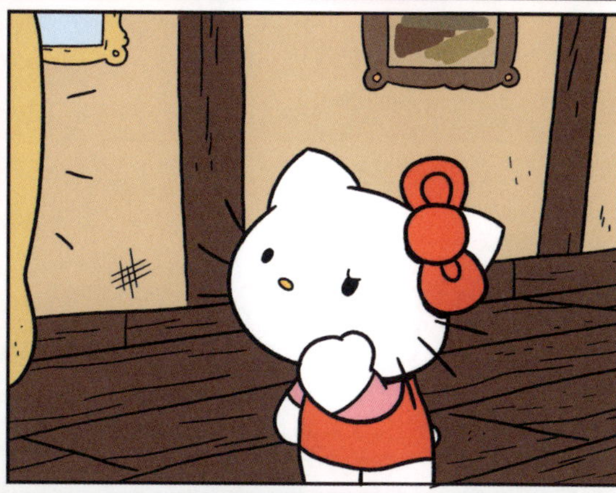

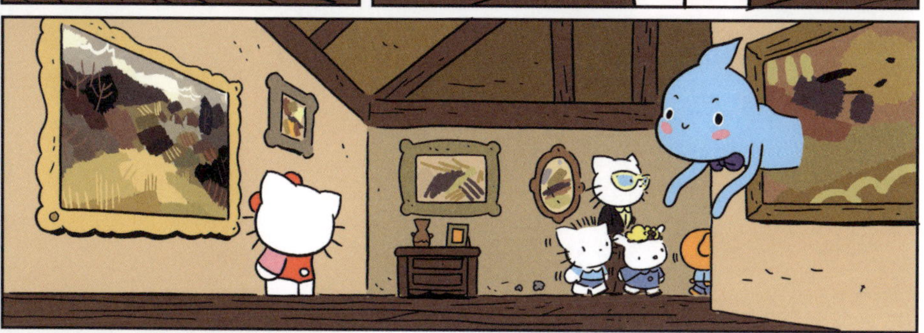

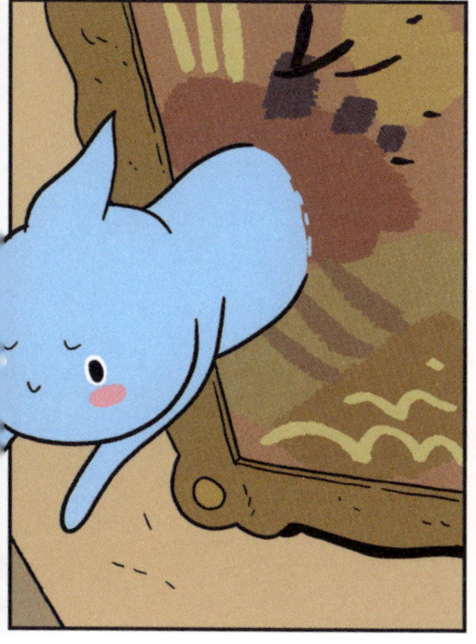

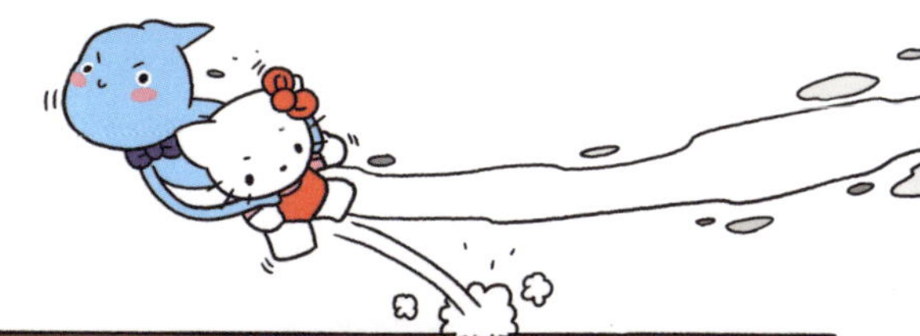

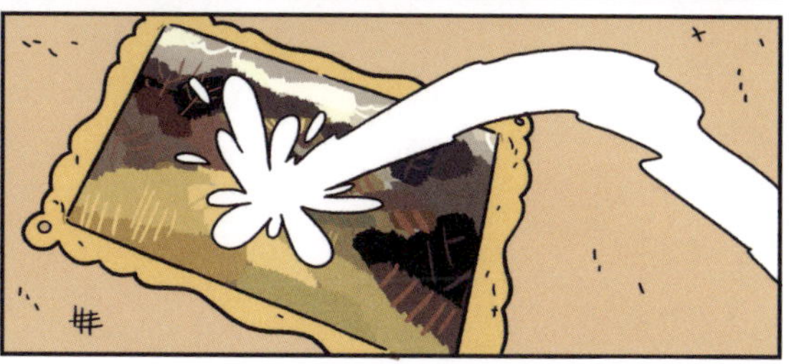

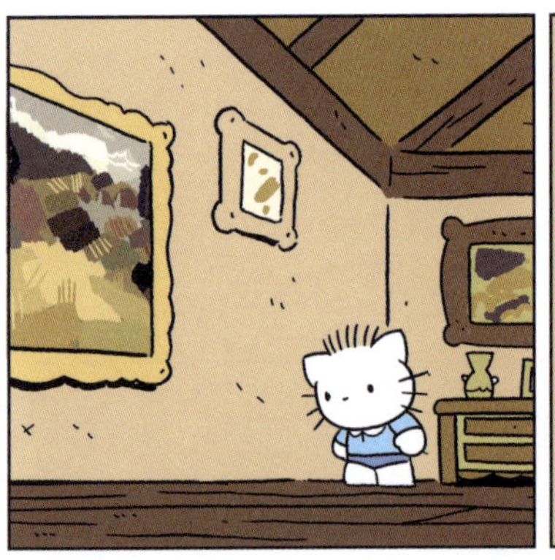
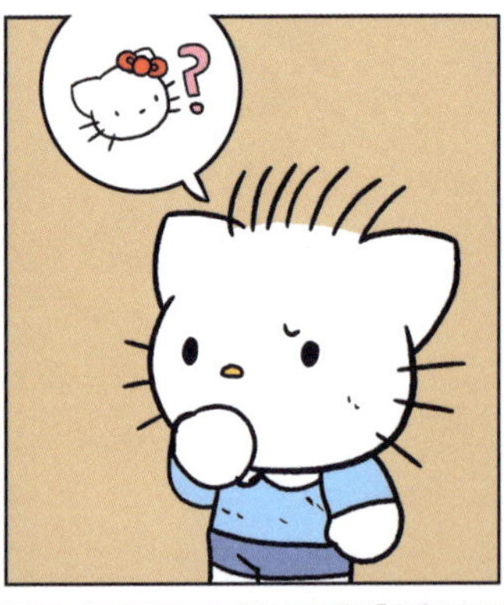
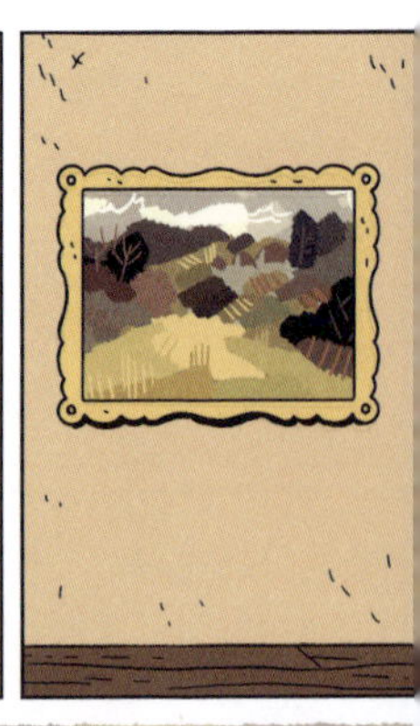
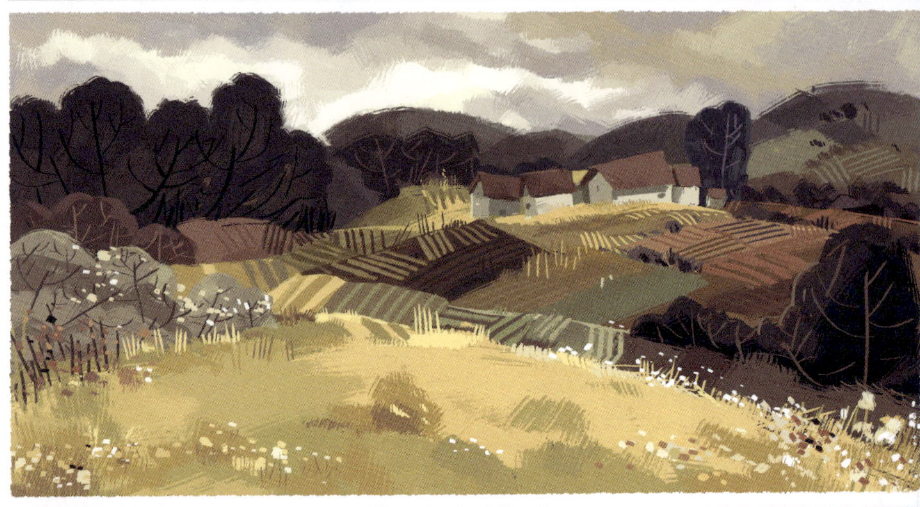
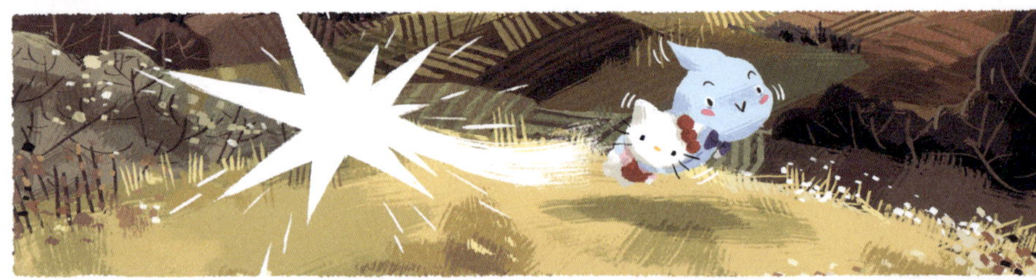
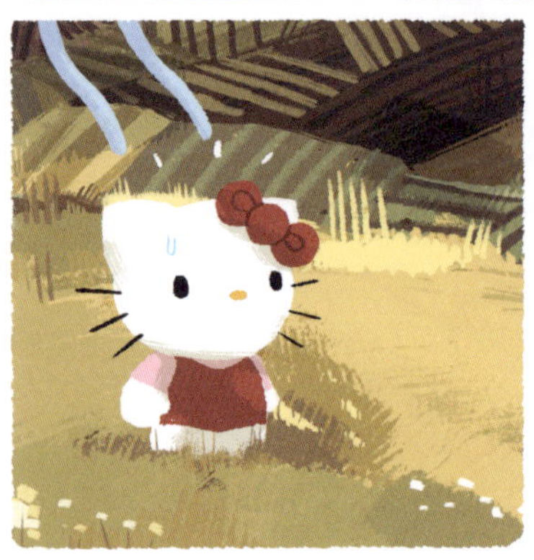
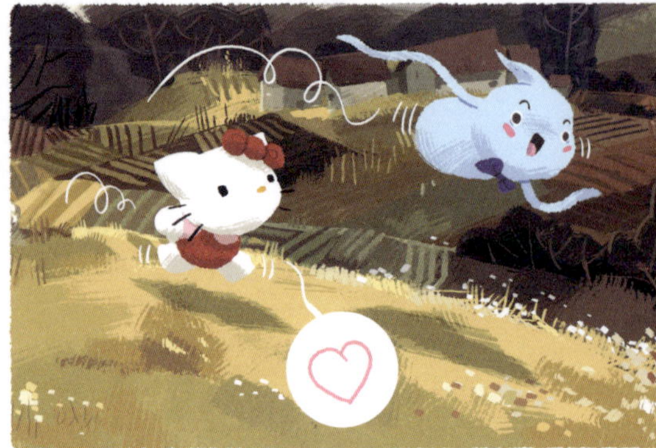

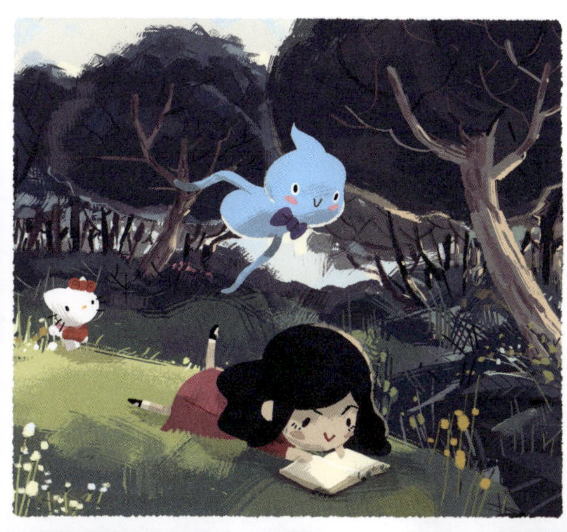
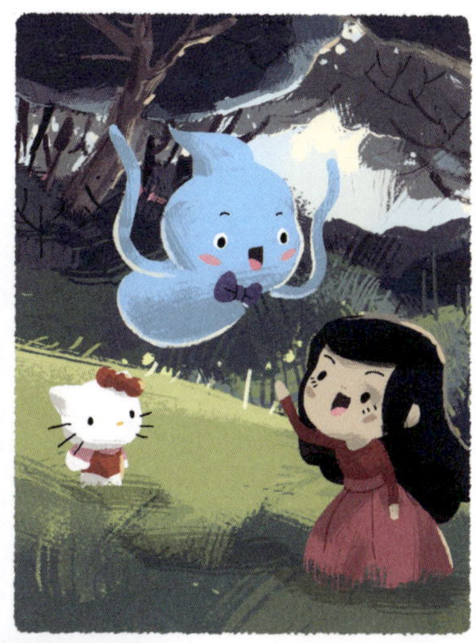
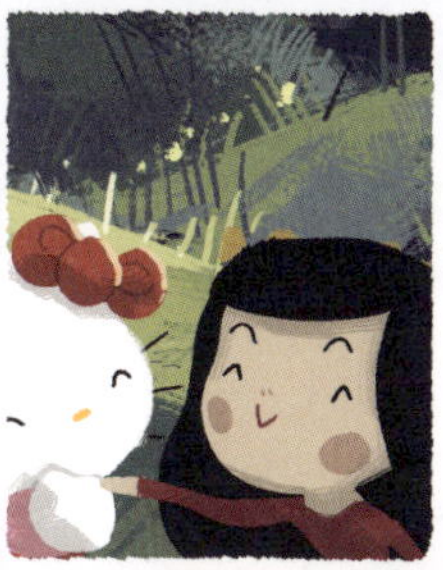
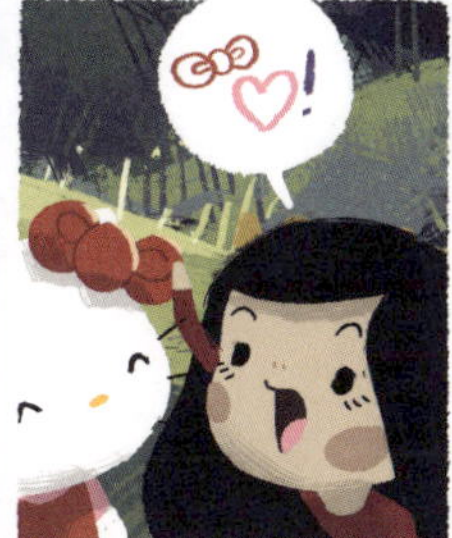
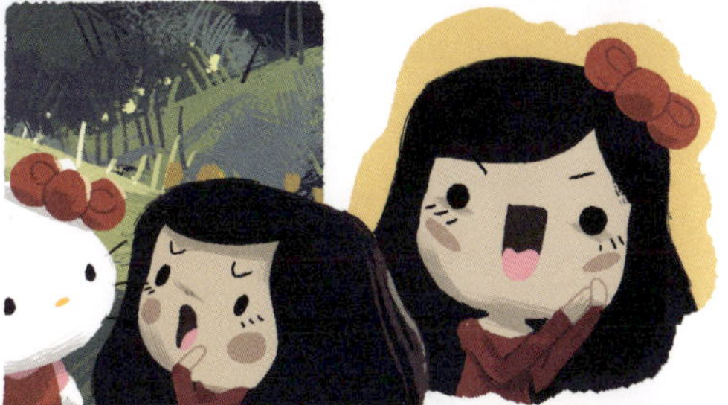
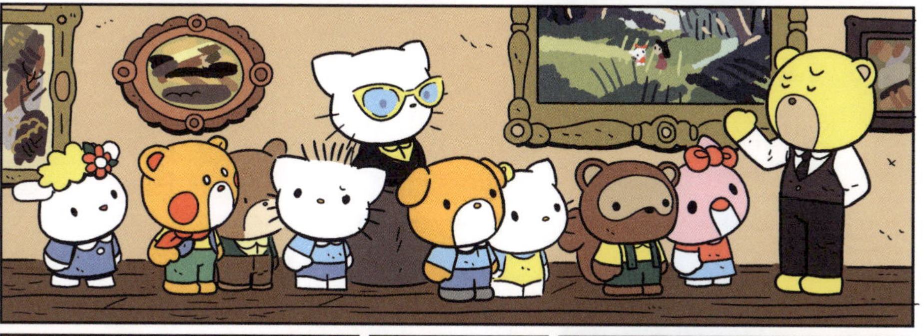
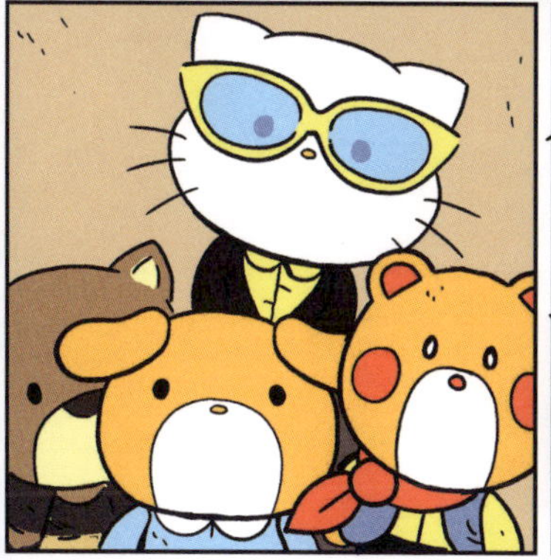
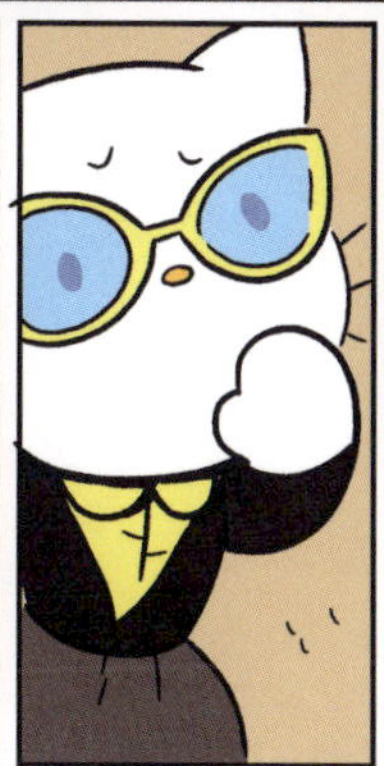
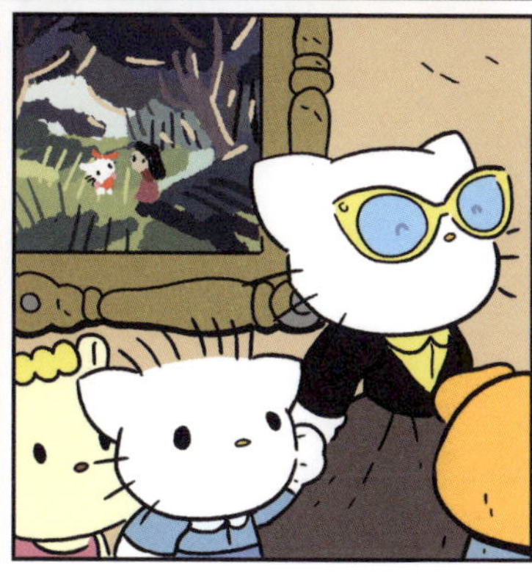

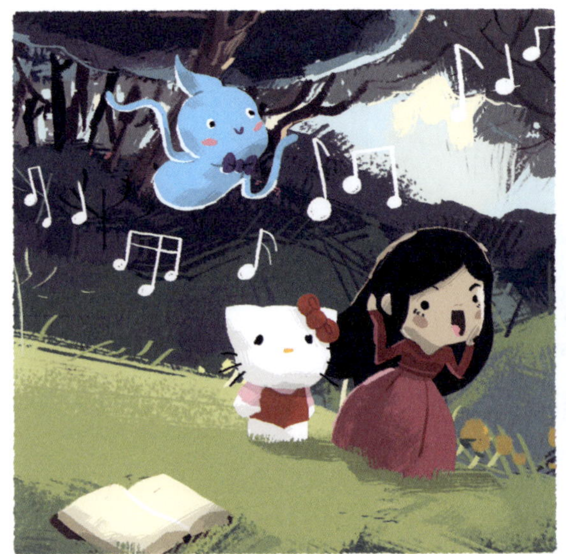
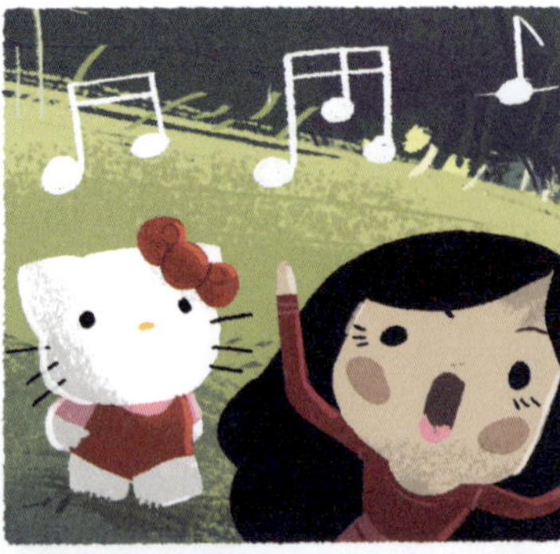
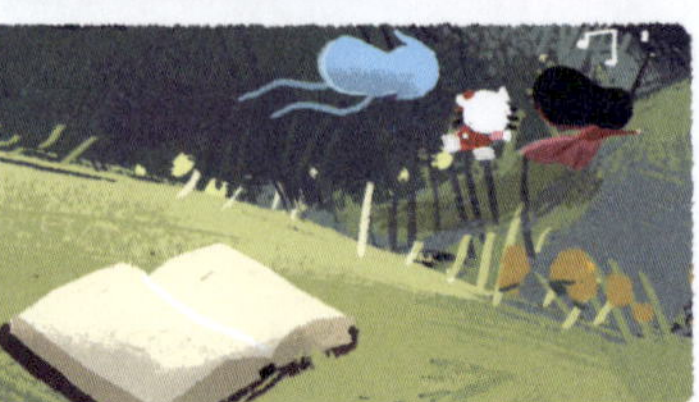
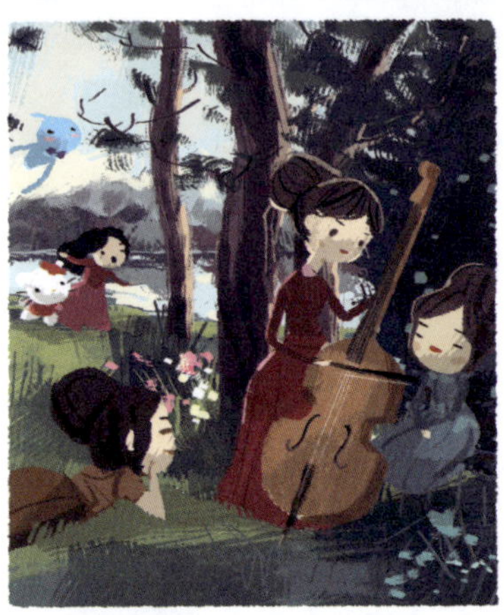
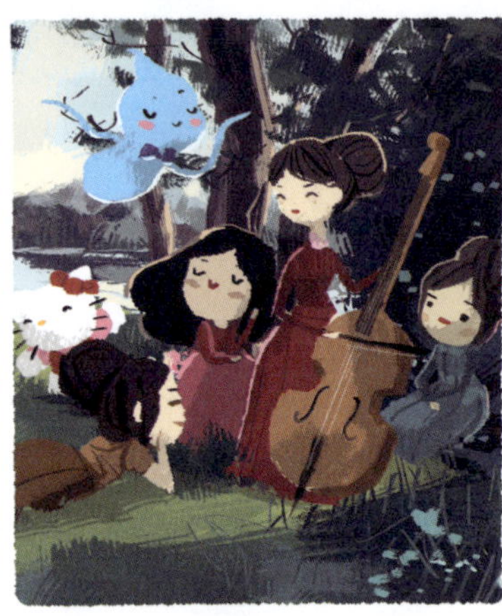
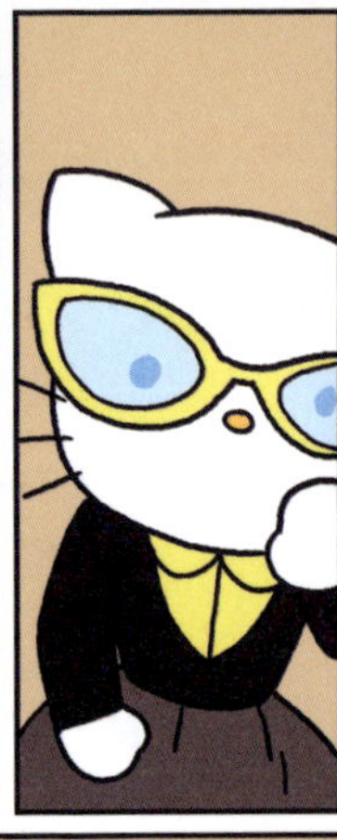
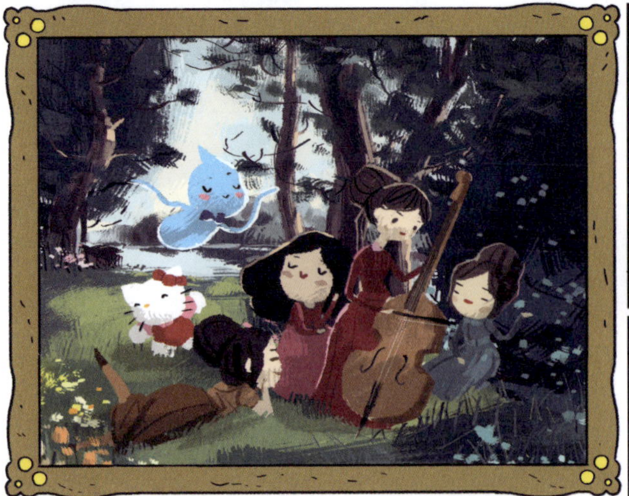
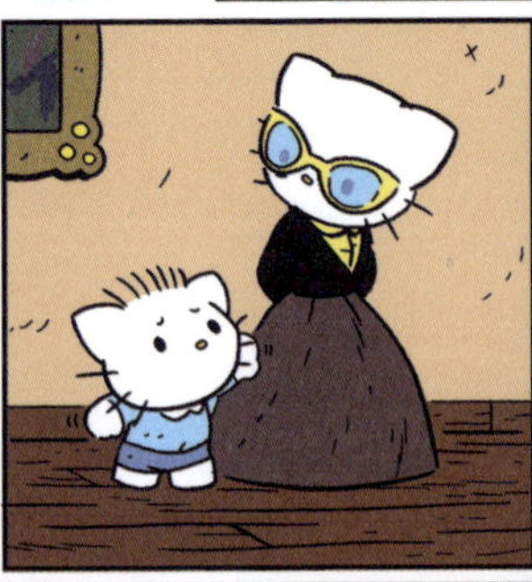
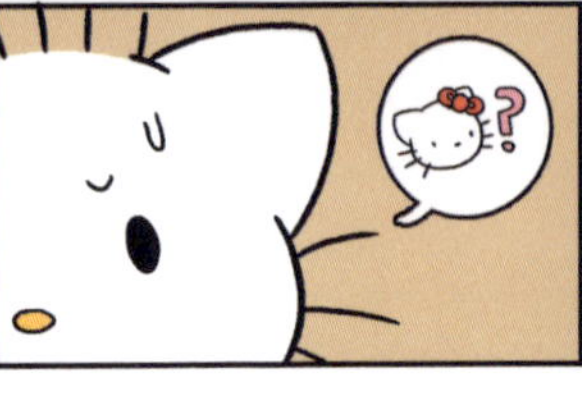

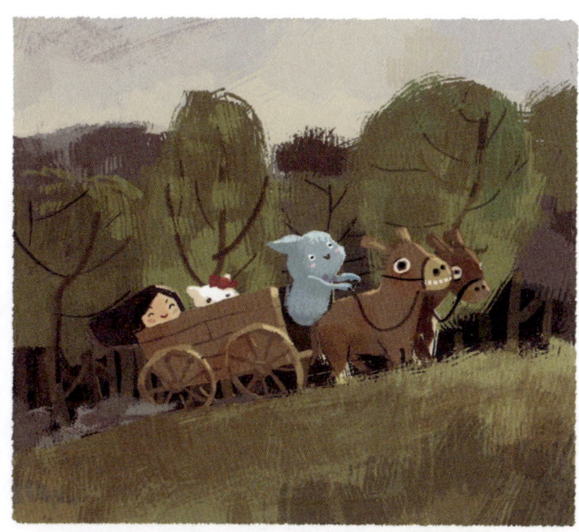
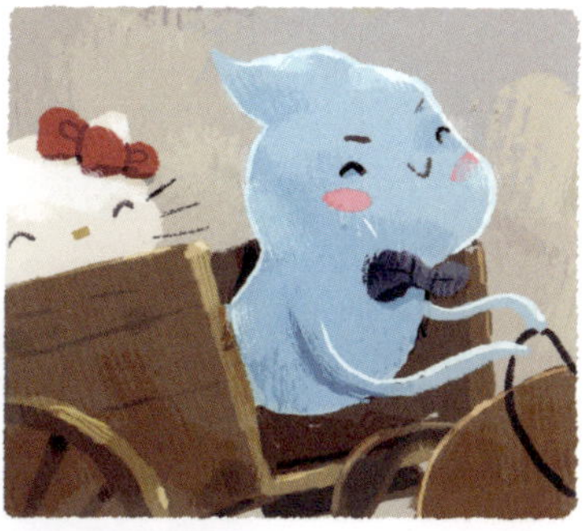
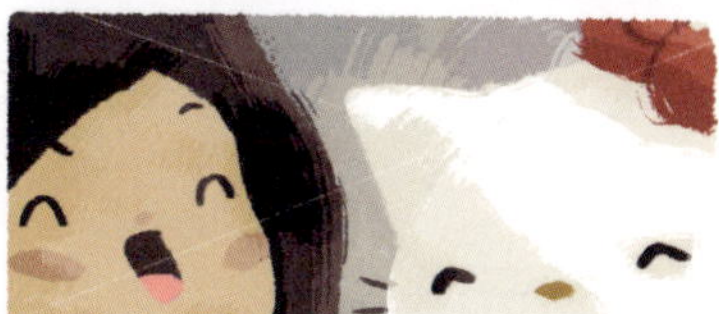
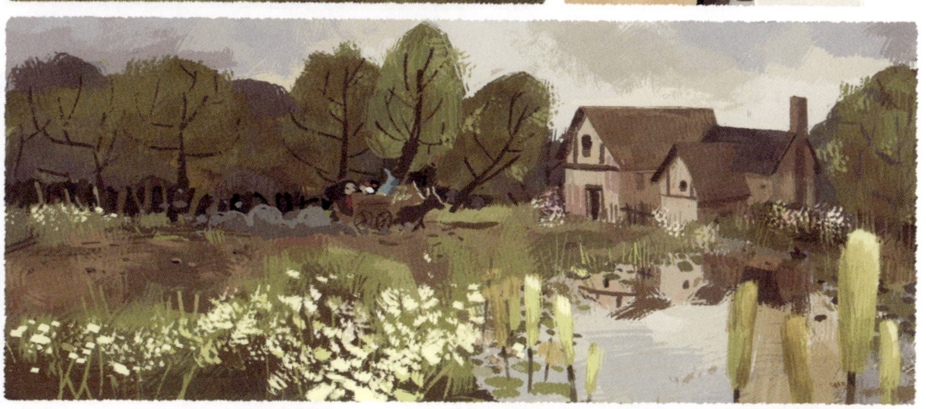
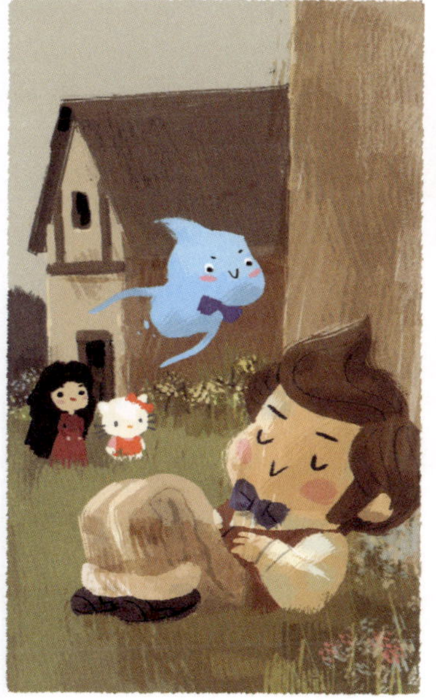
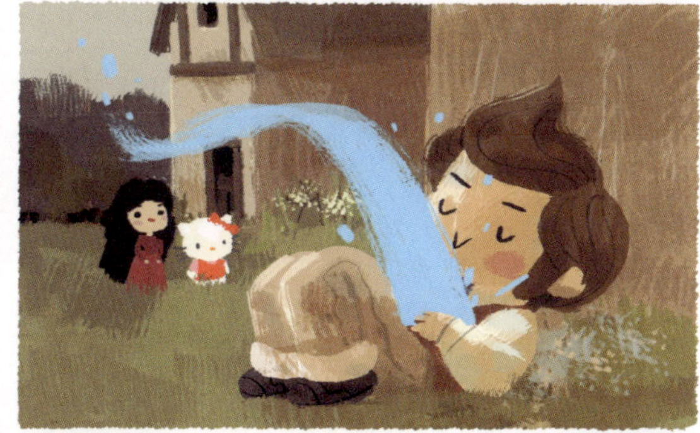
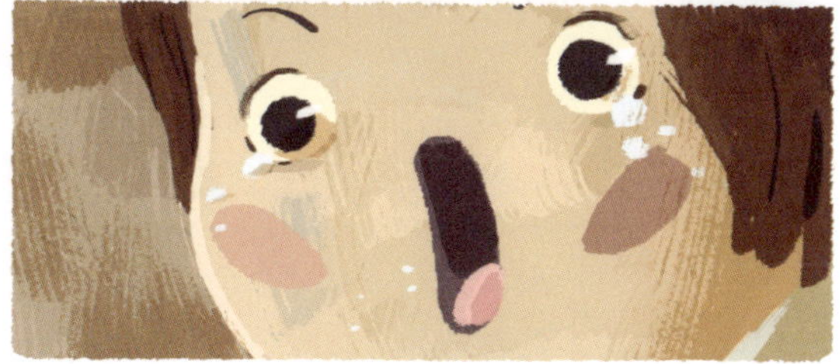

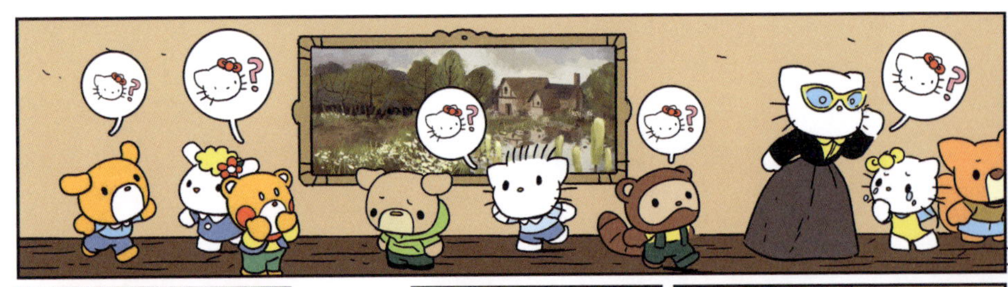
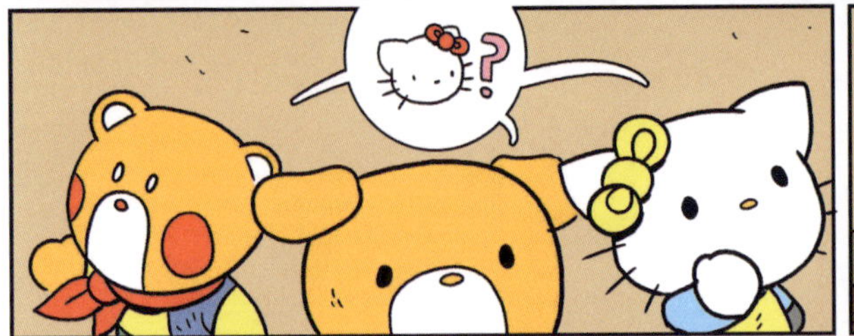
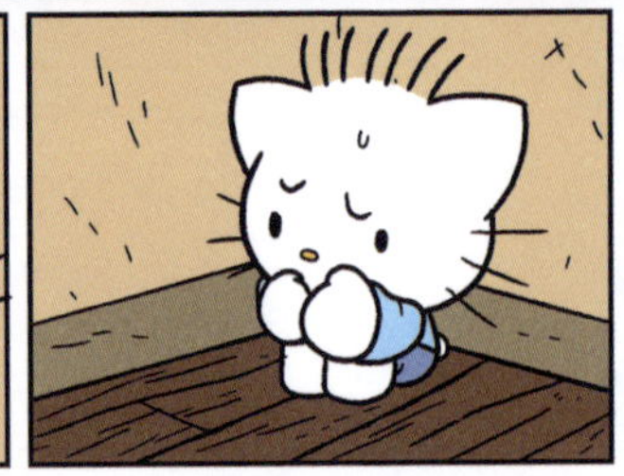
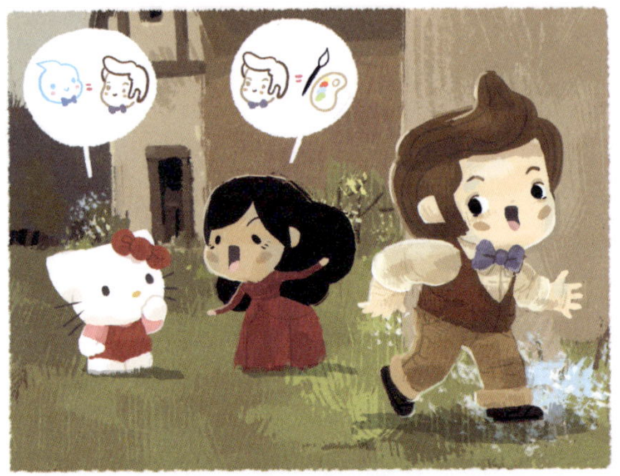
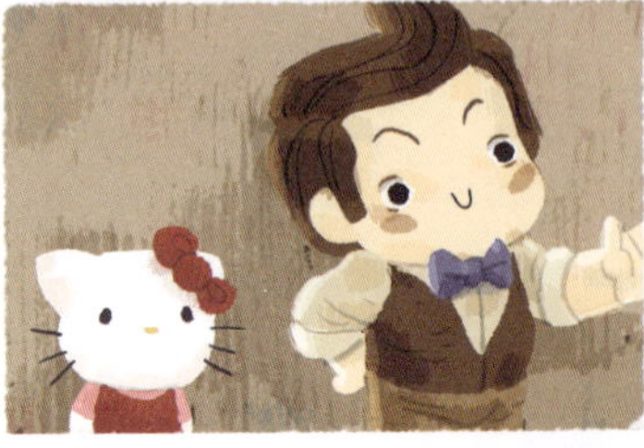
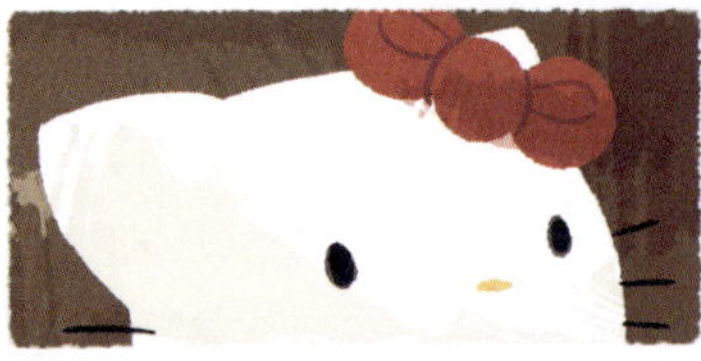
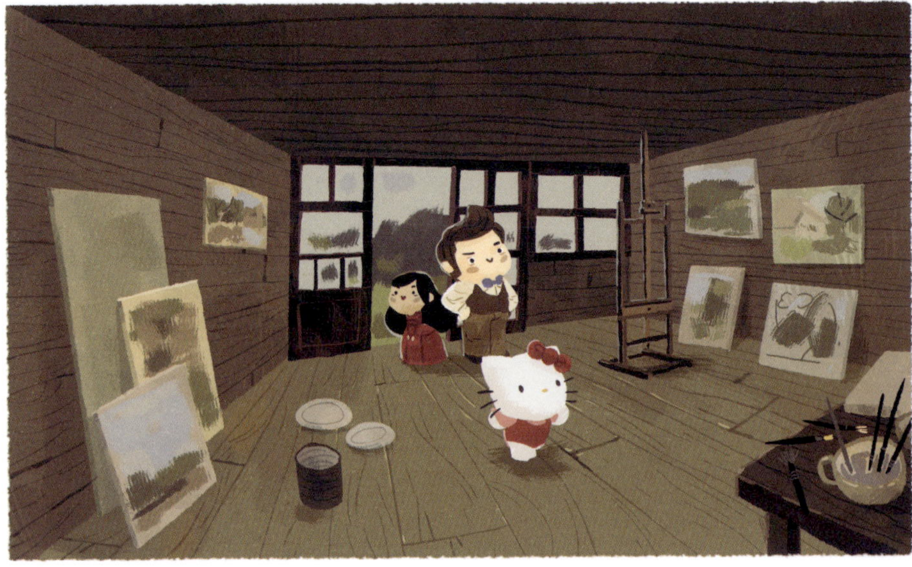

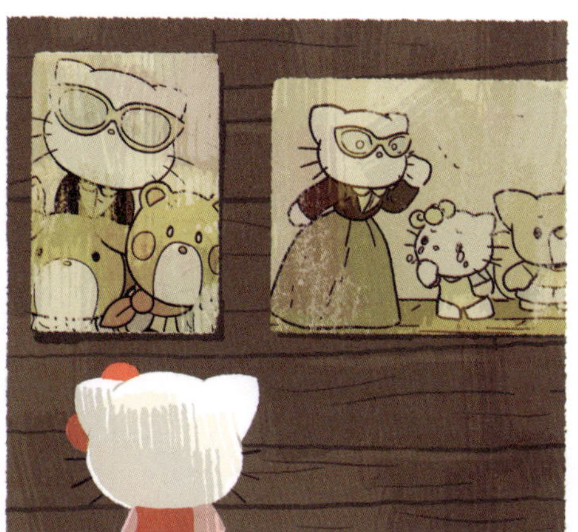
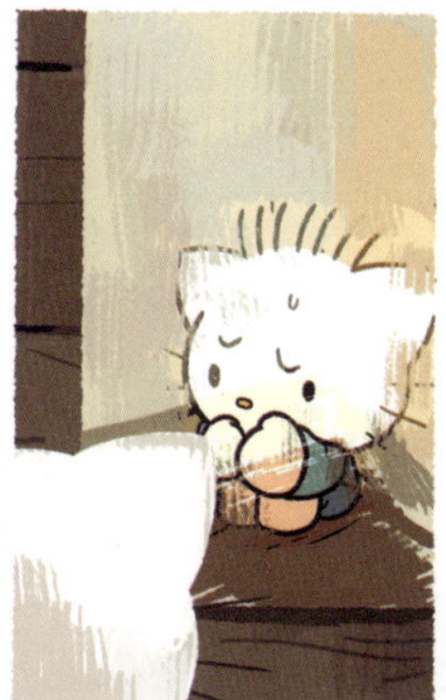
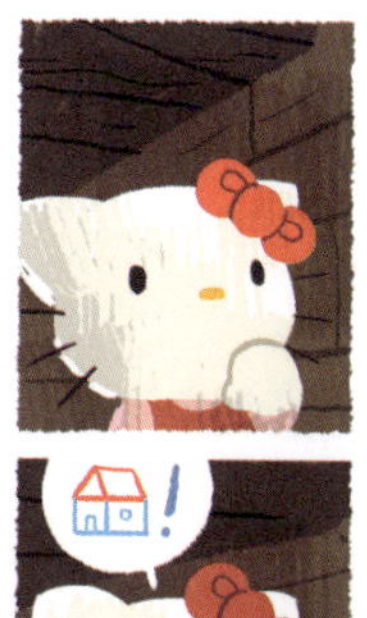
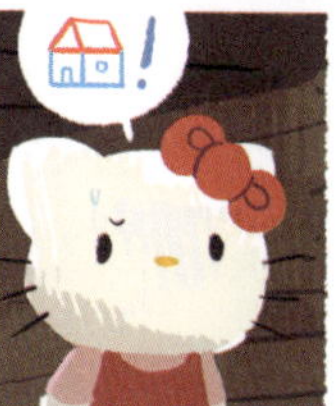

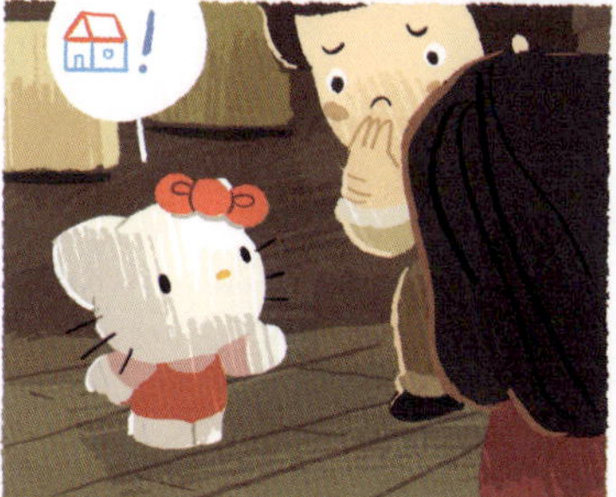

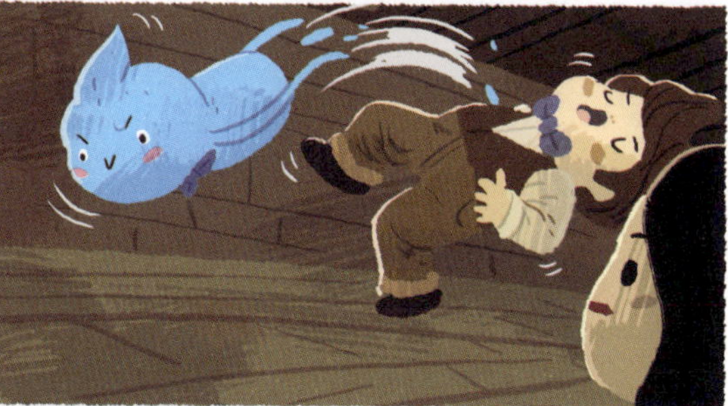
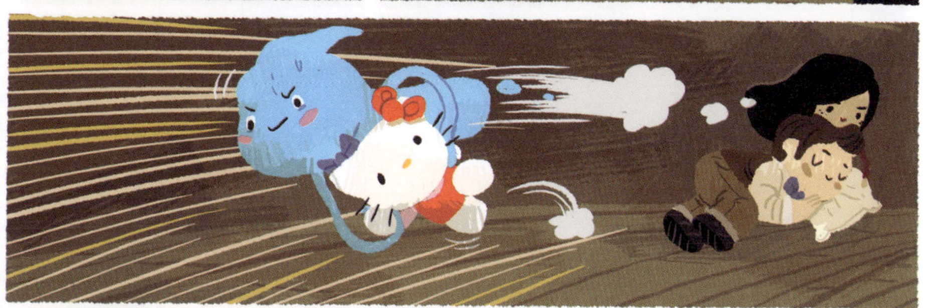
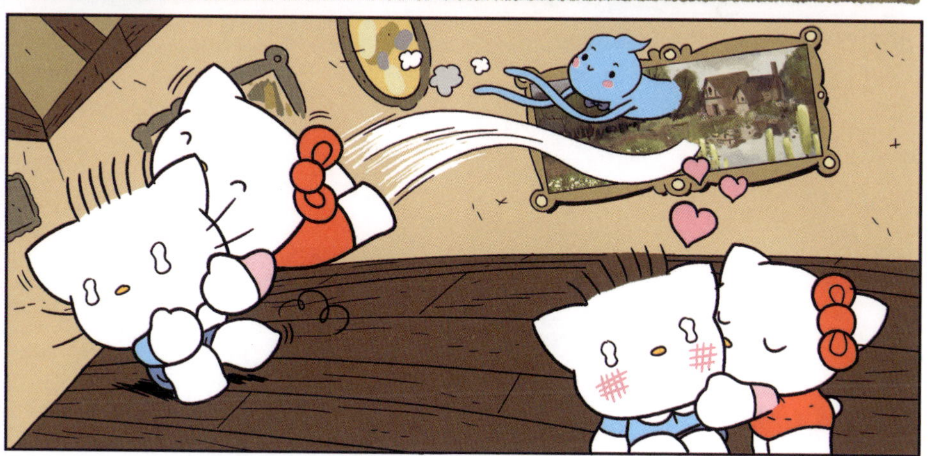

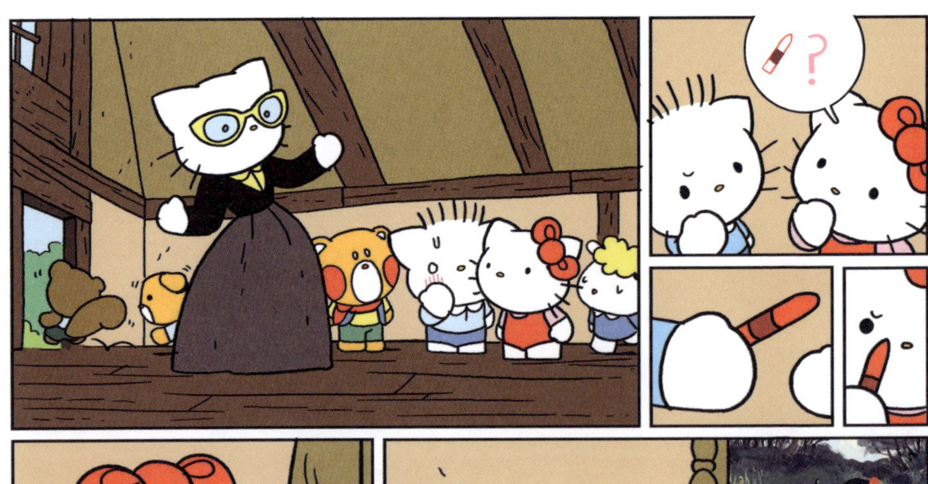
?

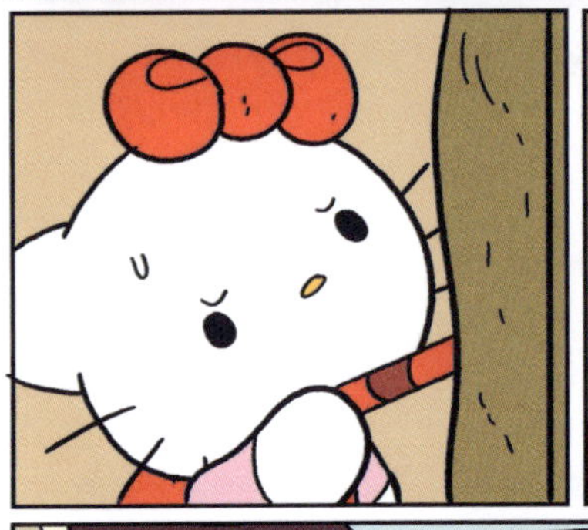

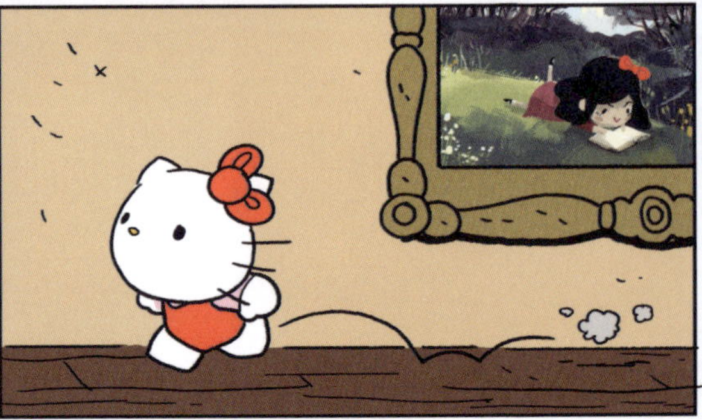

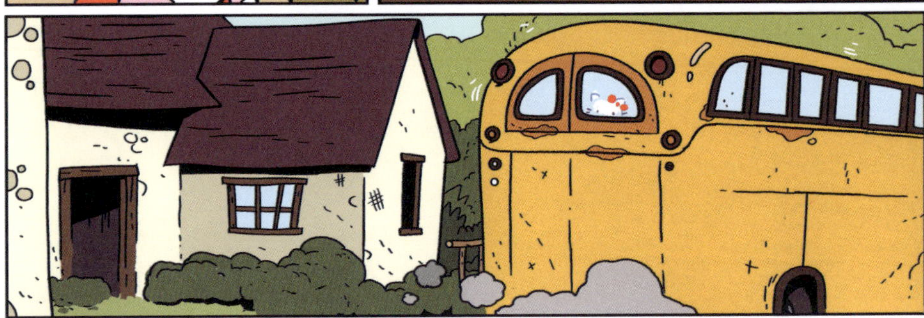

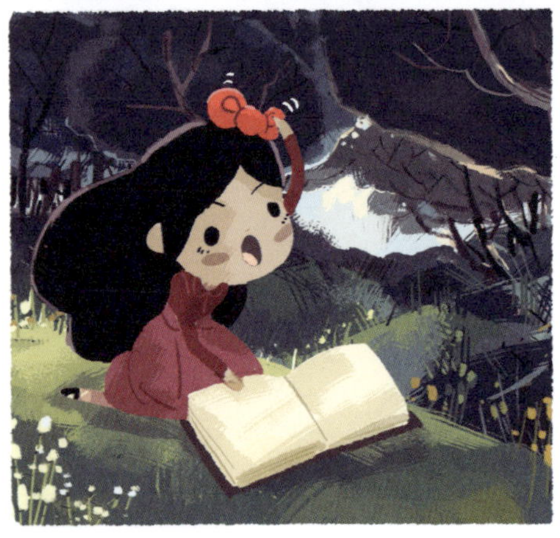

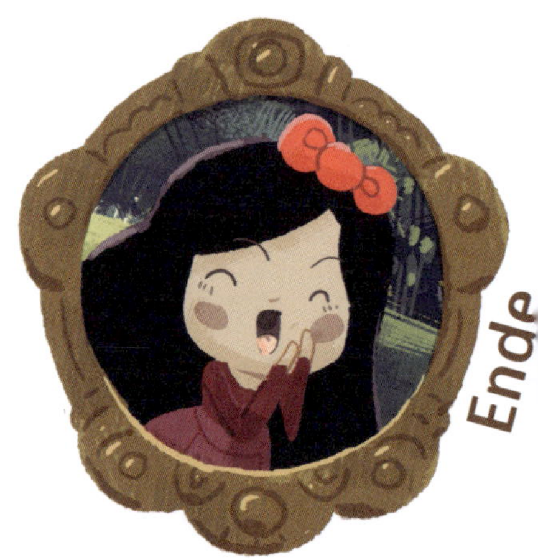
Ende

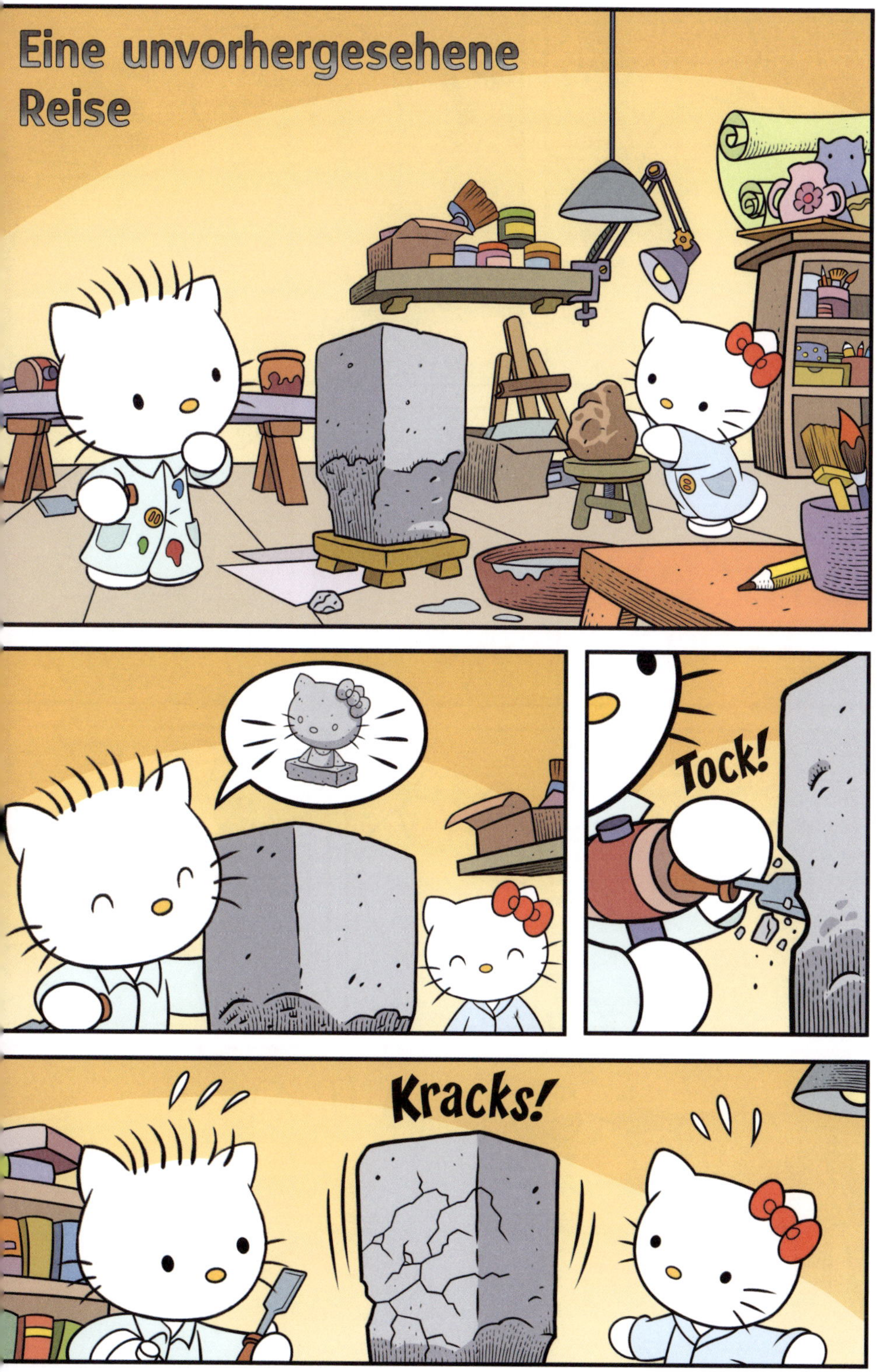

Eine unvorhergesehene Reise

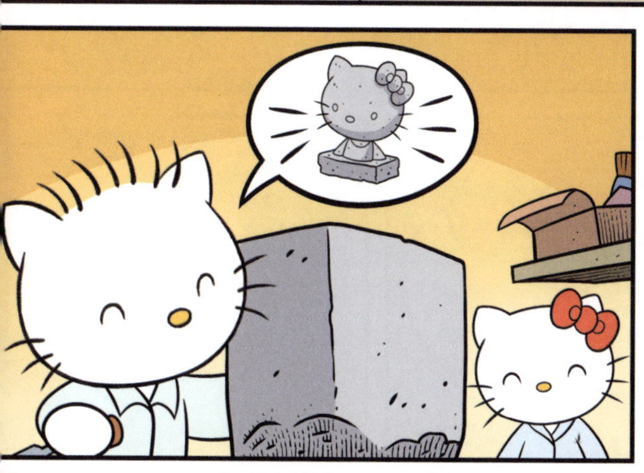

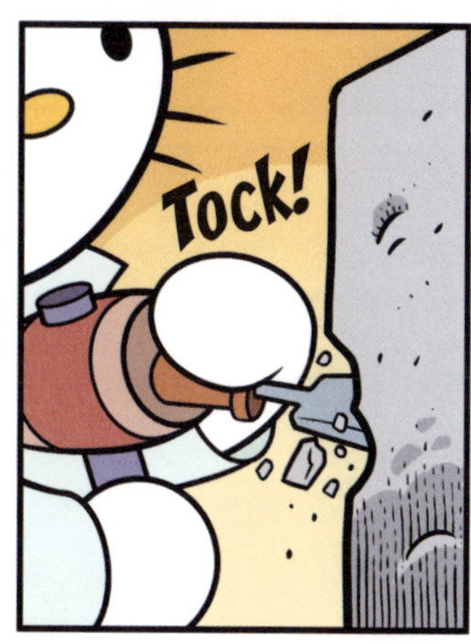

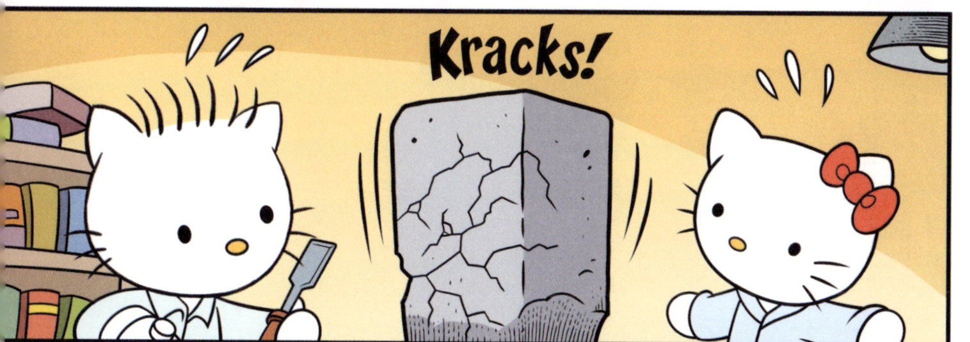

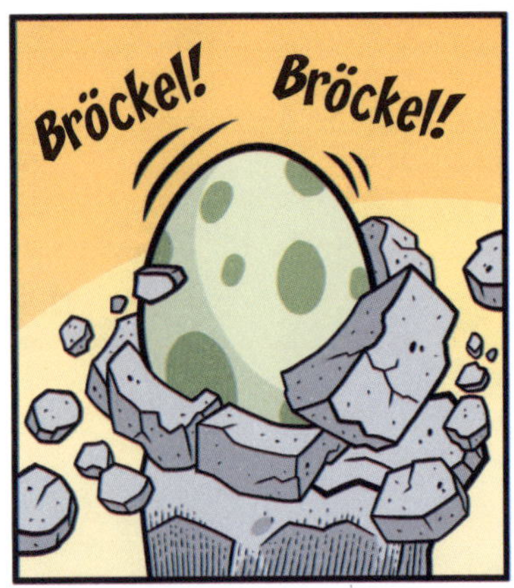
Bröckel!
Bröckel!
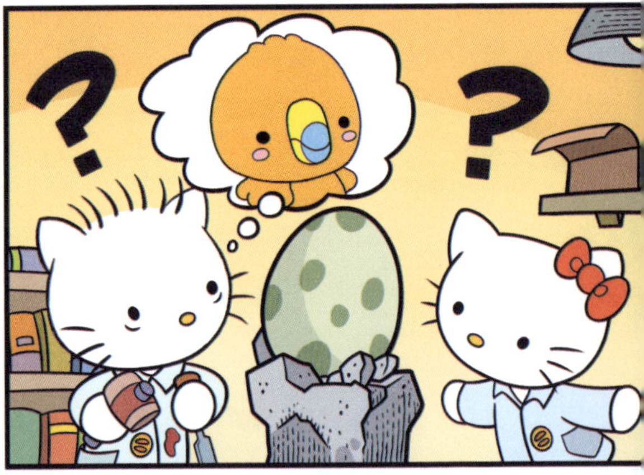
?
?
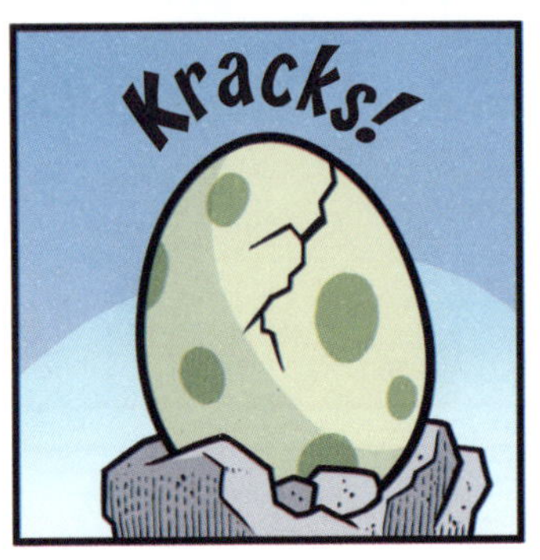
Kracks!
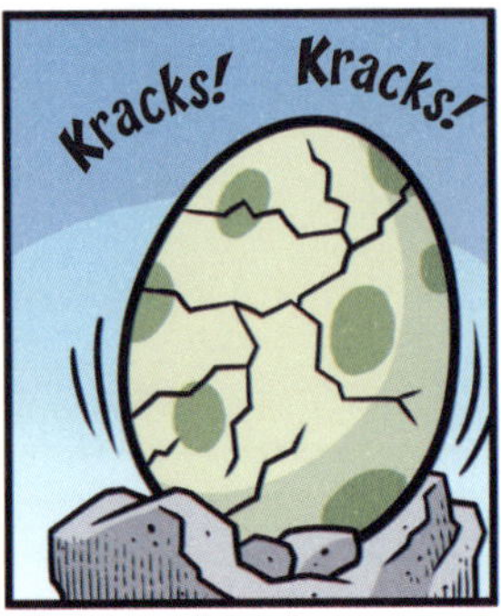
Kracks!
Kracks!
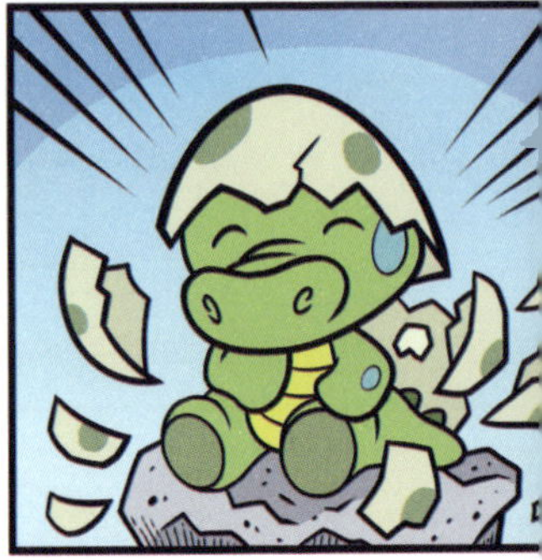
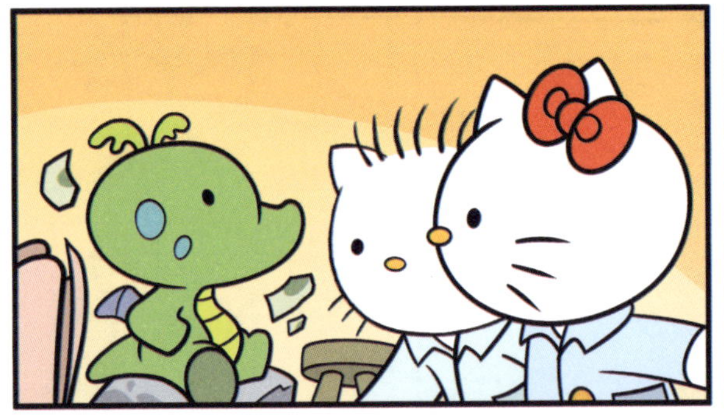
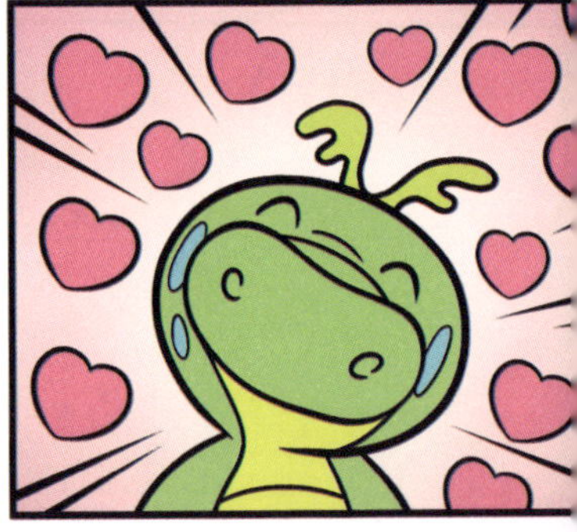
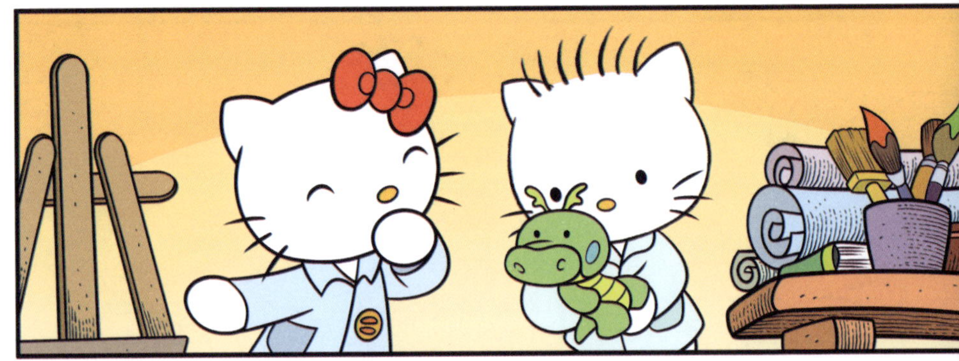

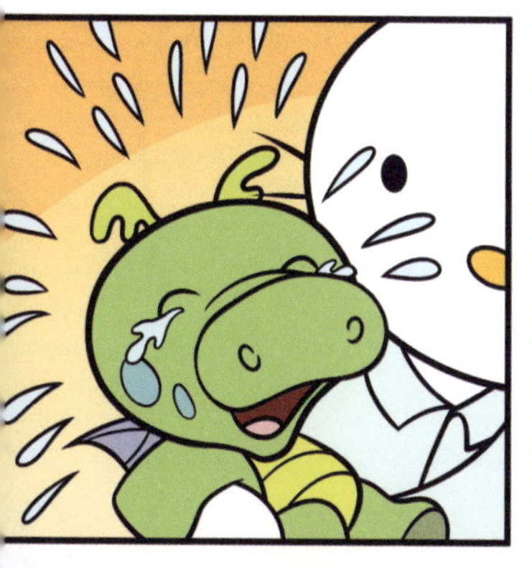
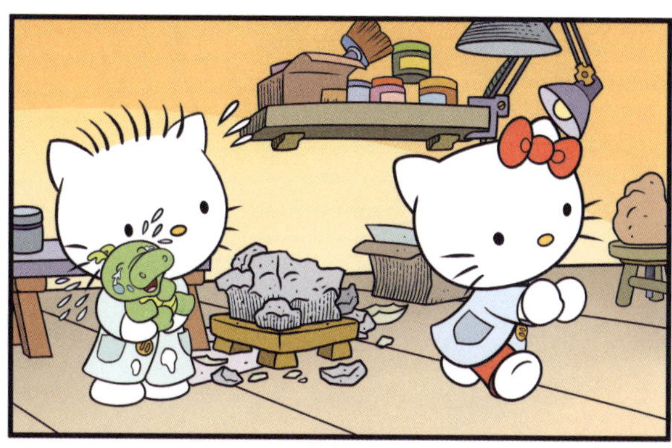
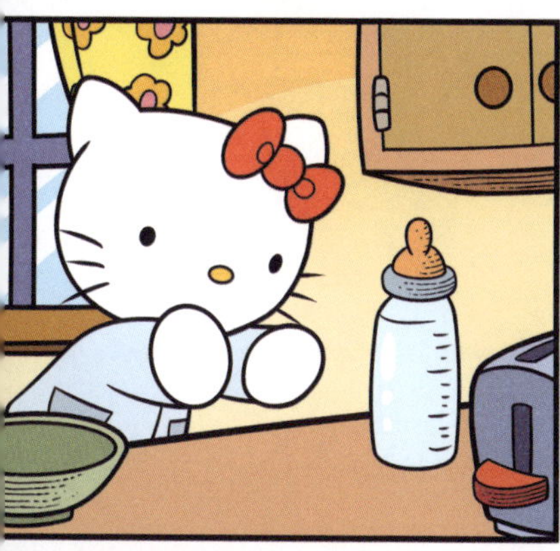
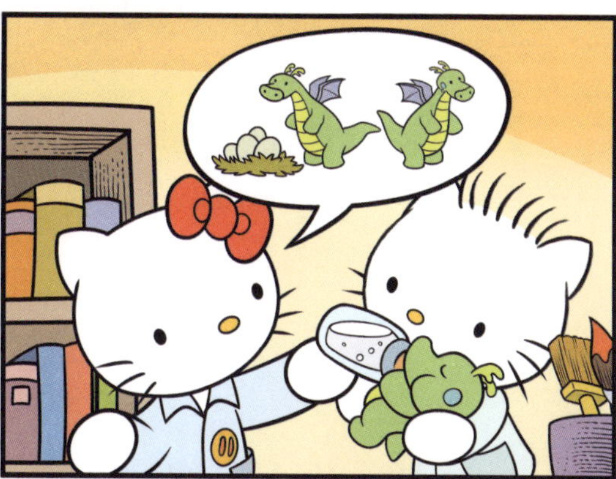
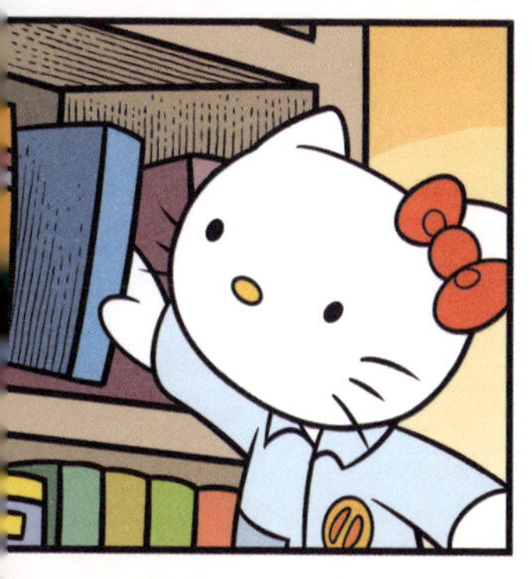
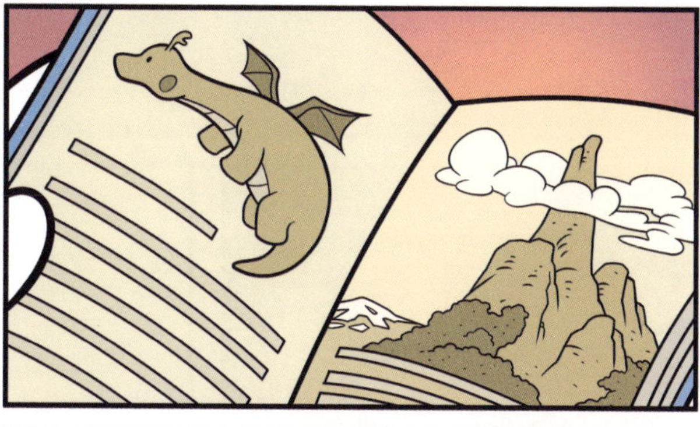
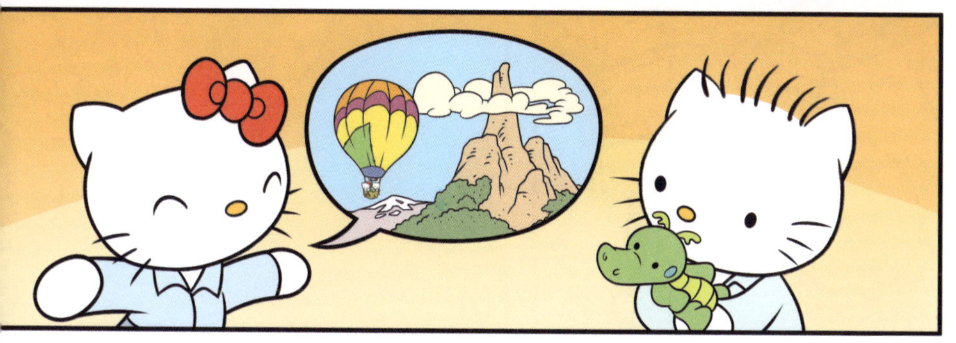

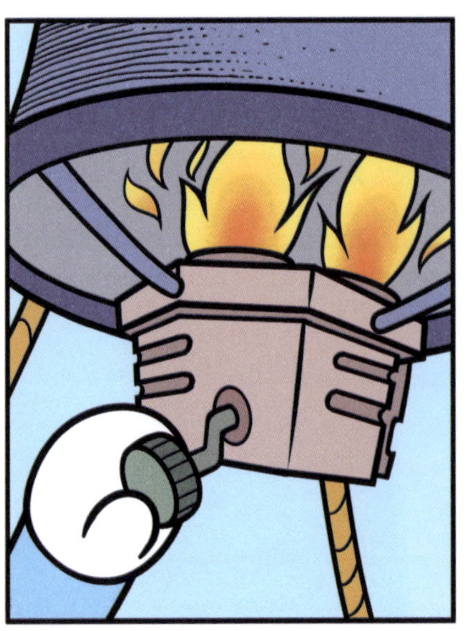

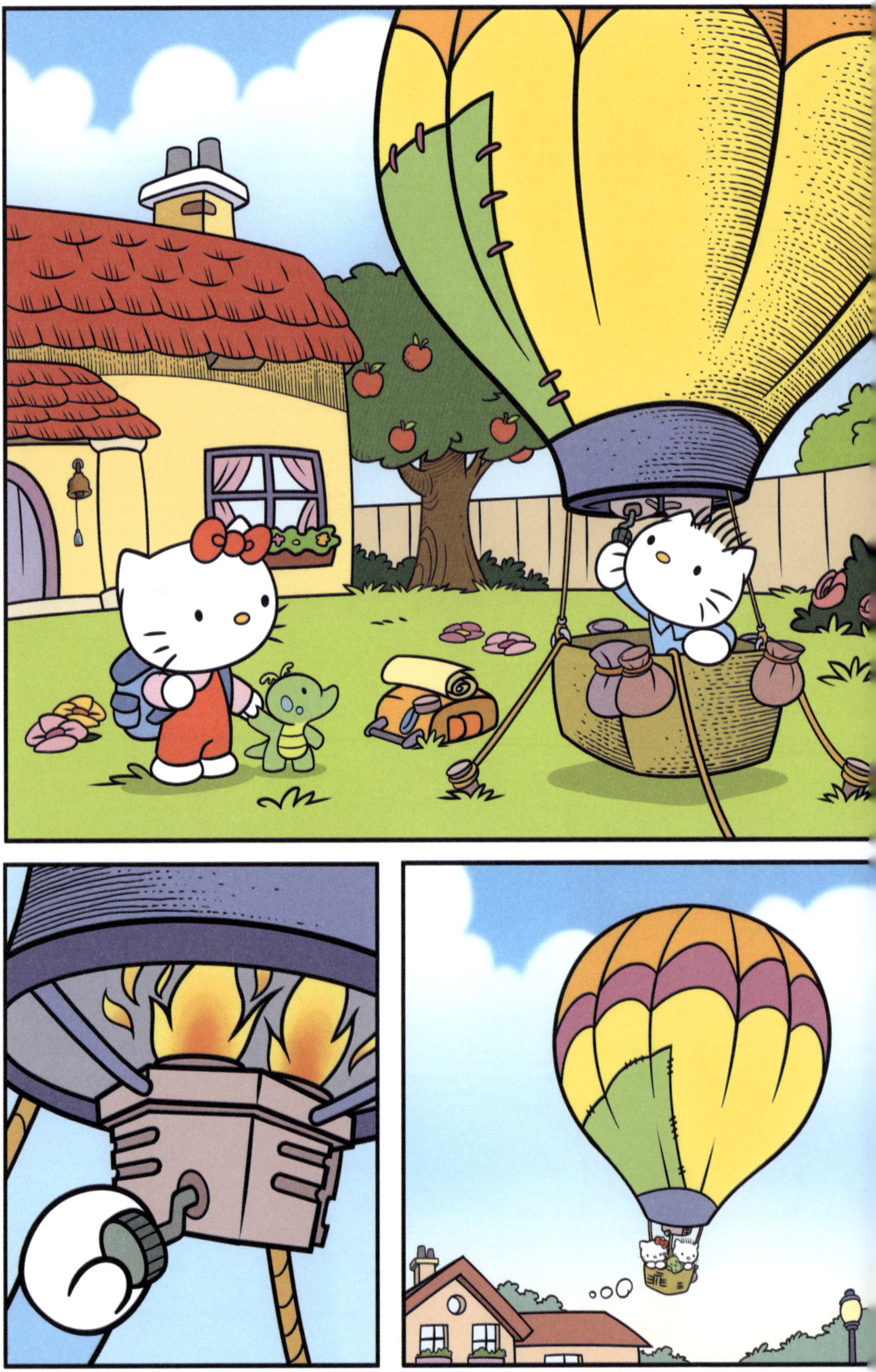

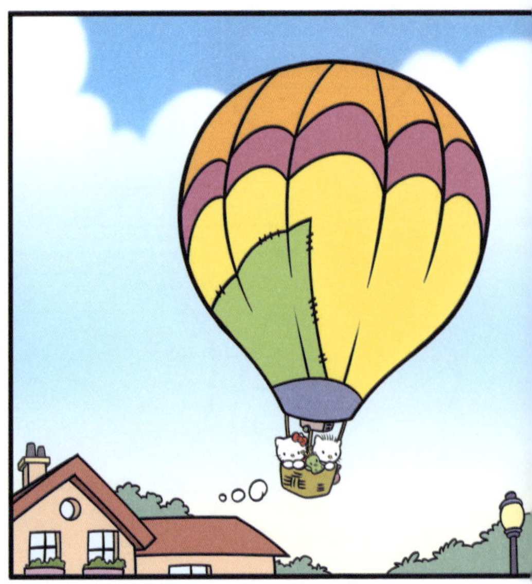

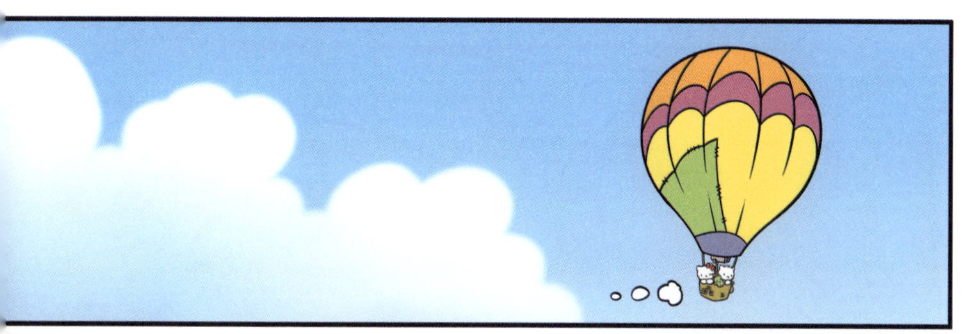

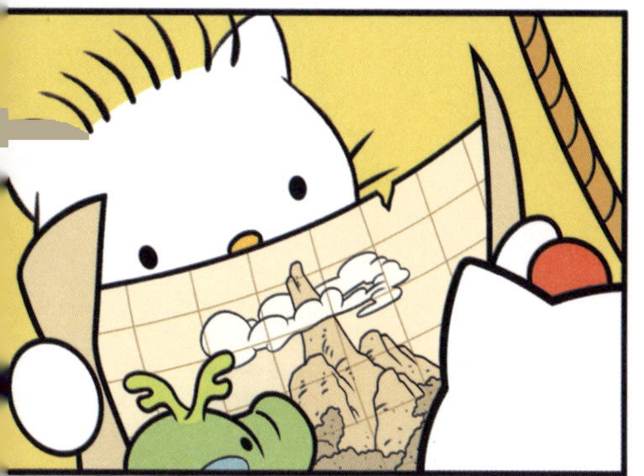

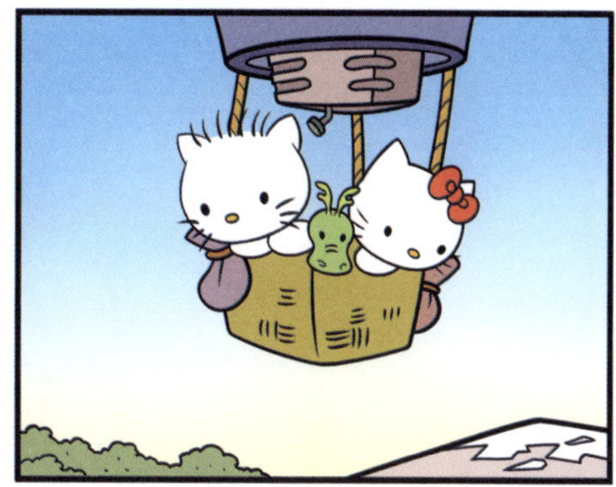

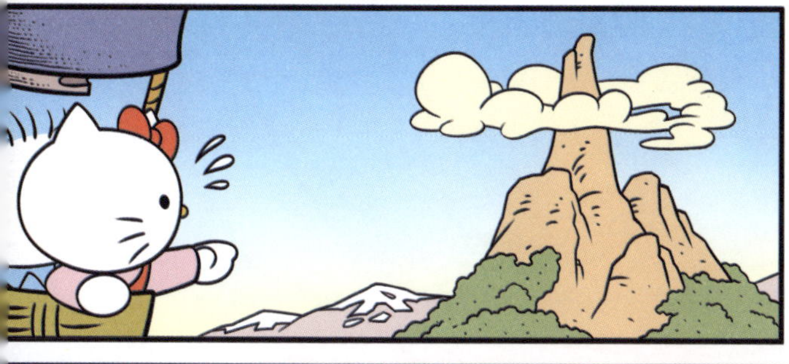

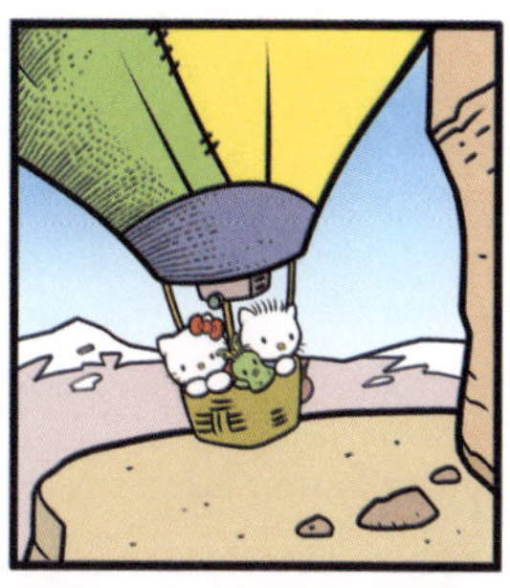

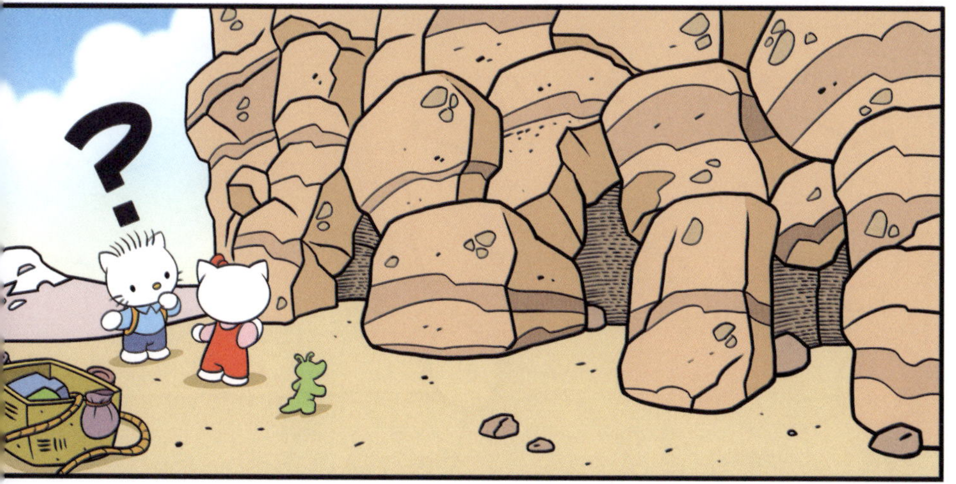

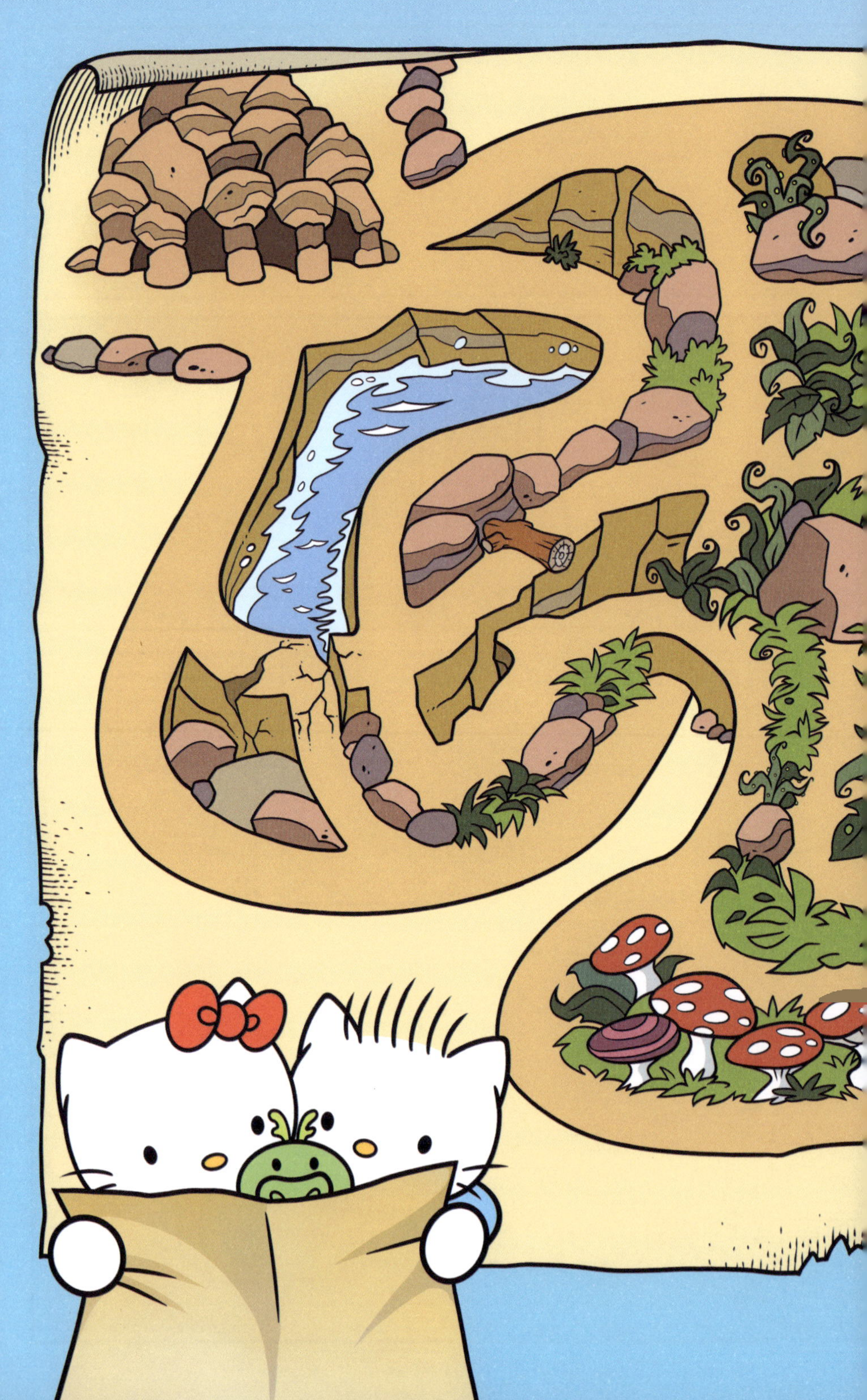

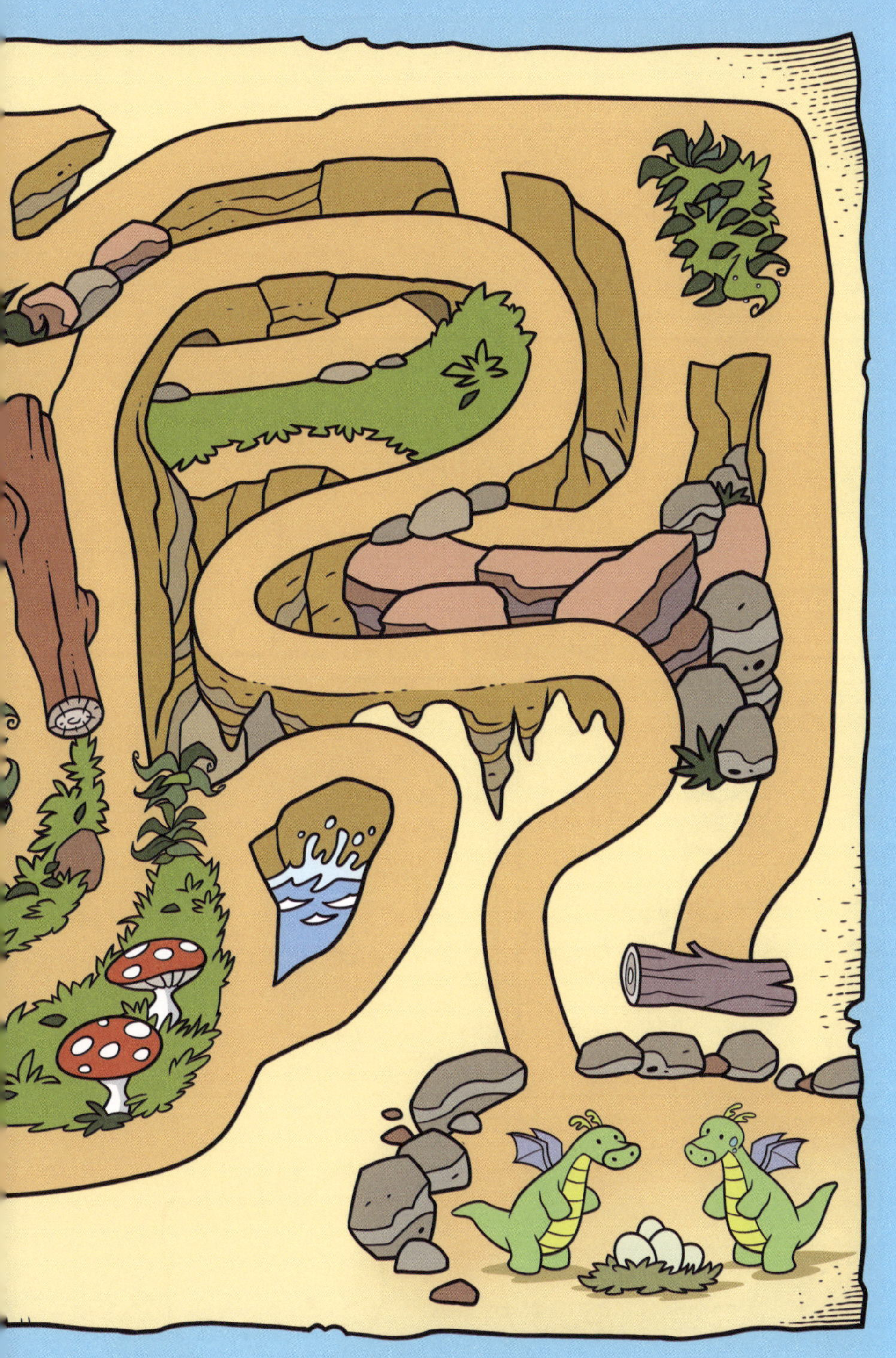

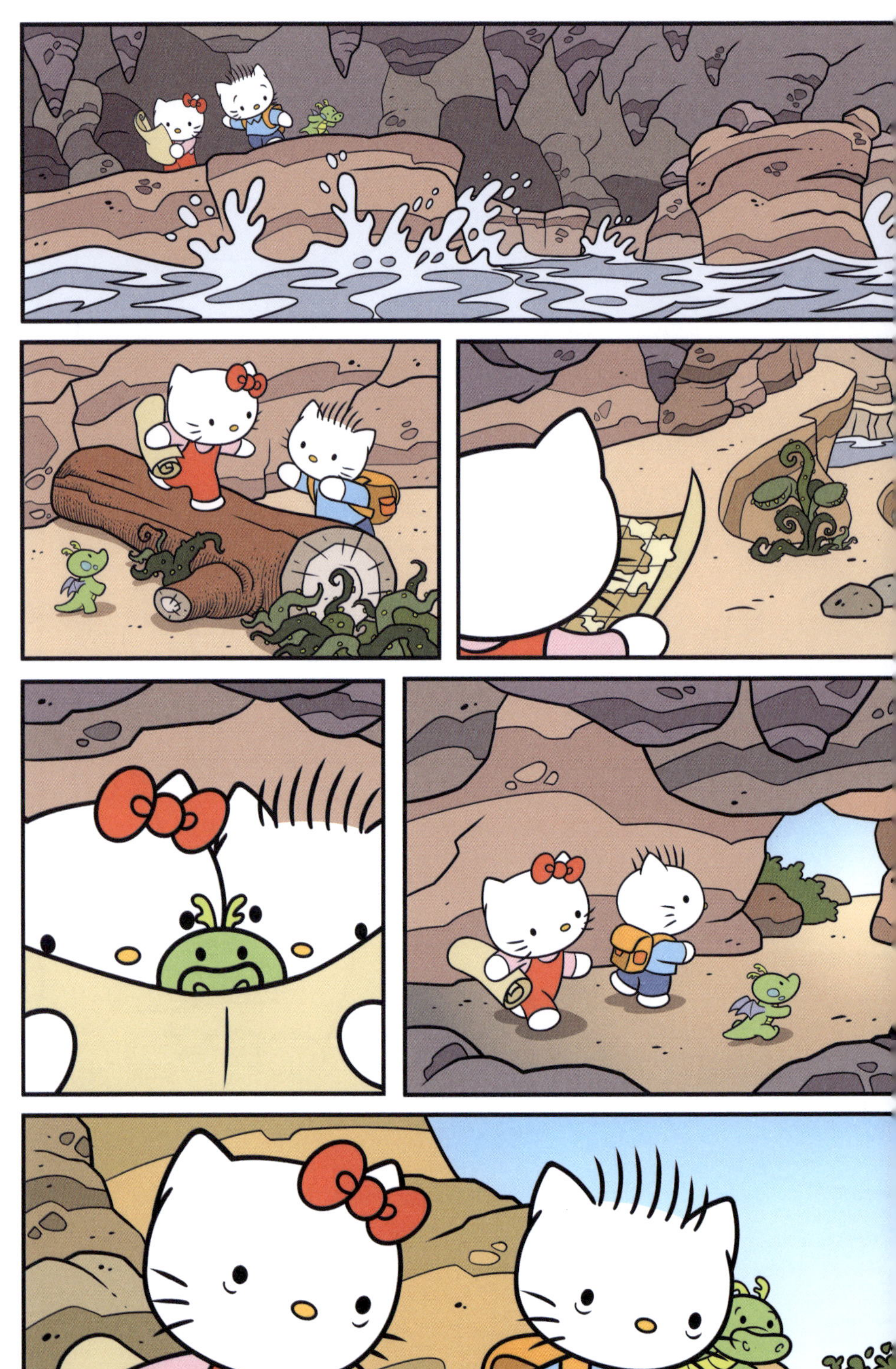

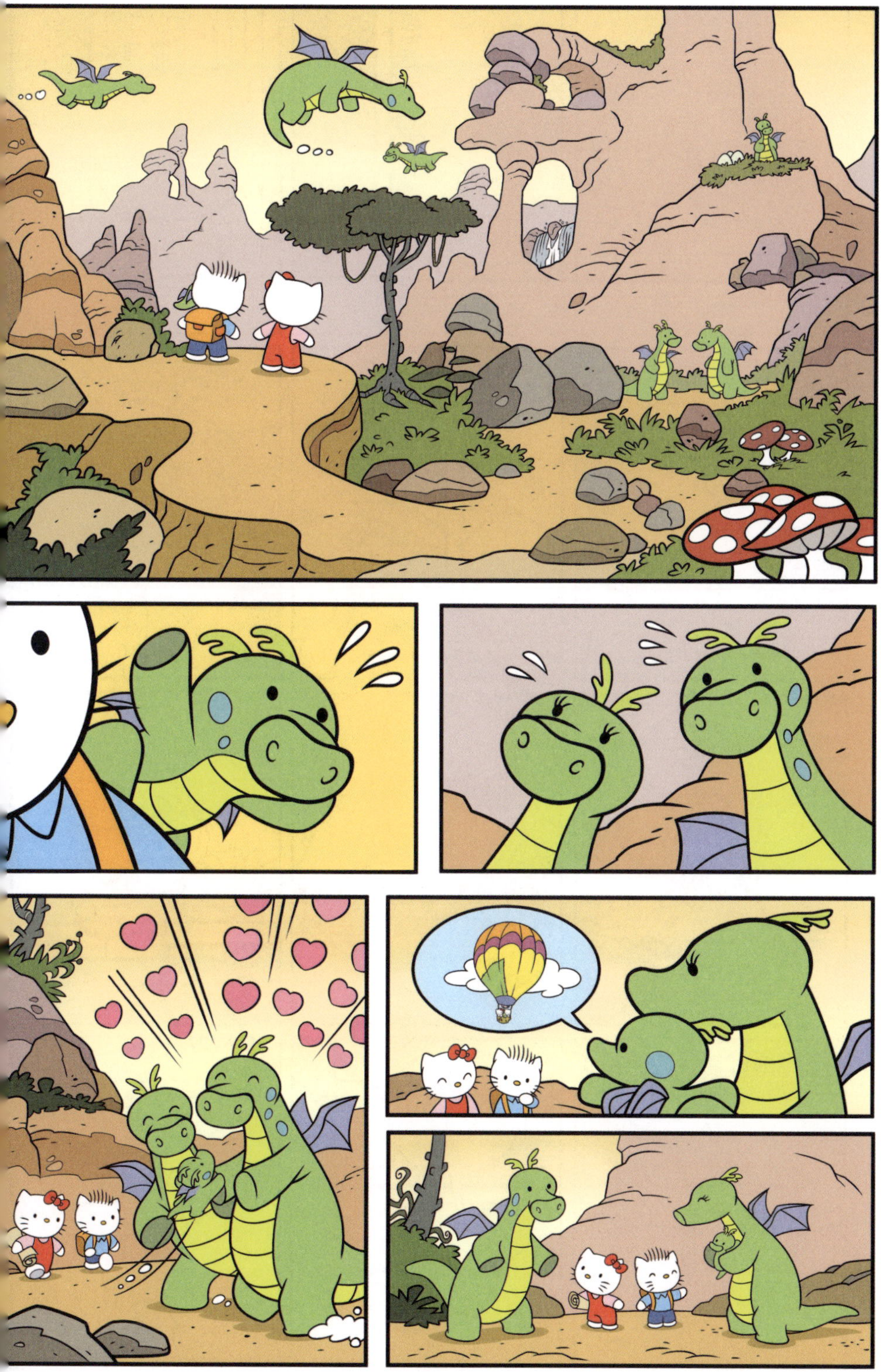

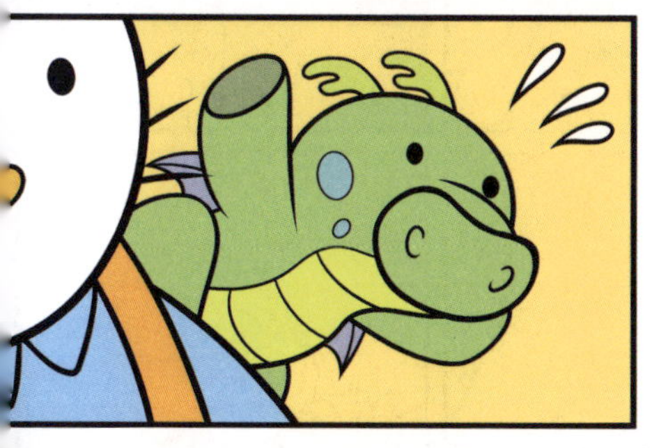
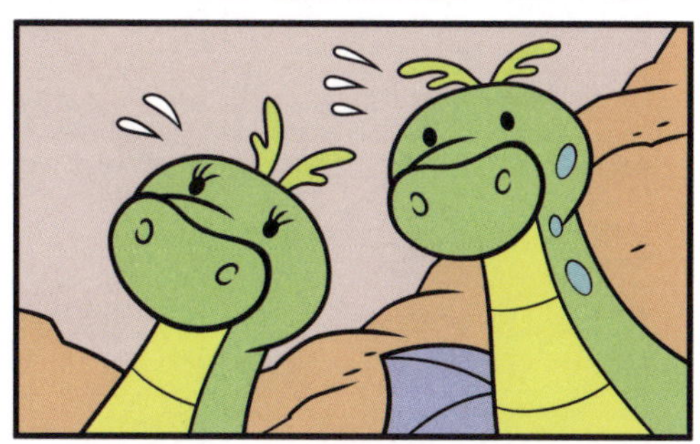
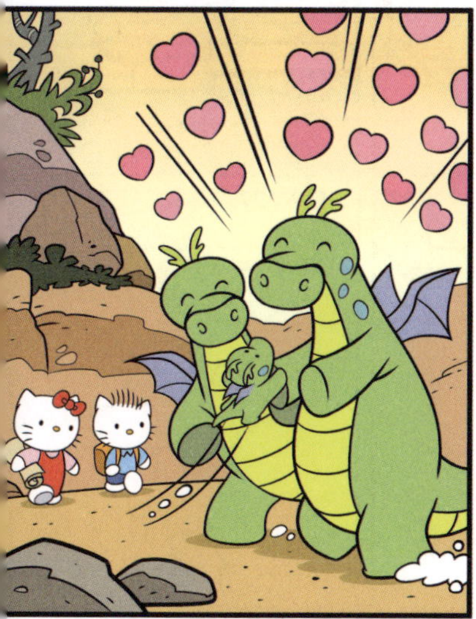
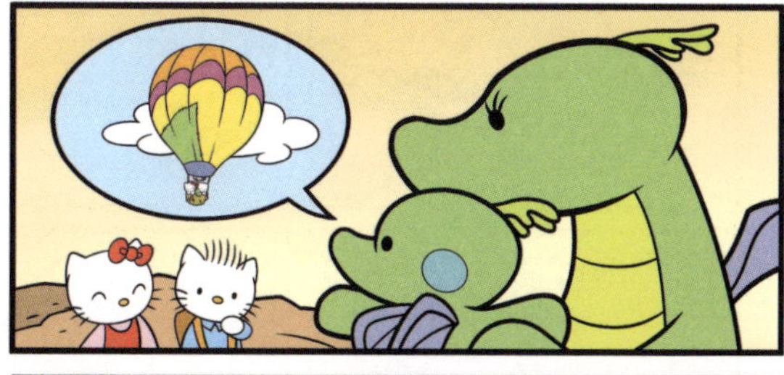
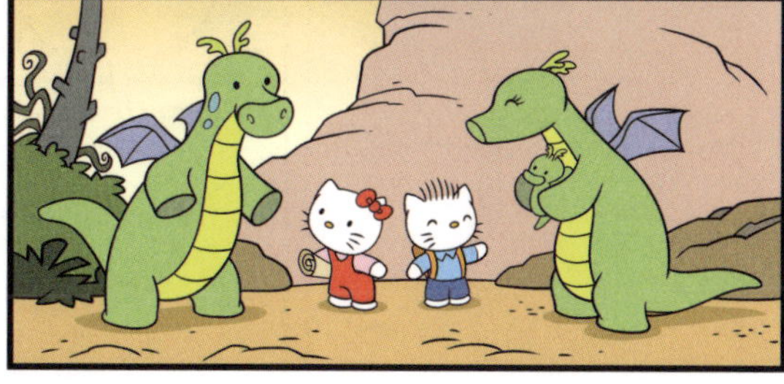

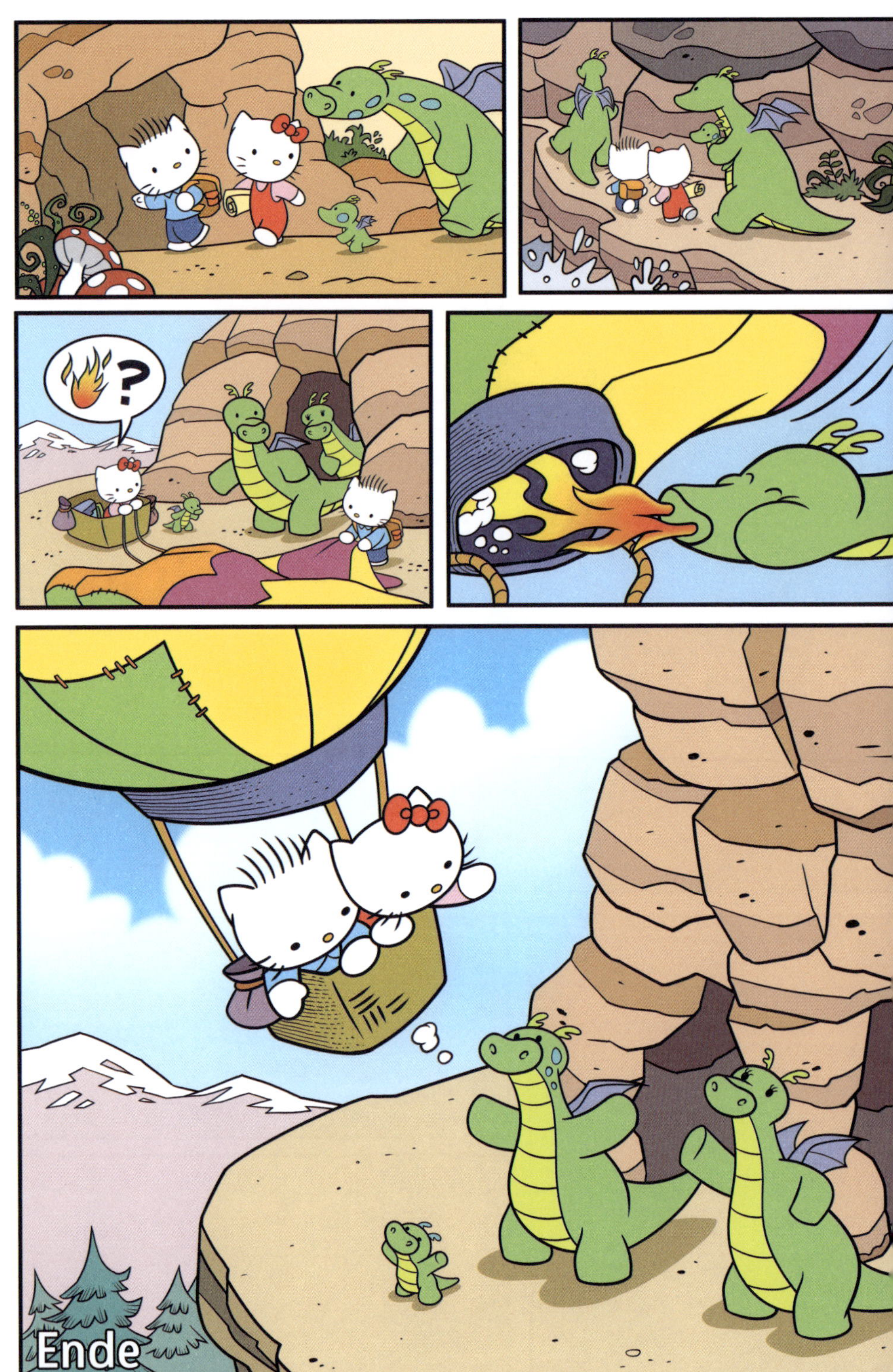
?
Ende

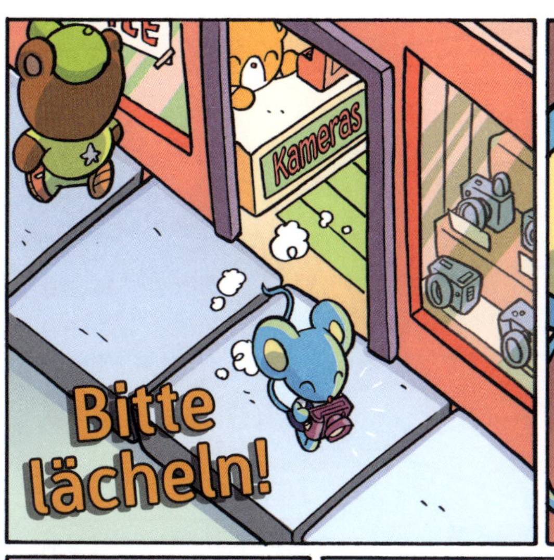
Kameras
Bitte lächeln!

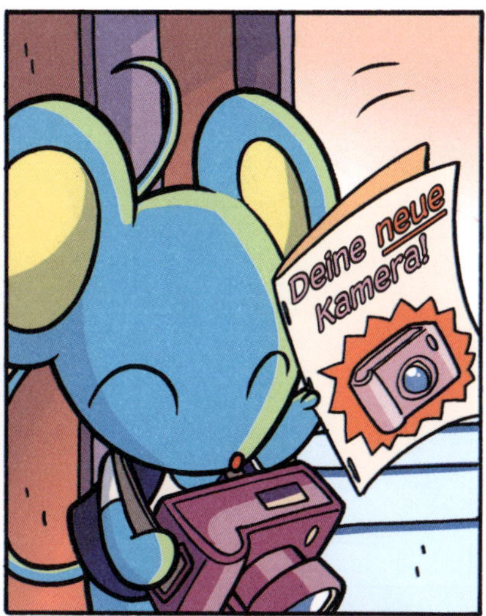
Deine neue Kamera!

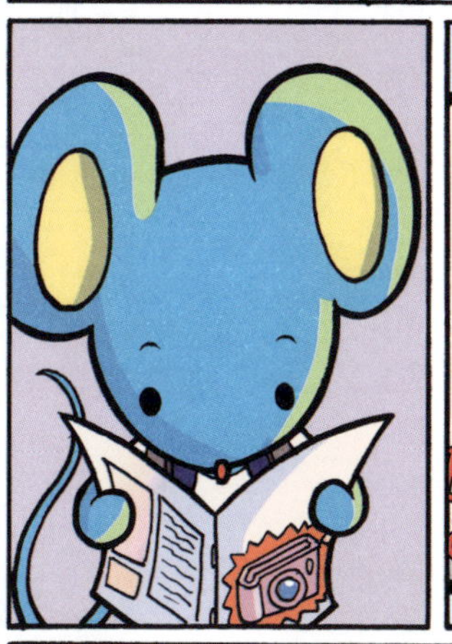

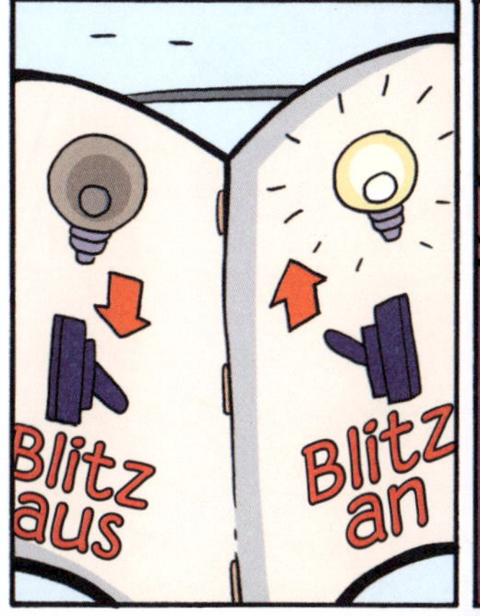
Blitz aus
Blitz an

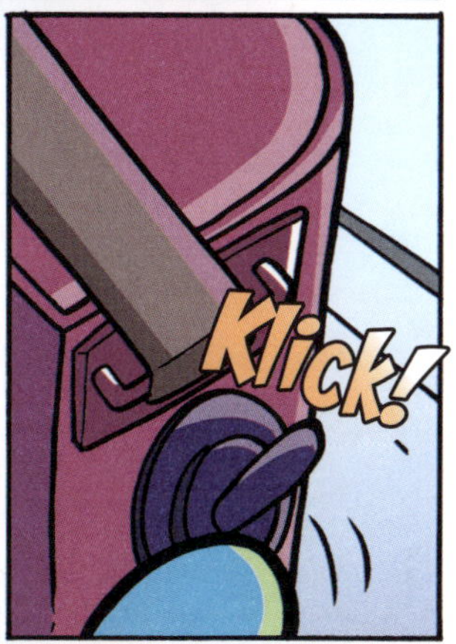
Klick!

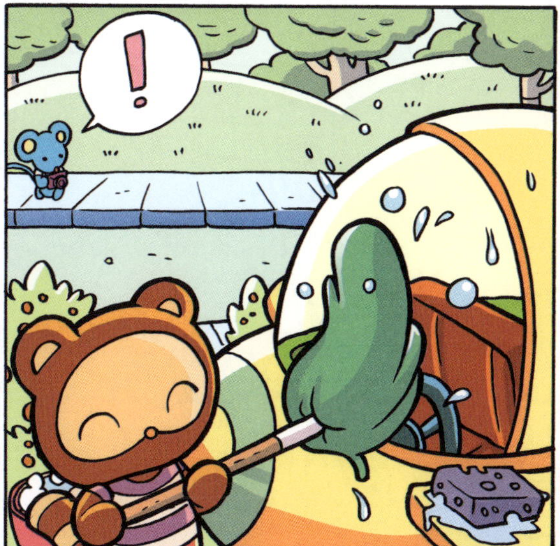
!

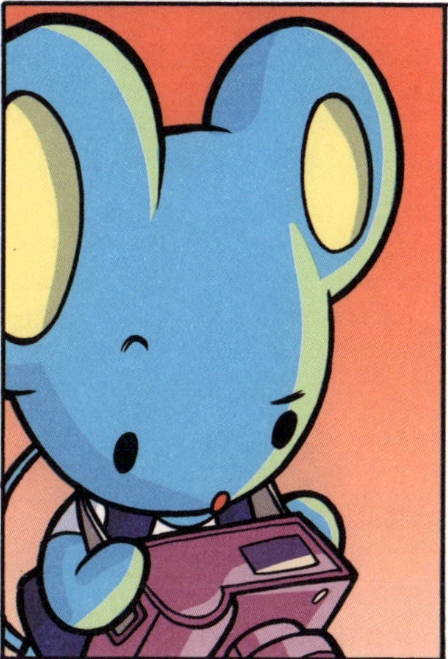

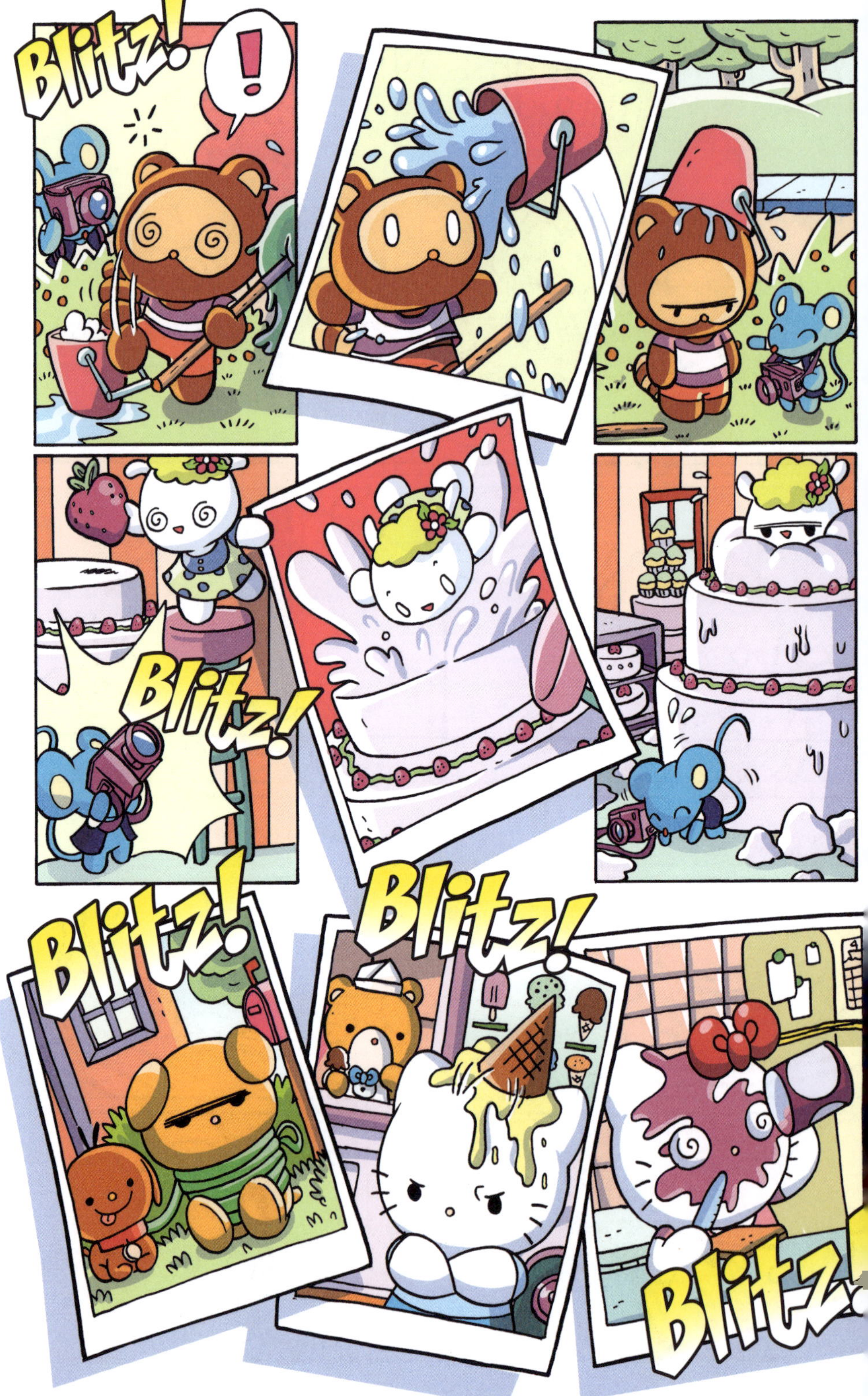

Blitz!
!
Blitz!
Blitz!
Blitz!
Blitz!

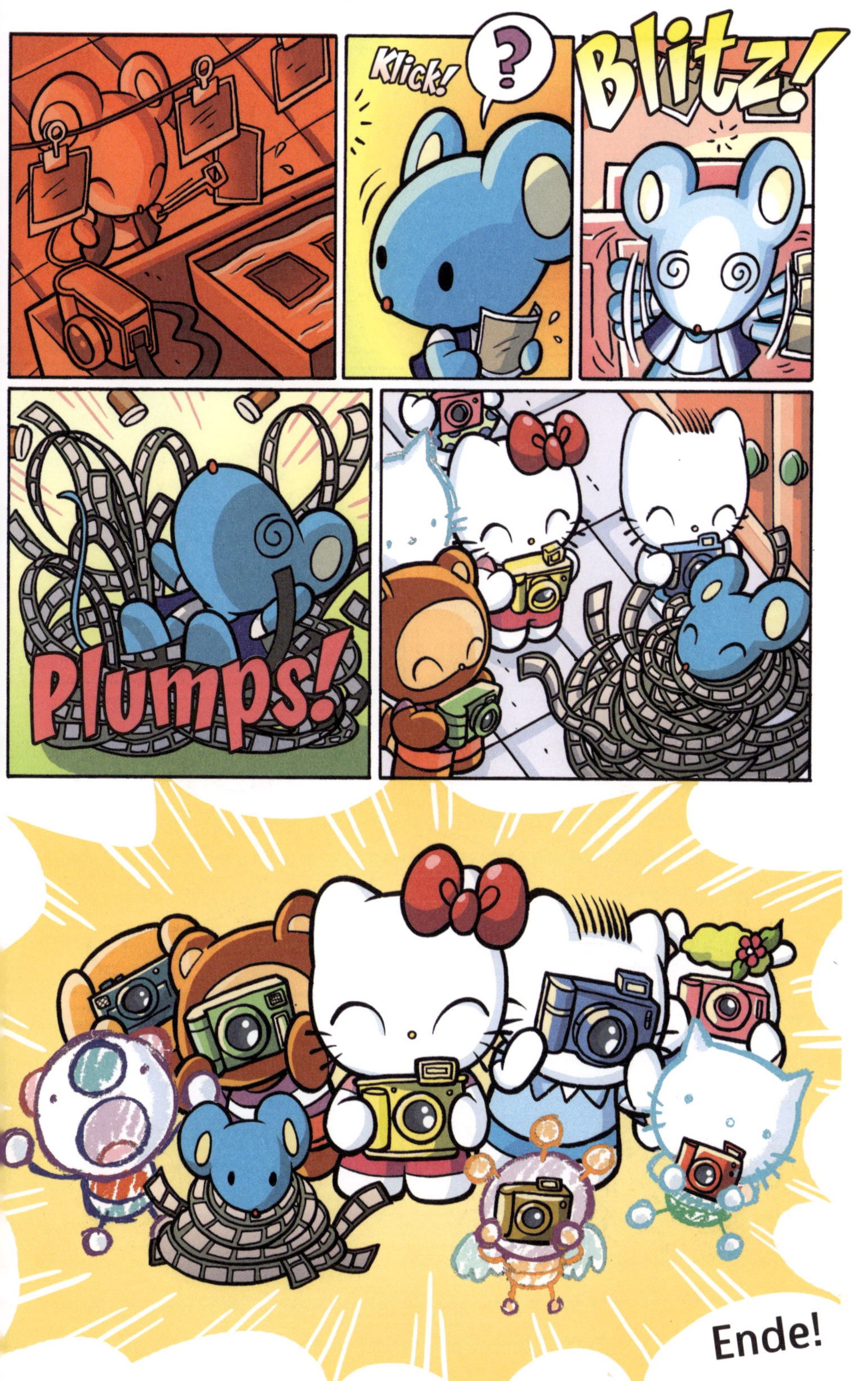
Klick!
?
Blitz!
Plumps!
Ende!

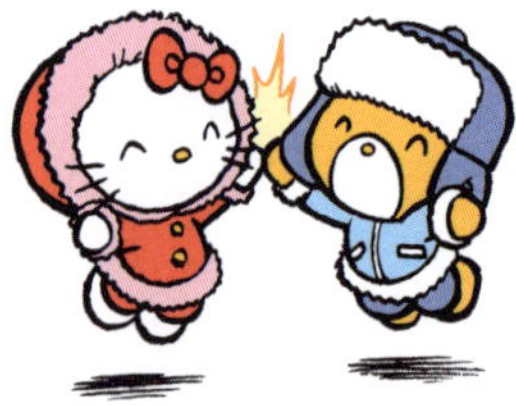

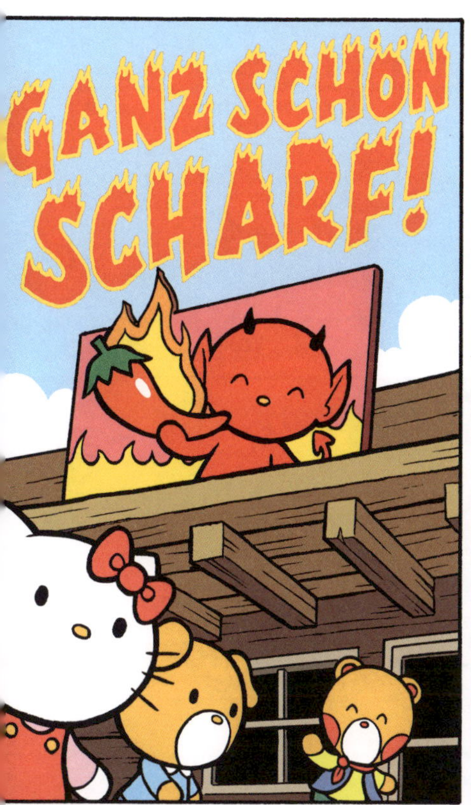
GANZ SCHÖN SCHARF!
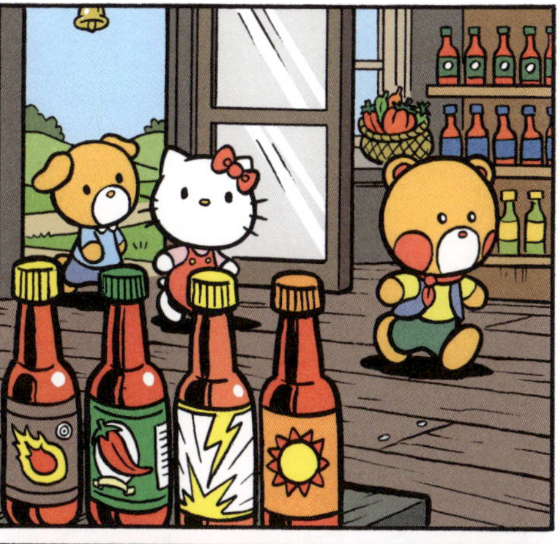
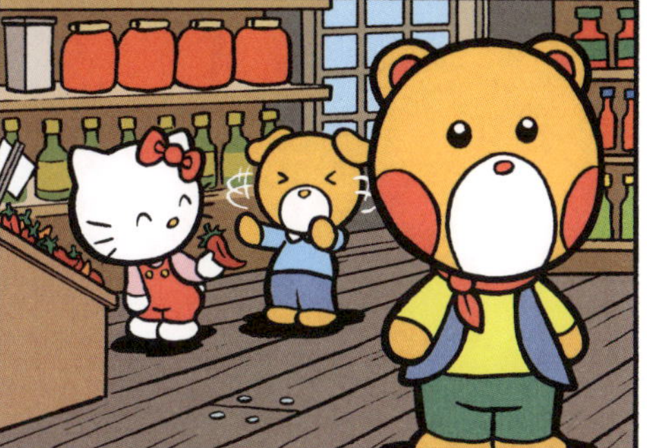
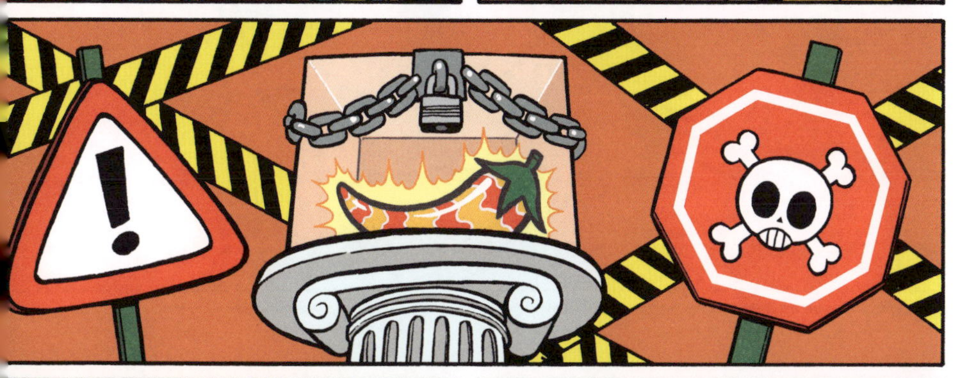
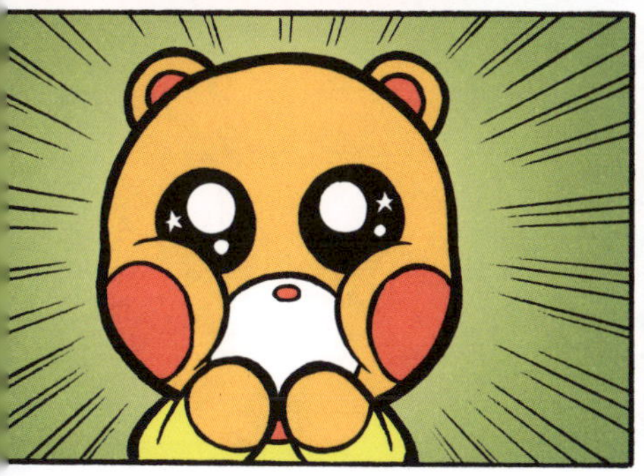
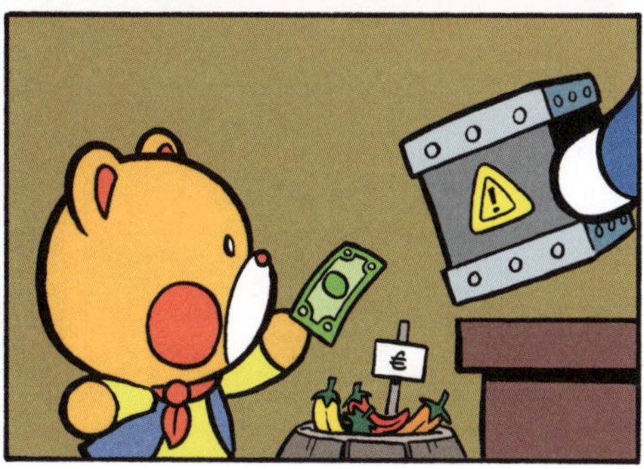
€

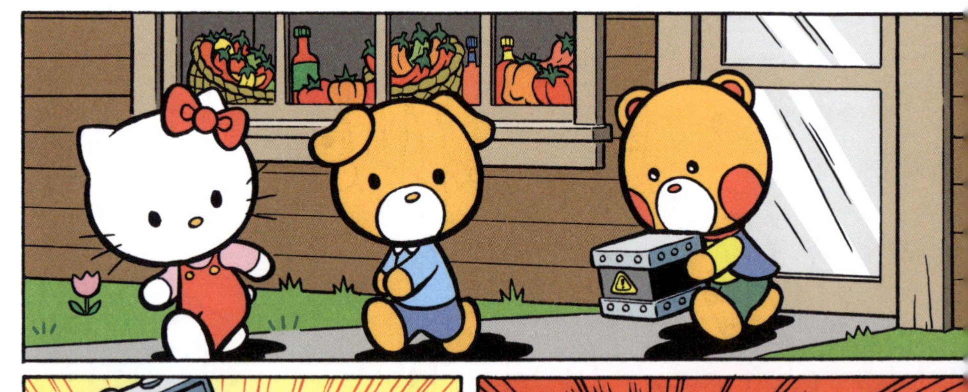

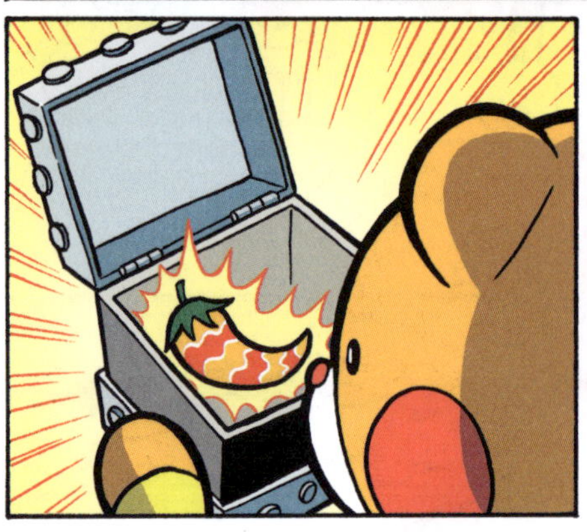

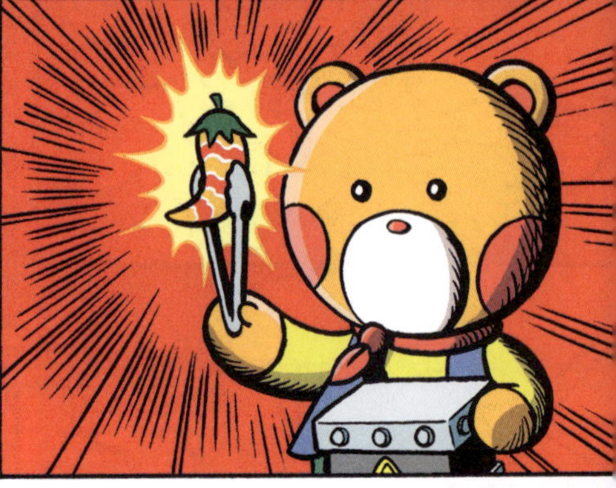

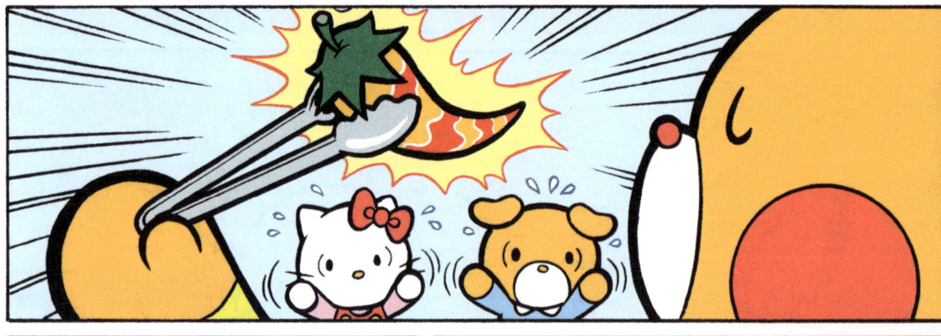

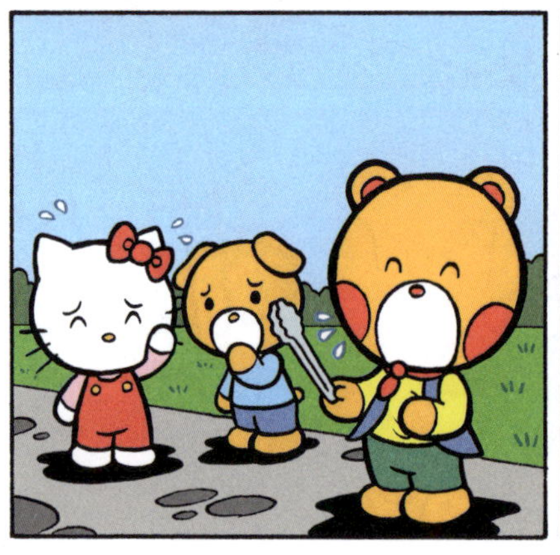

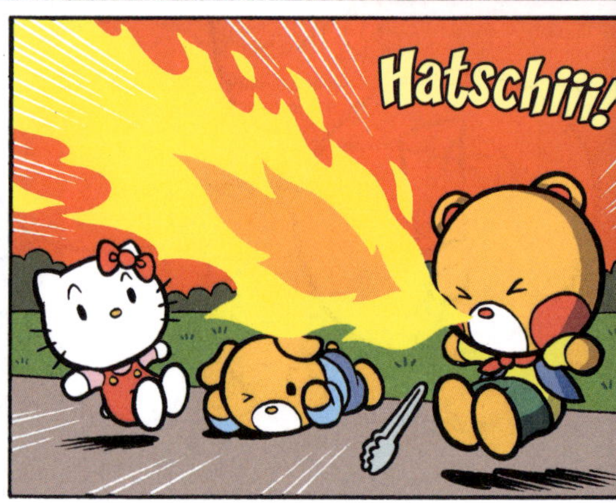
Hatschiii!

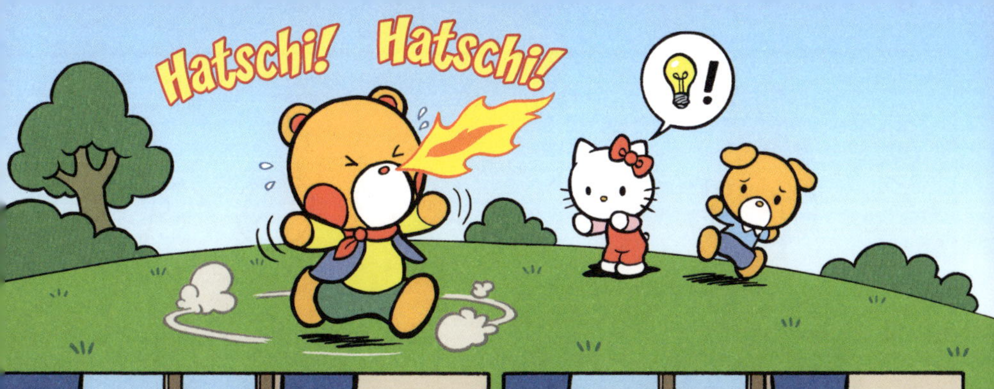
Hatschi! Hatschi!
!
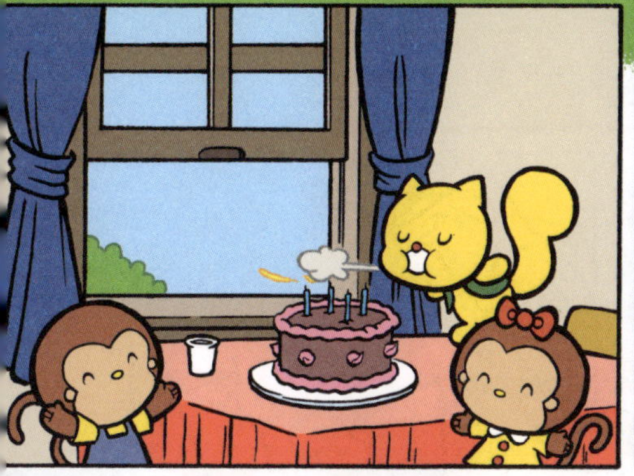
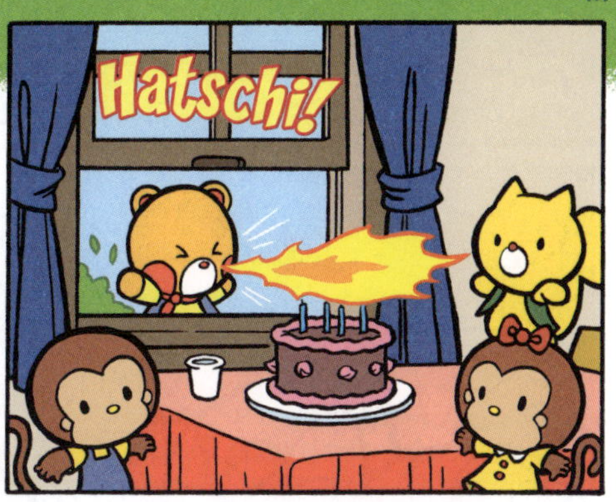
Hatschi!
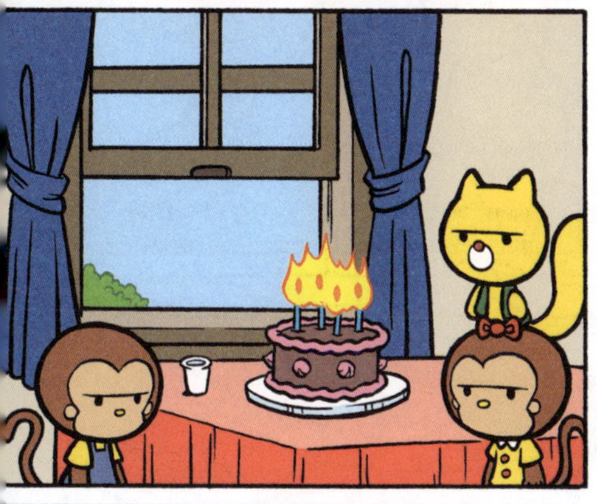
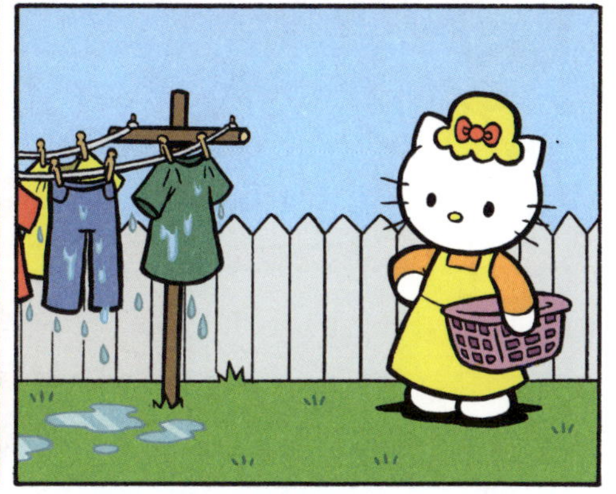
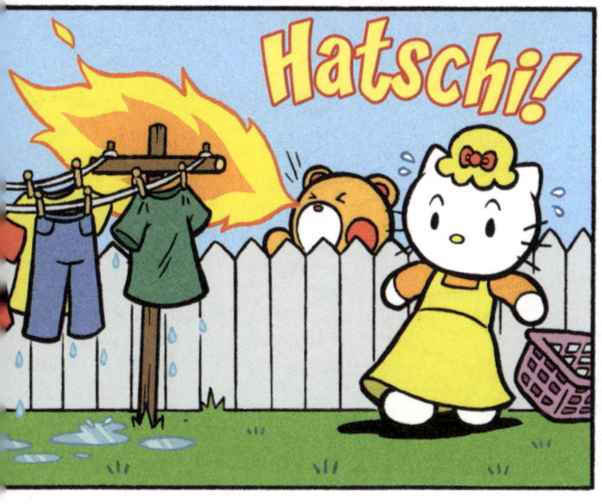
Hatschi!
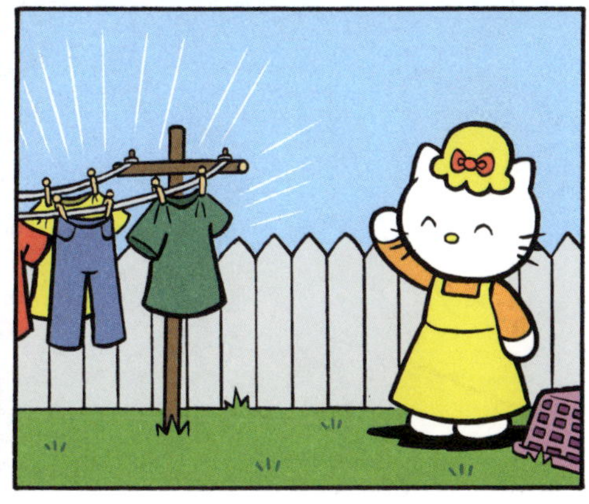

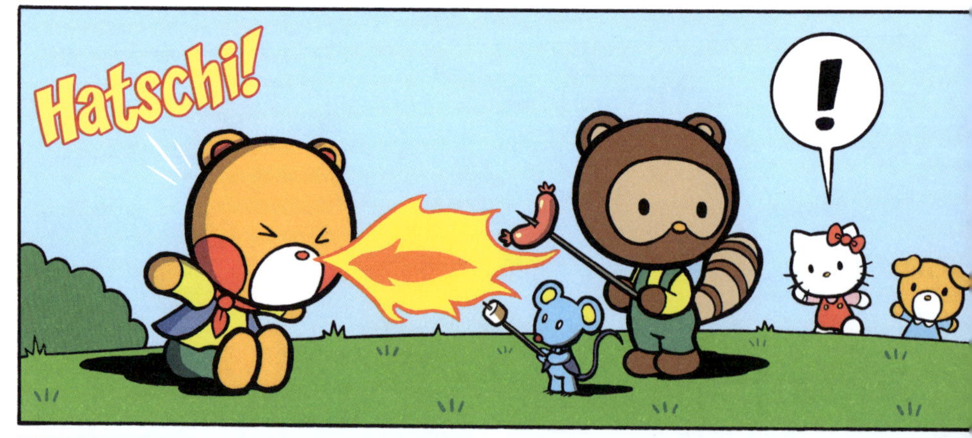
Hatschi!
!

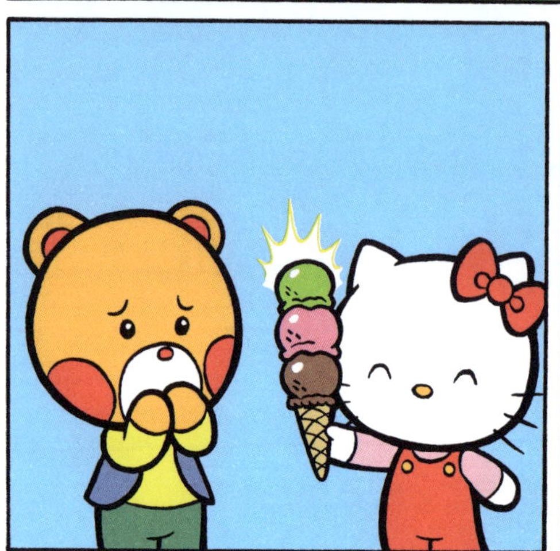

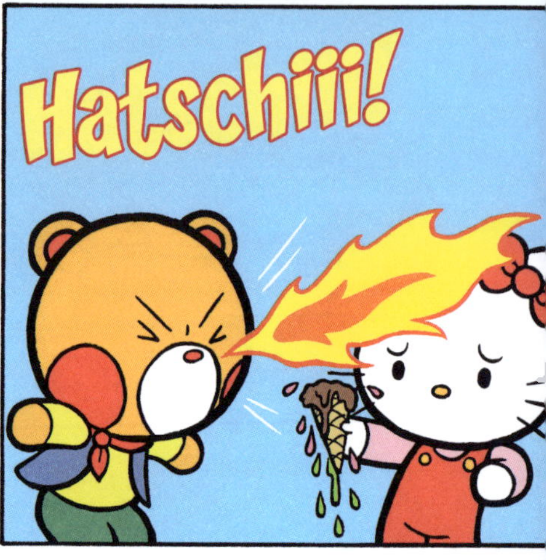
Hatschiii!

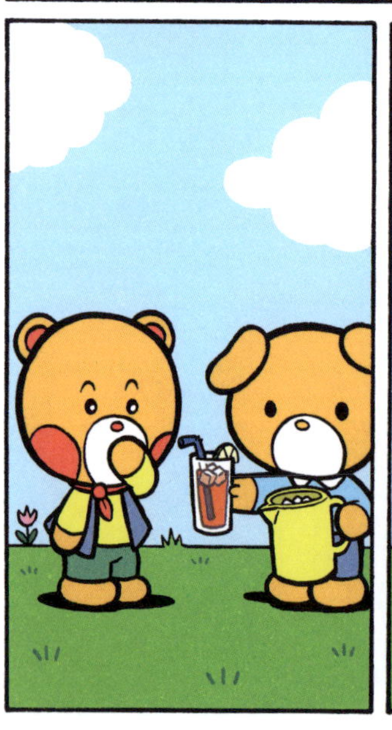

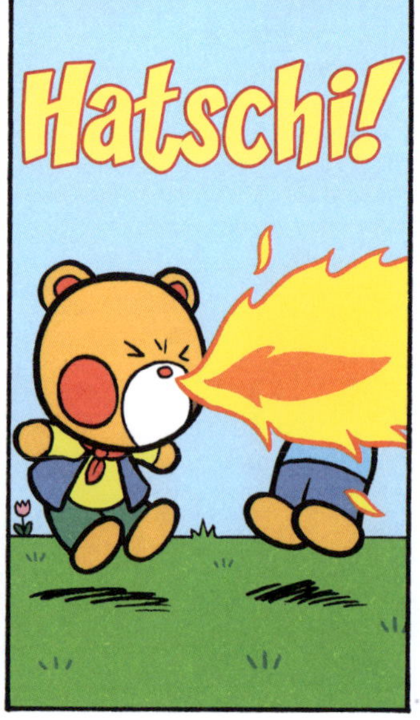
Hatschi!

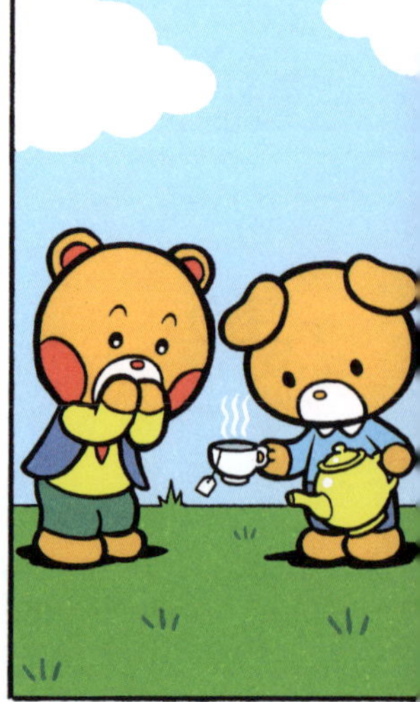

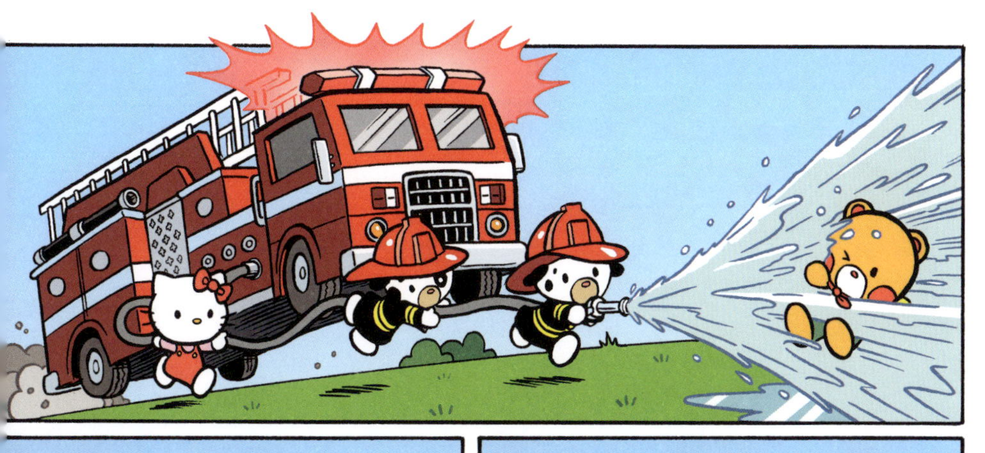
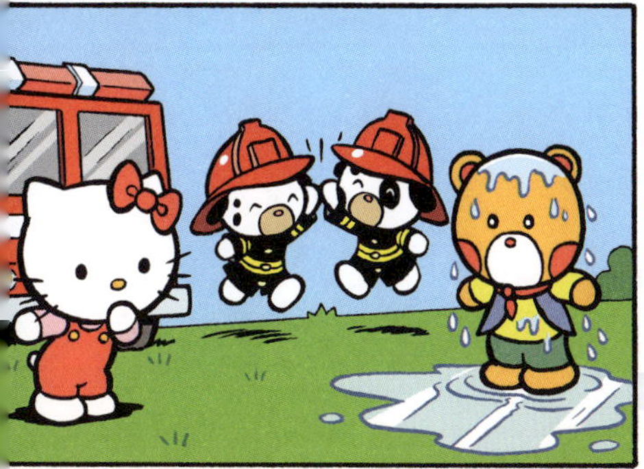
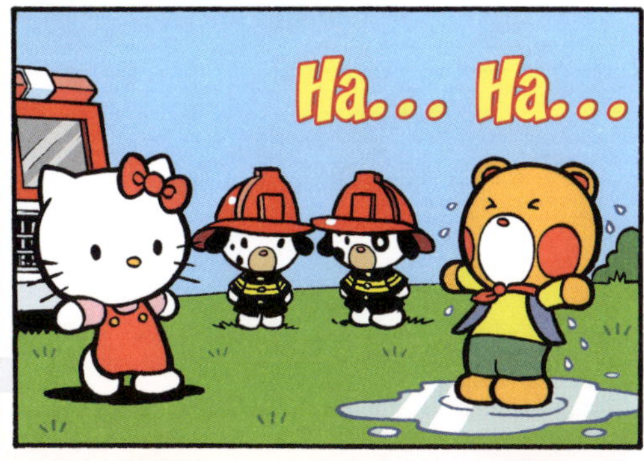
Ha... Ha...
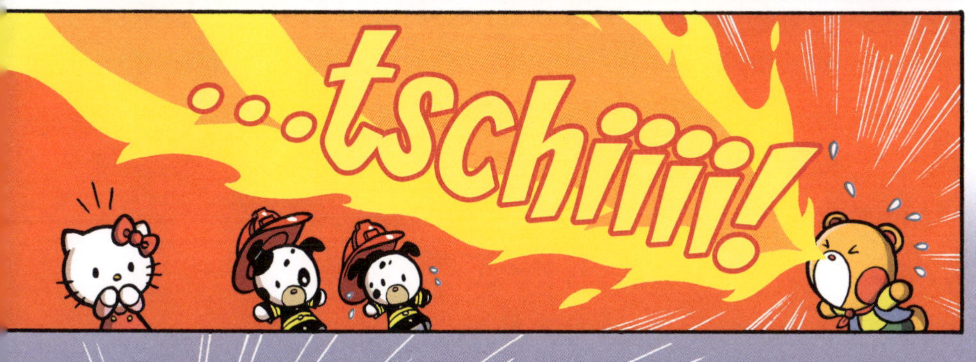
...tschiiii!
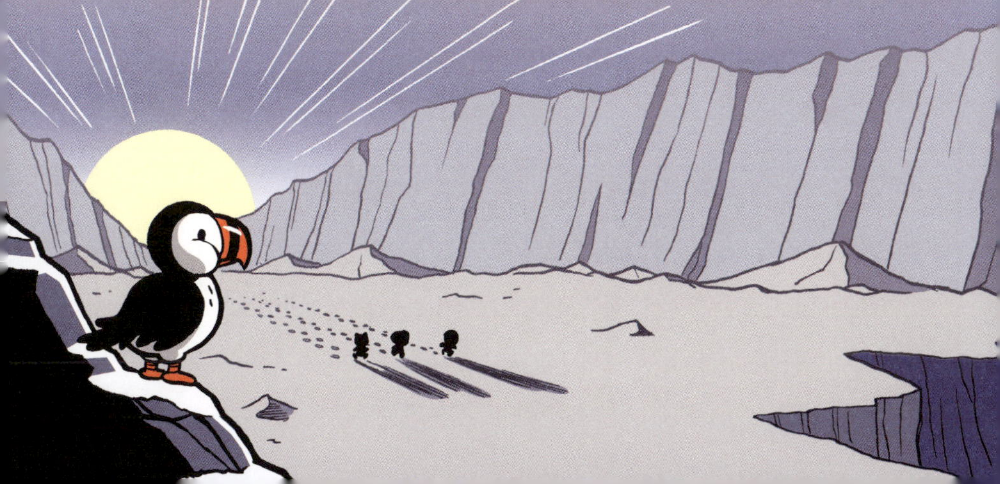

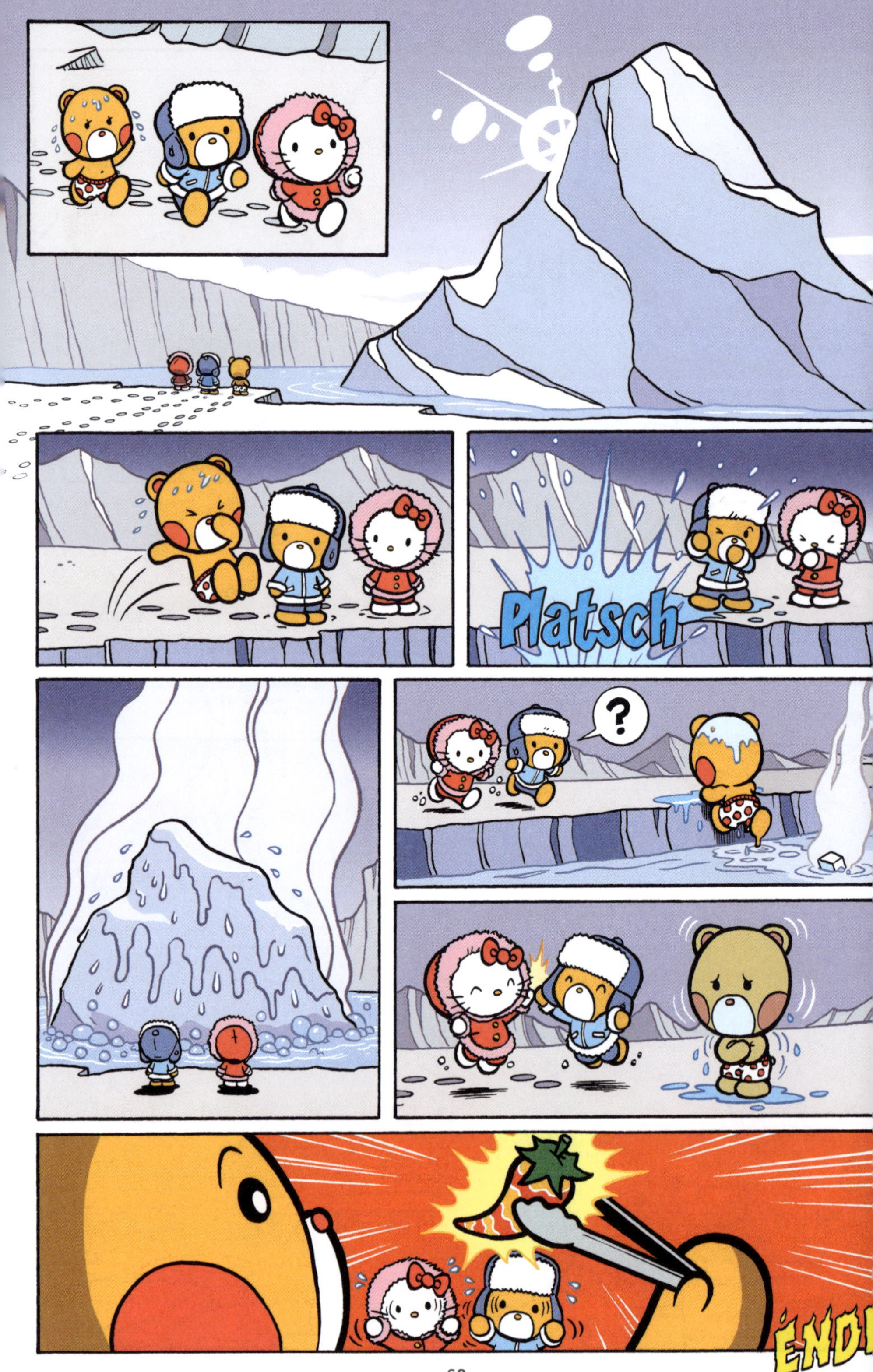
Platsch
?
ENDE

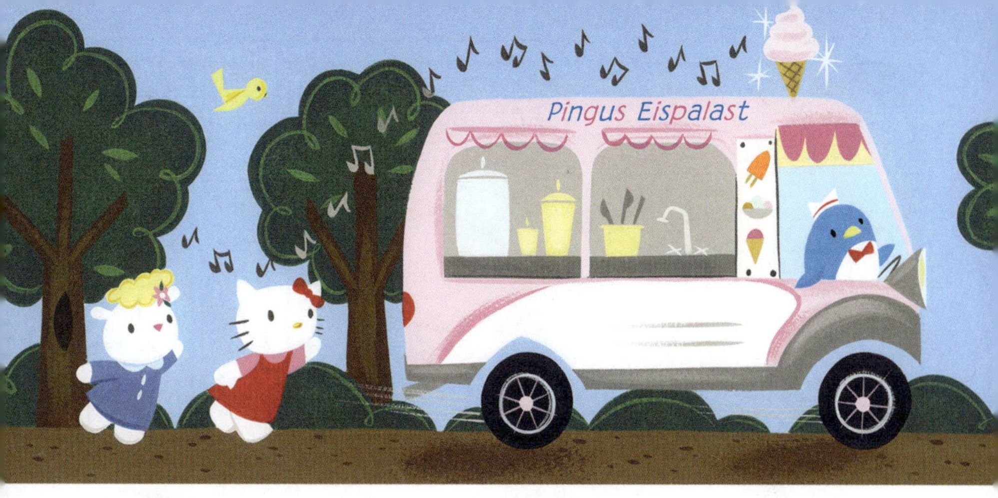
Pingus Eispalast

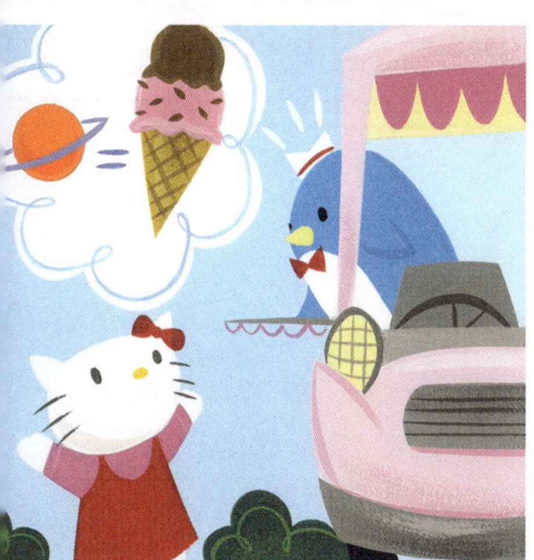

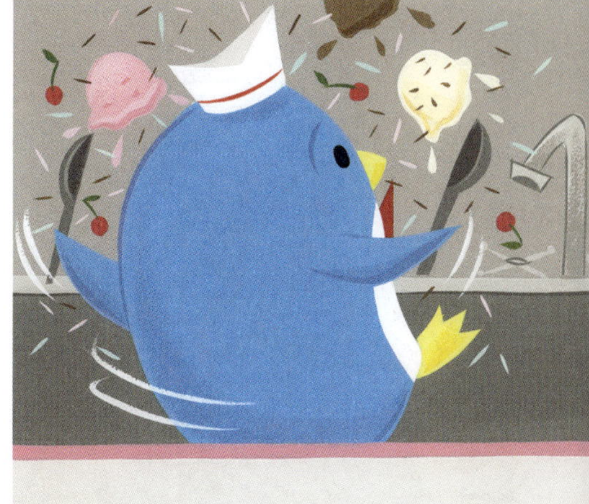

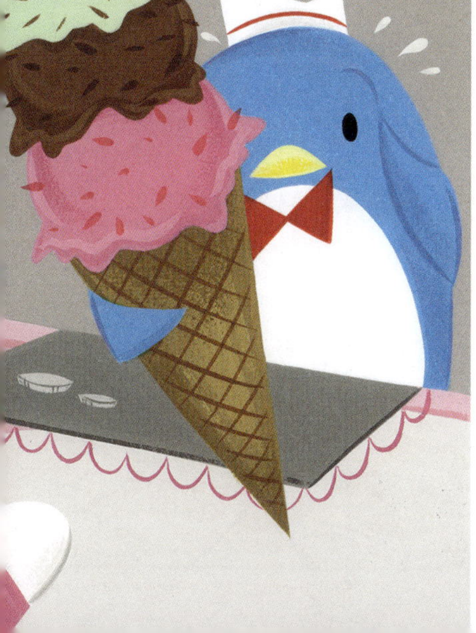

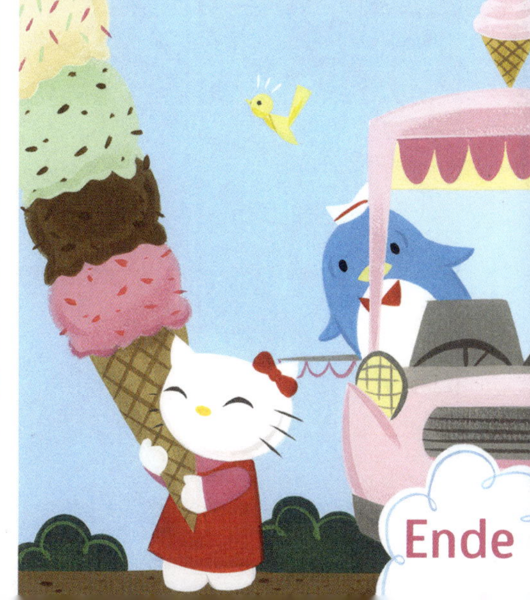
Ende

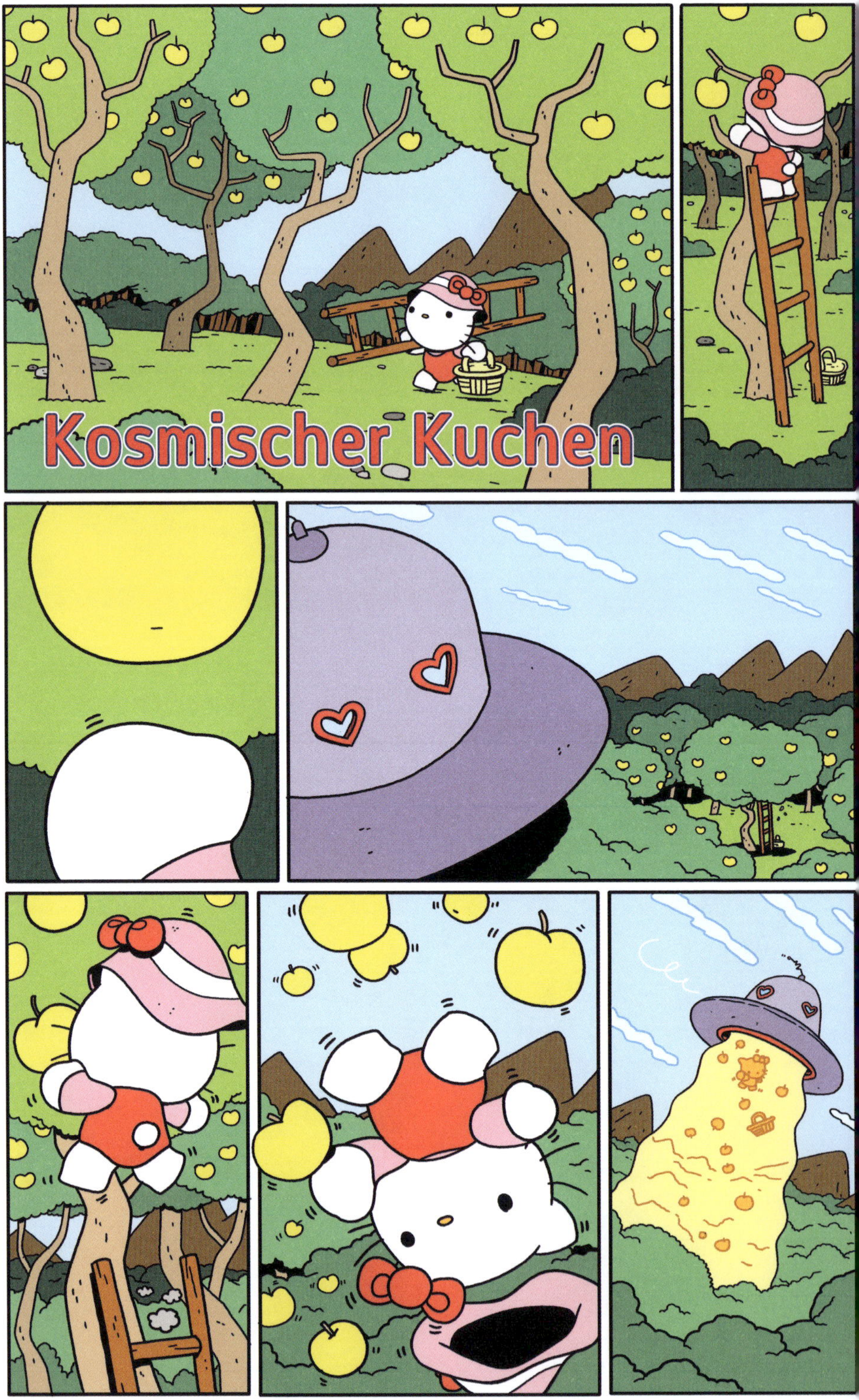

Kosmischer Kuchen

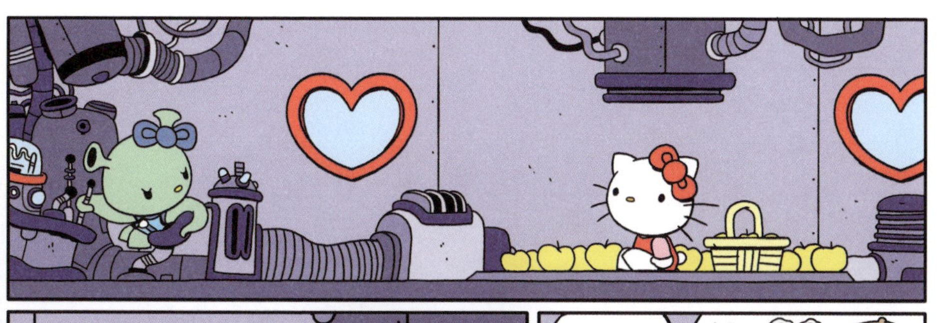

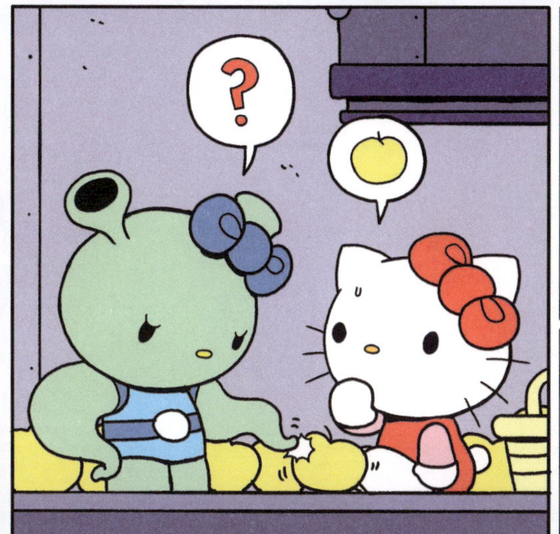

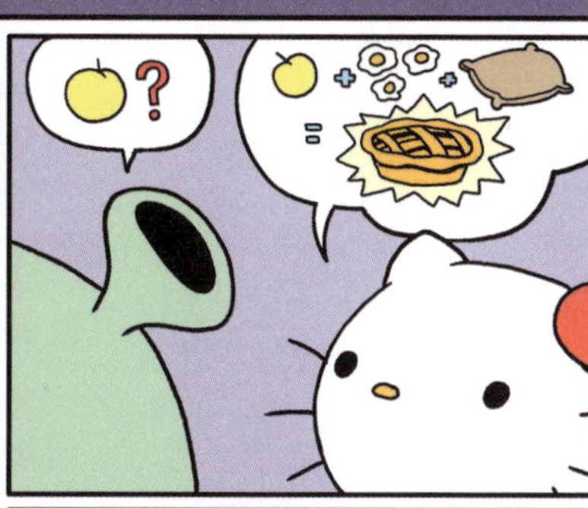

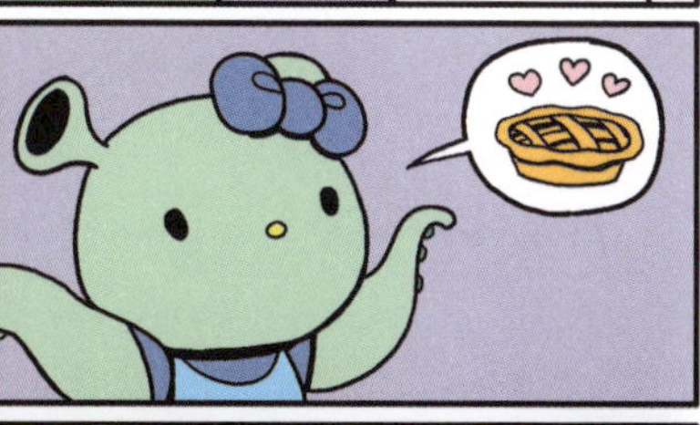

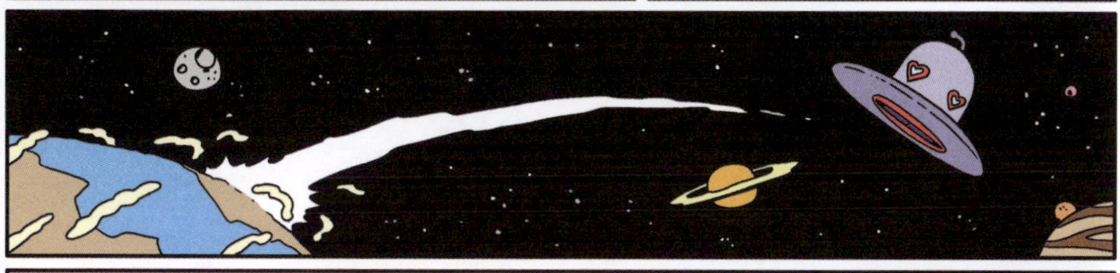

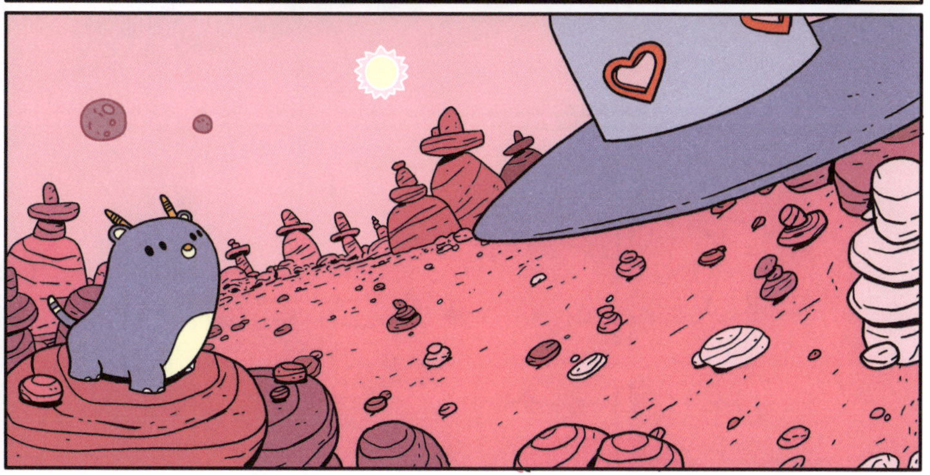

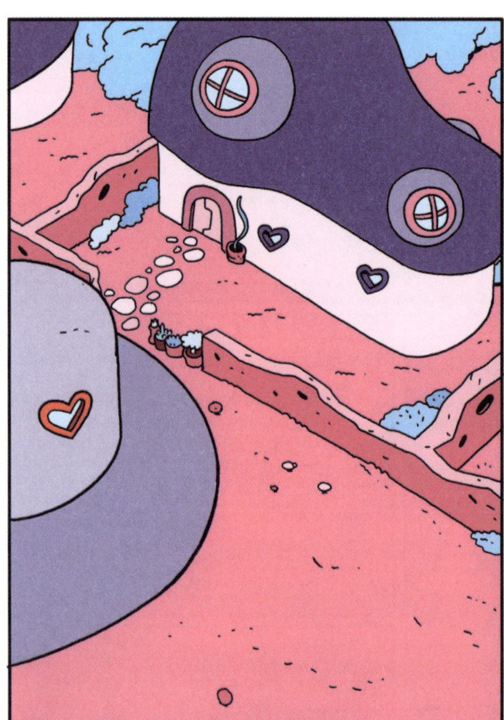
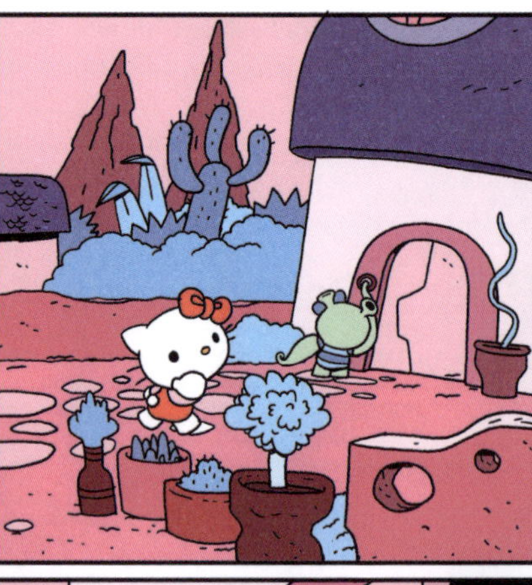
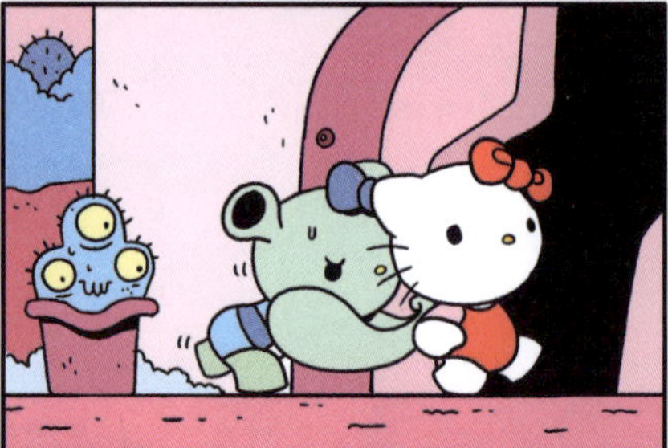
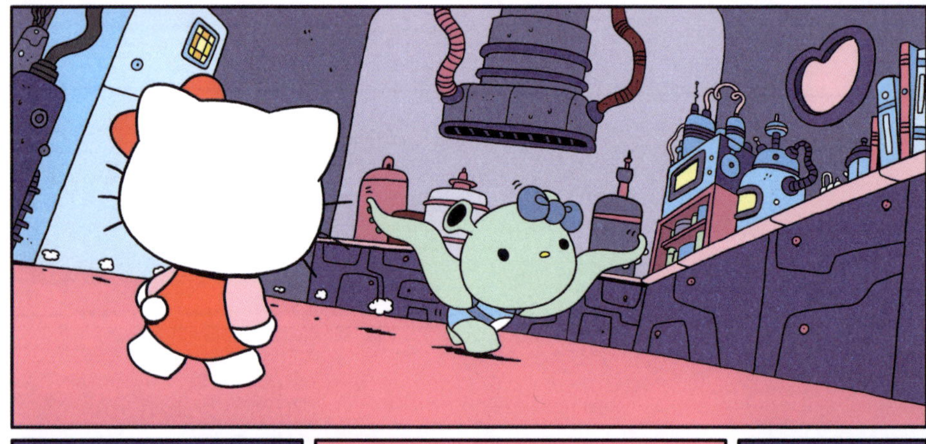
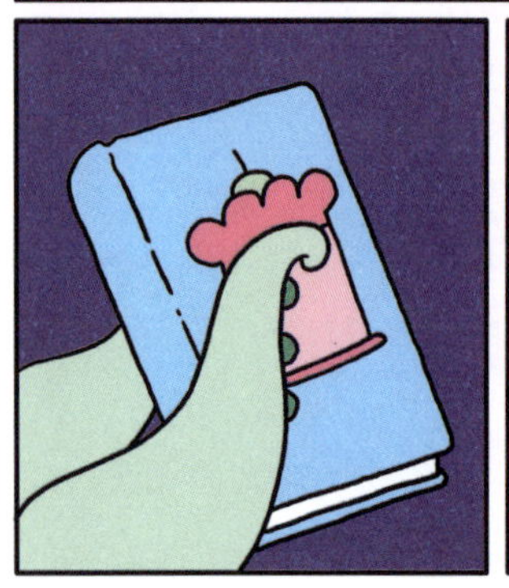
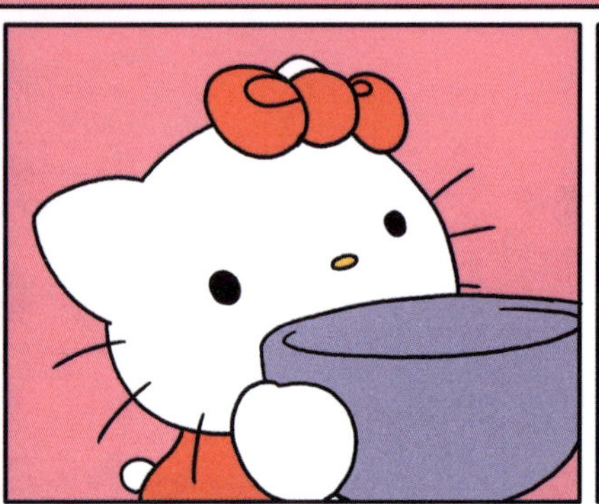
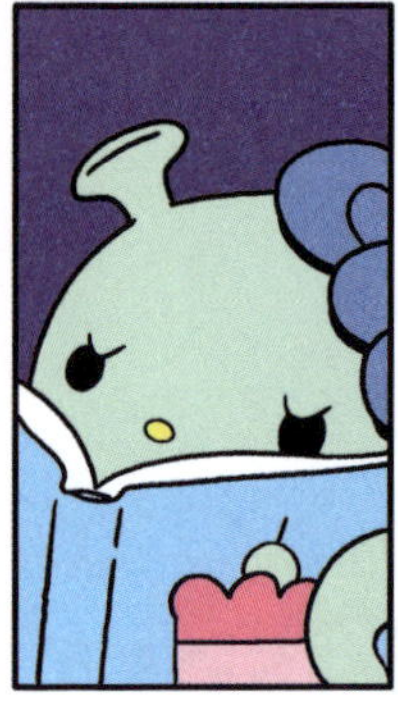

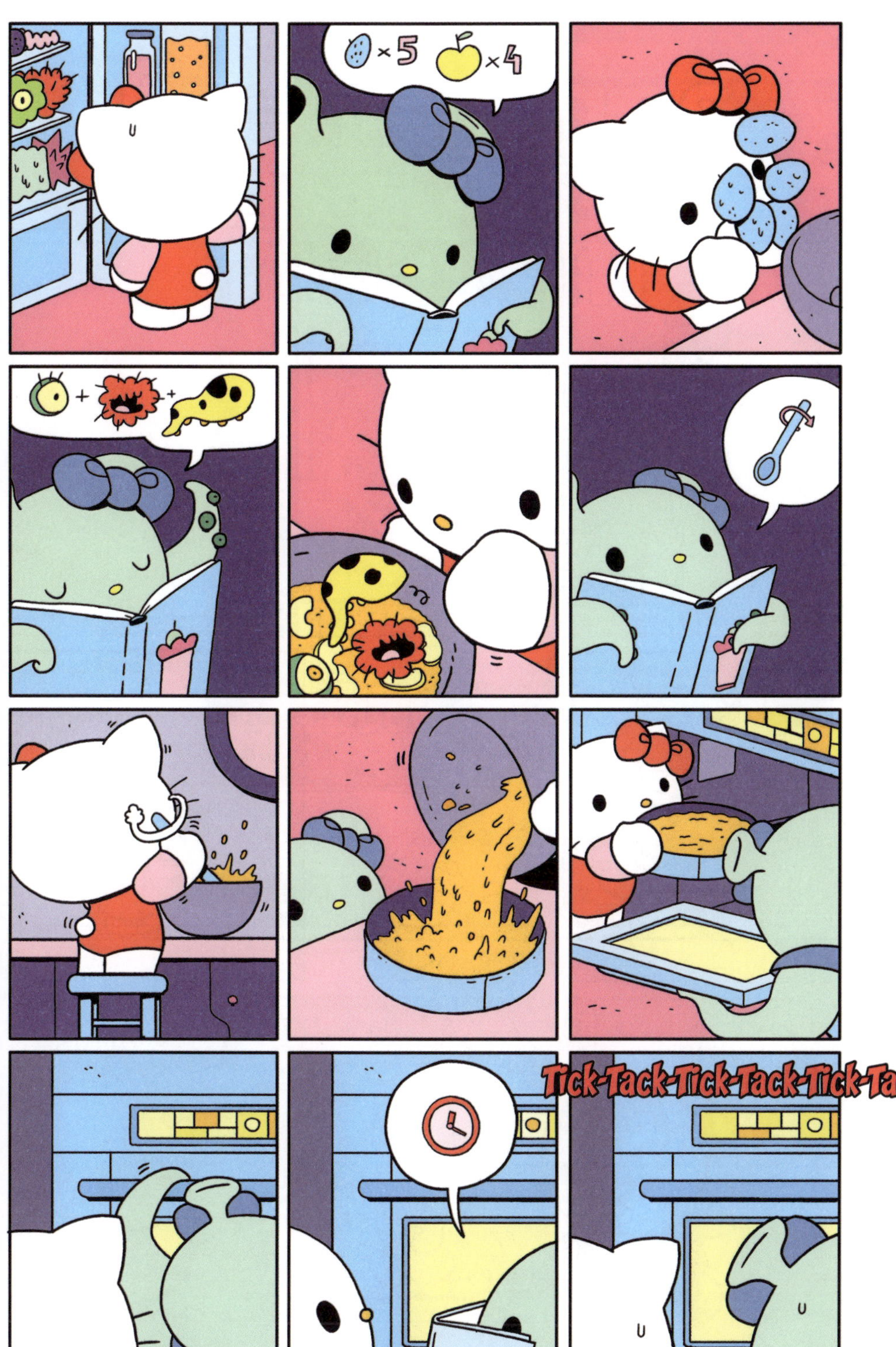
×5
×4
Tick-Tack-Tick-Tack-Tick-Ta

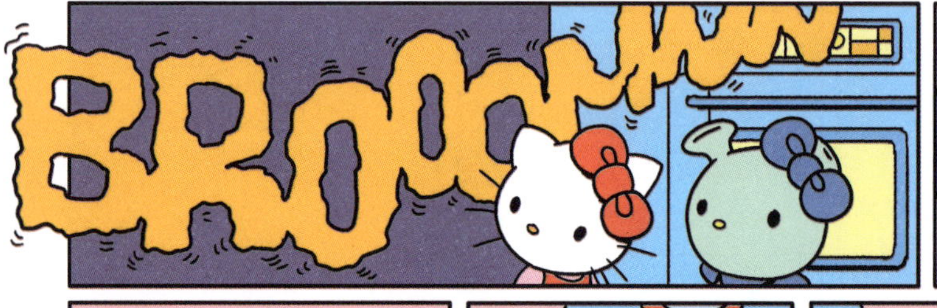
BROOO
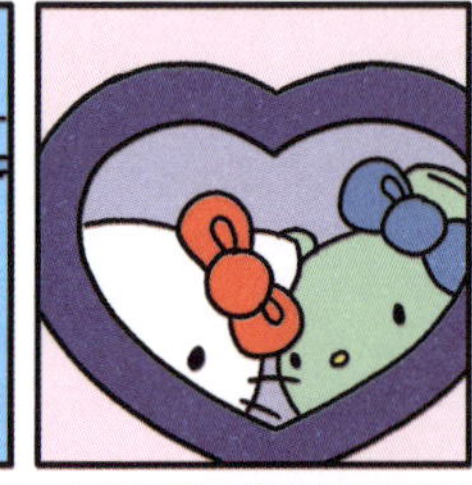
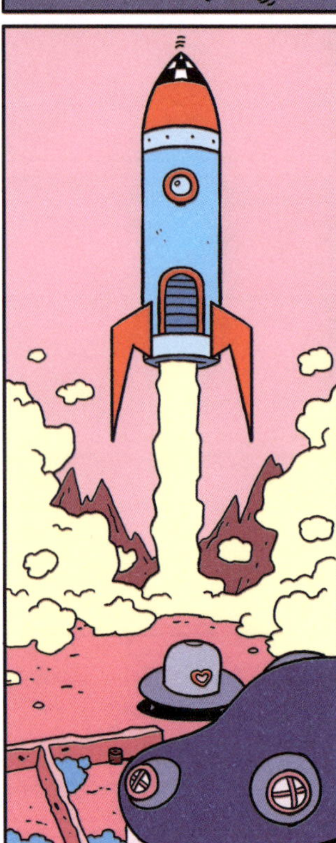
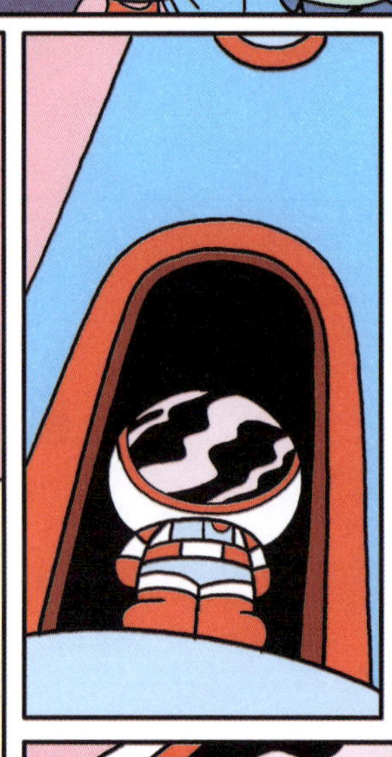
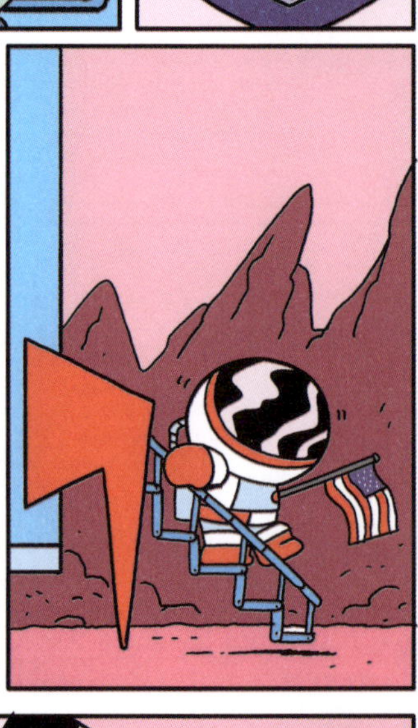
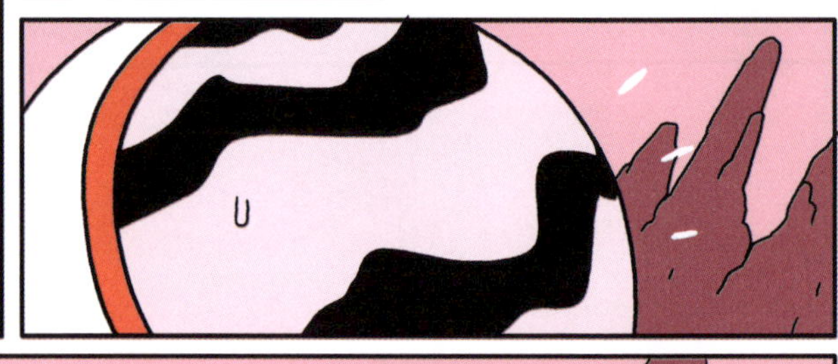
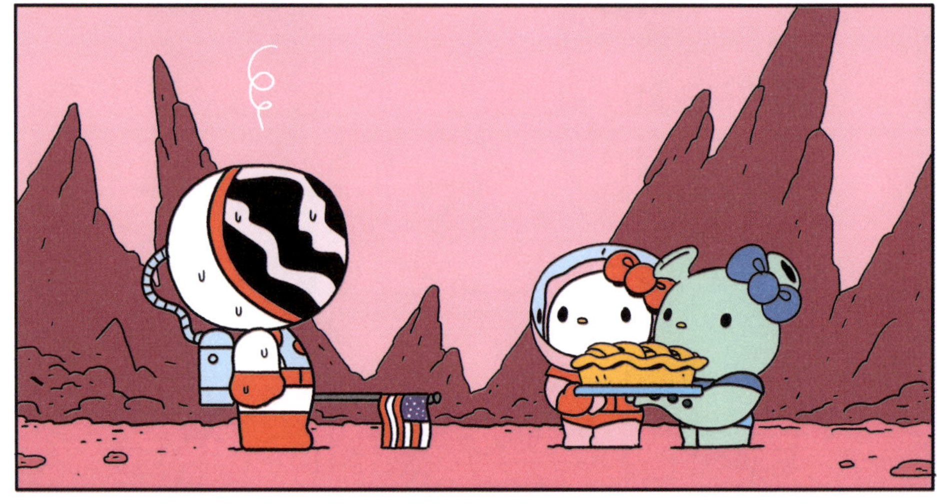

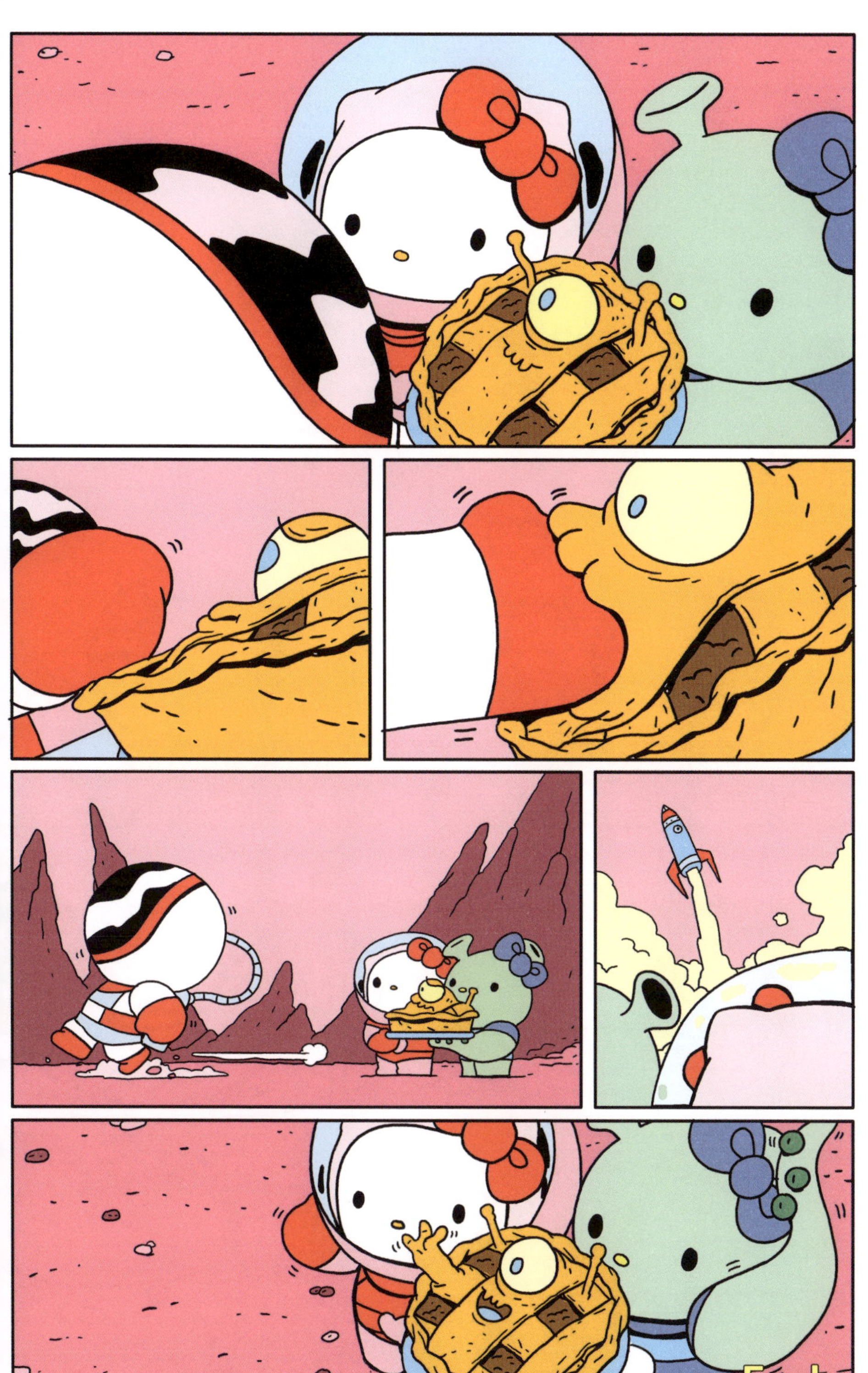
Ende

Total Banane!

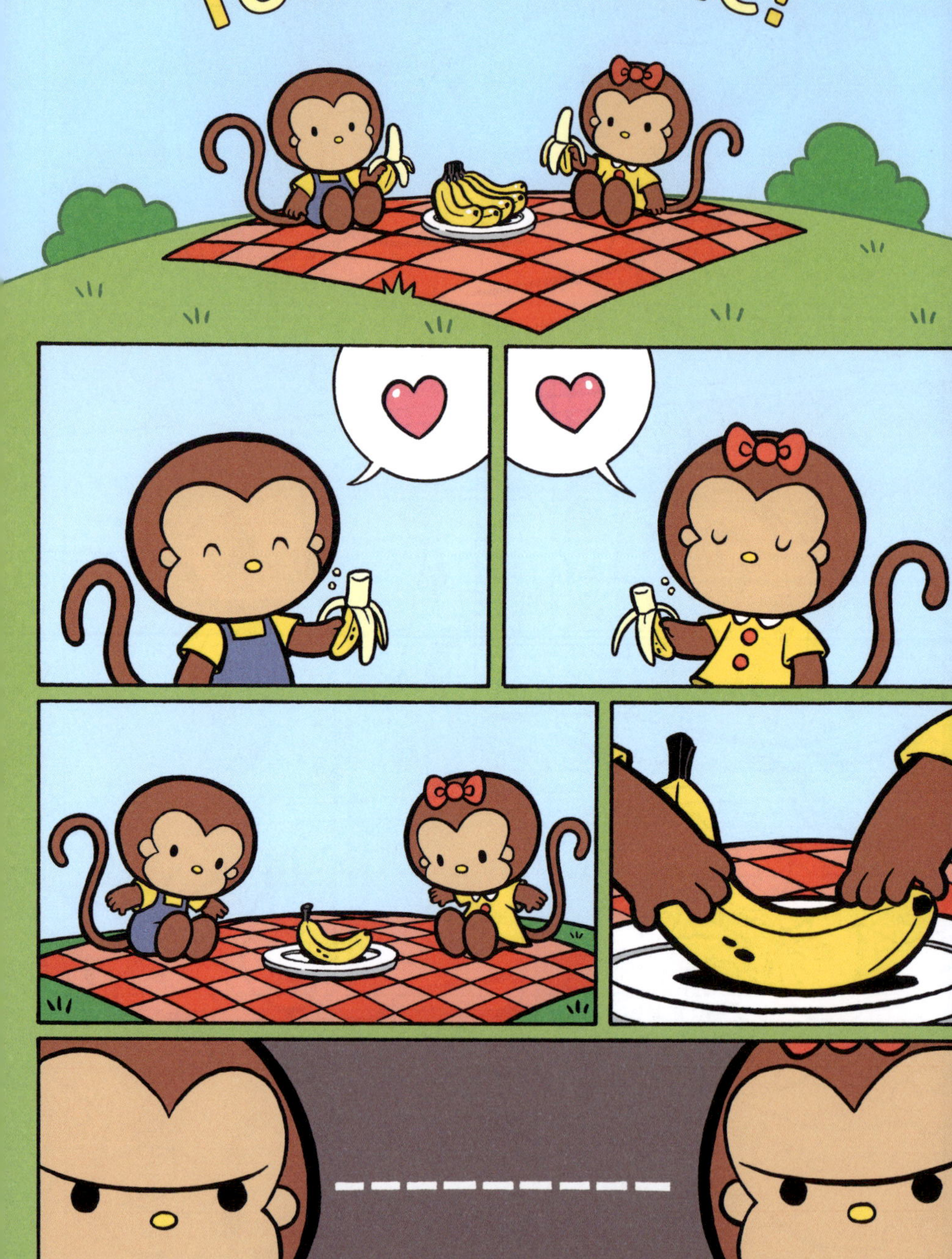

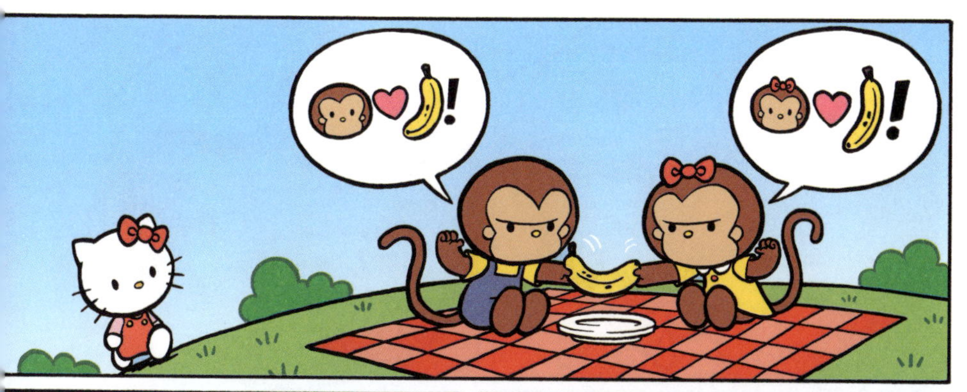

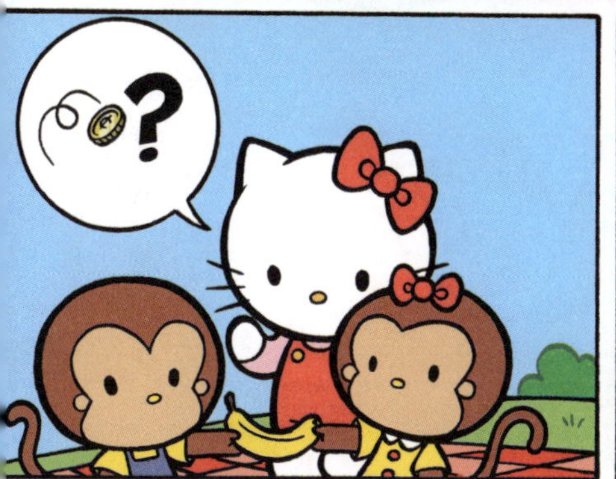

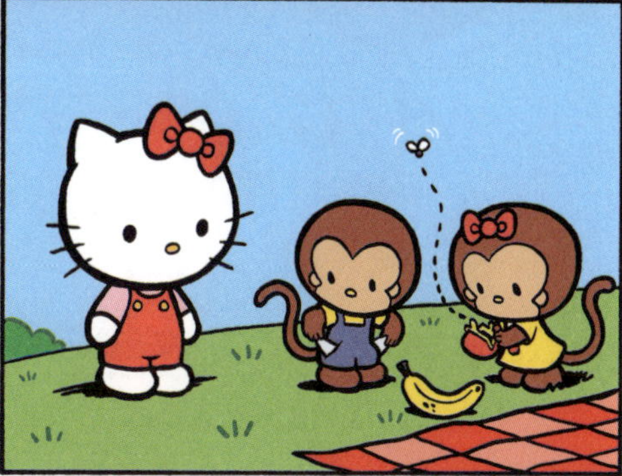

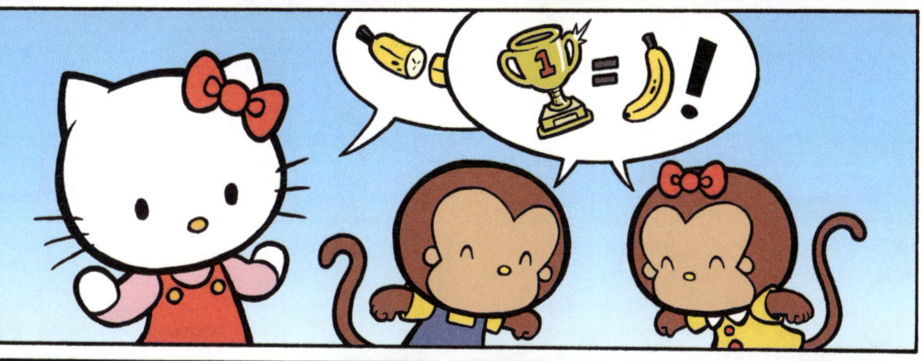

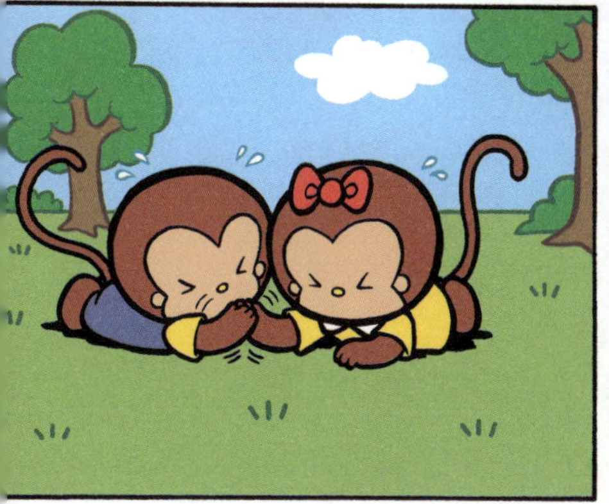

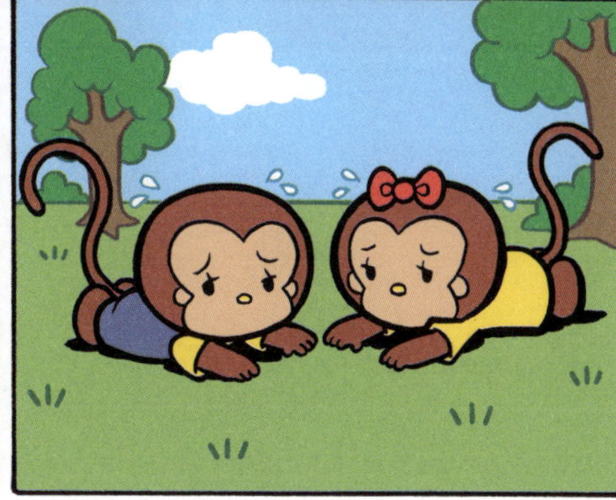

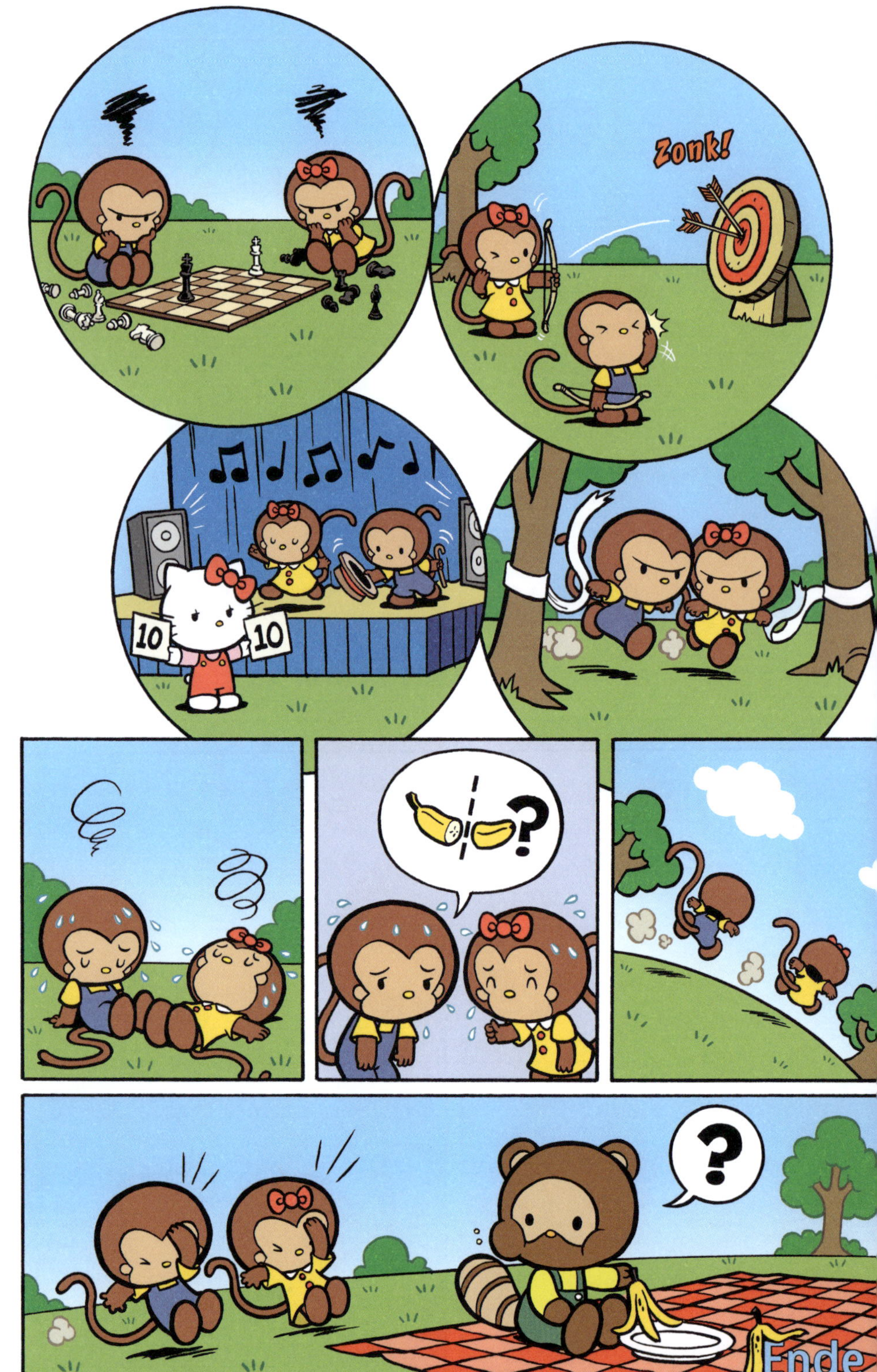

Zonk!
10
10
Ende

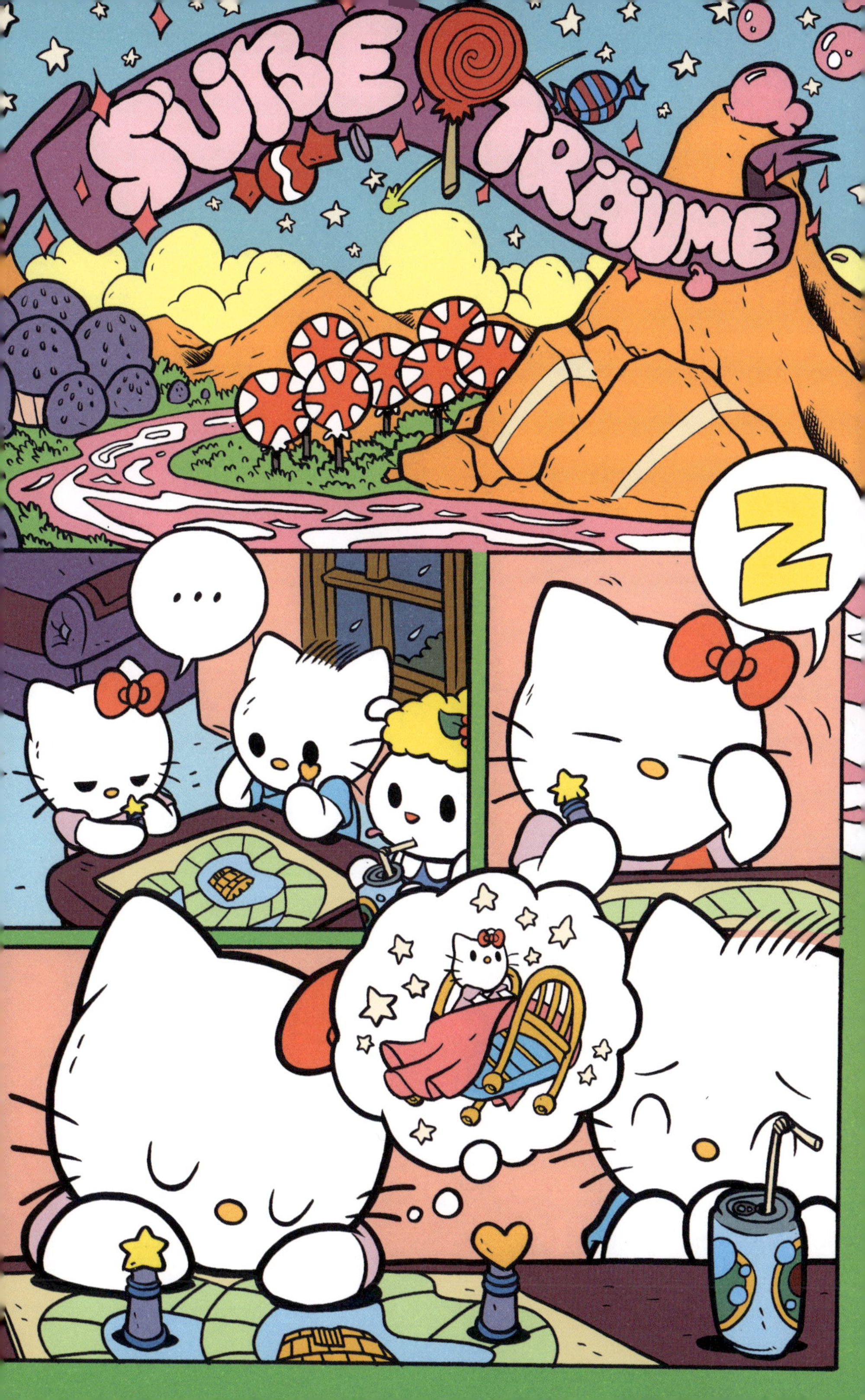
SÜßE TRÄUME
...
Z

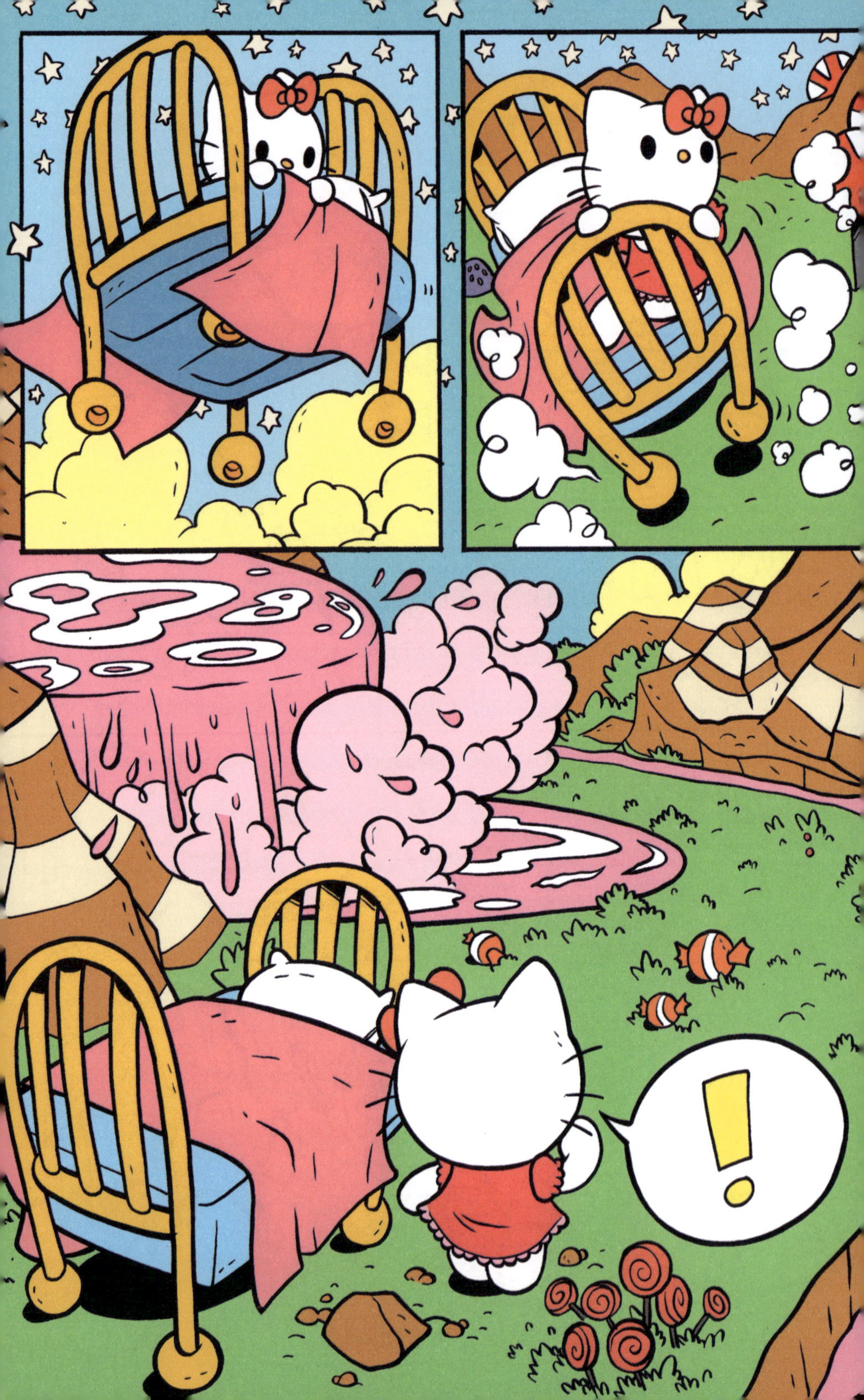

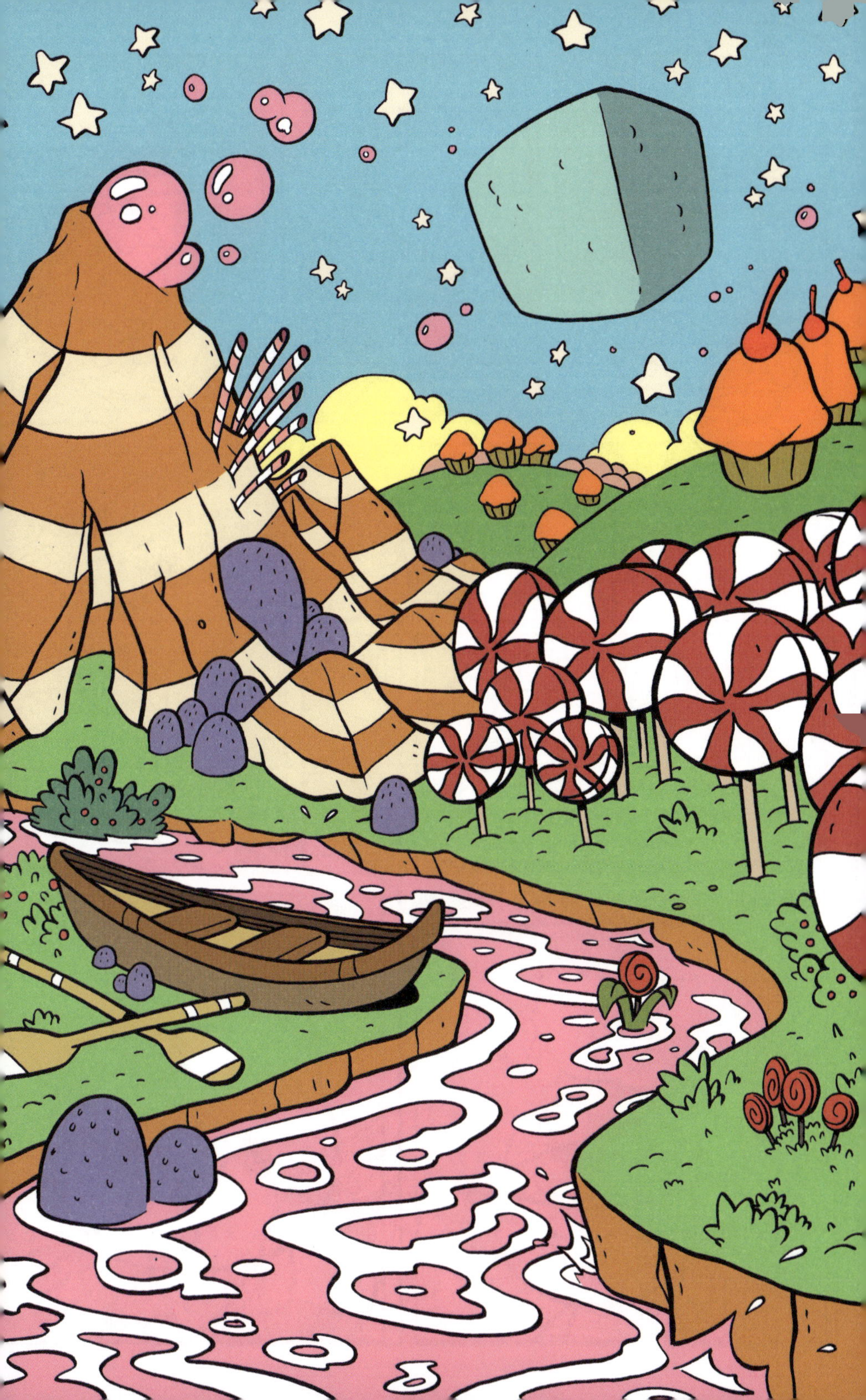

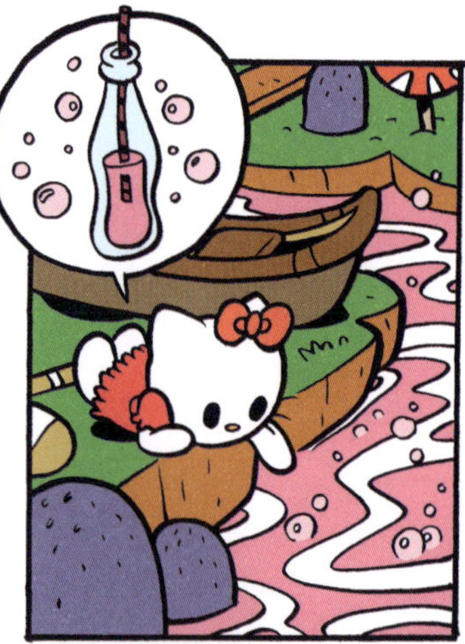
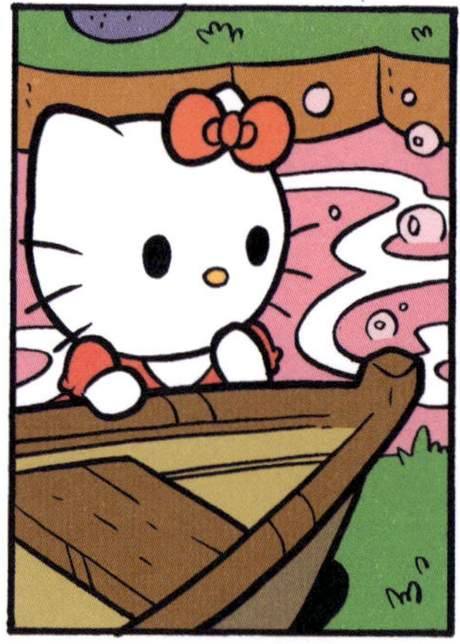
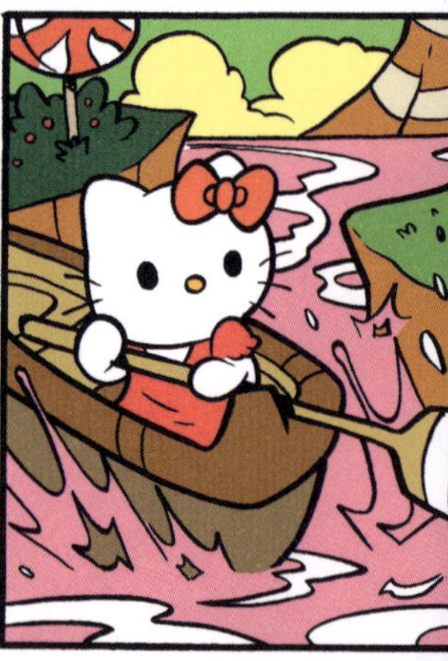
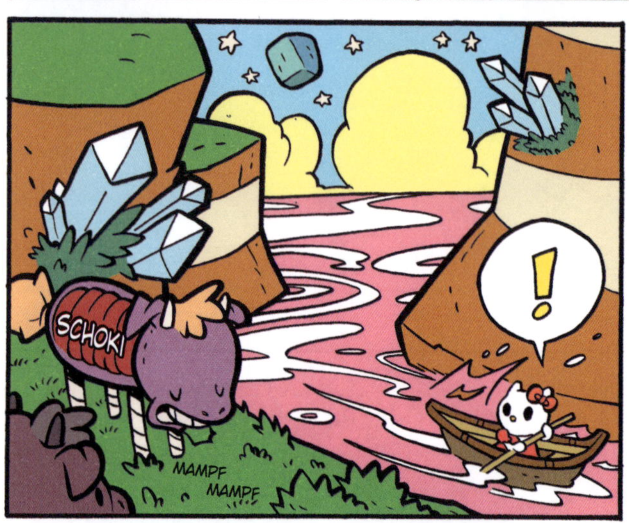
SCHOKI
!
MAMPF
MAMPF
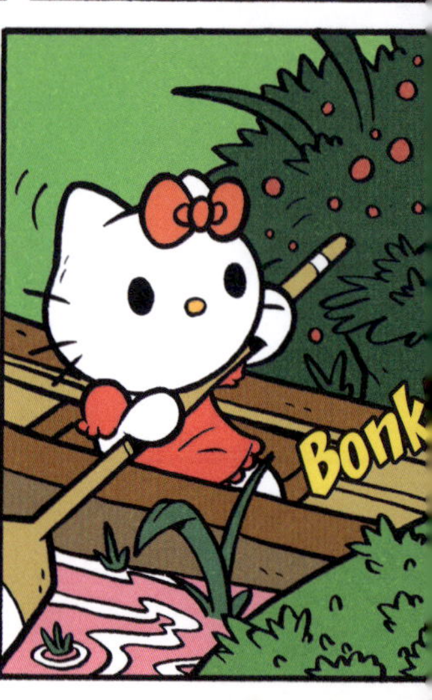
Bonk
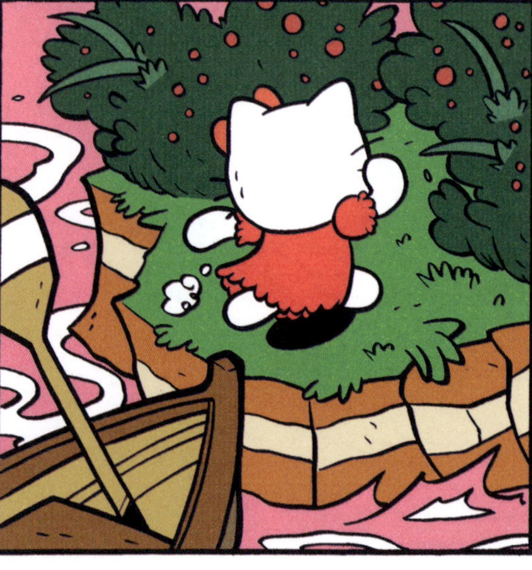
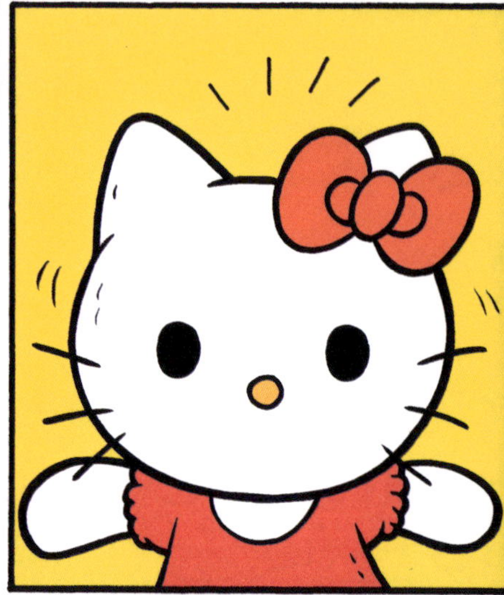

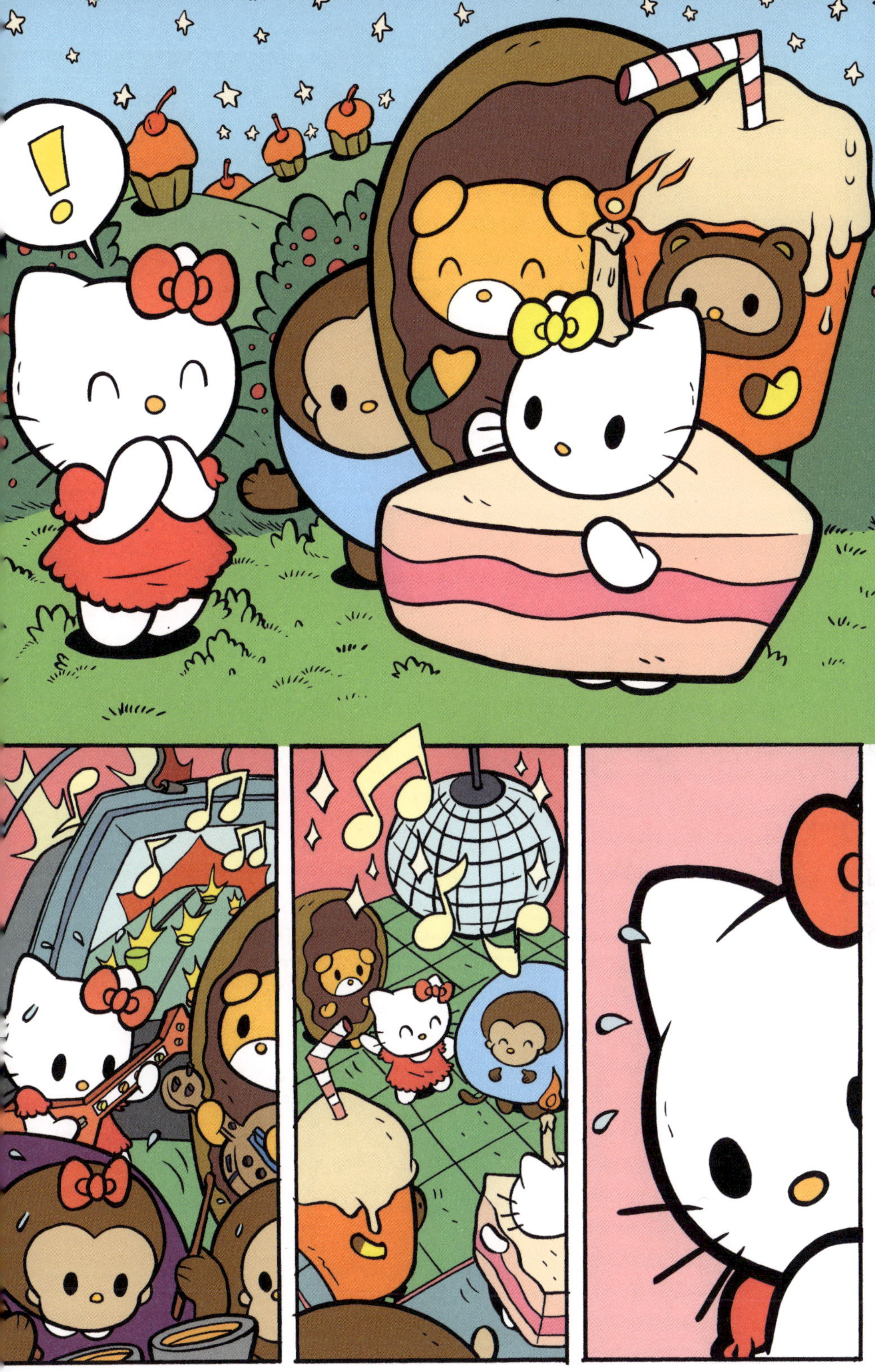

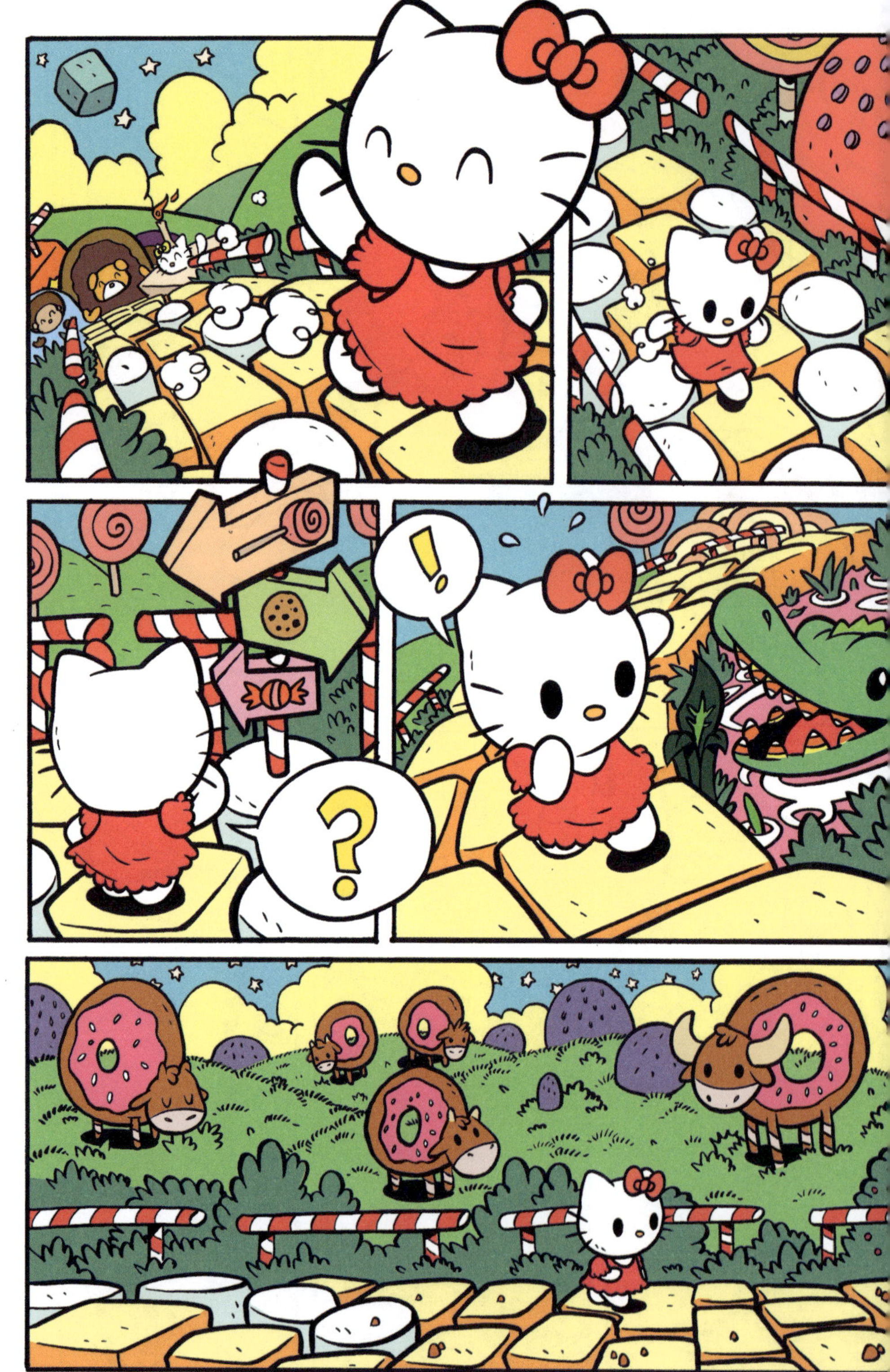

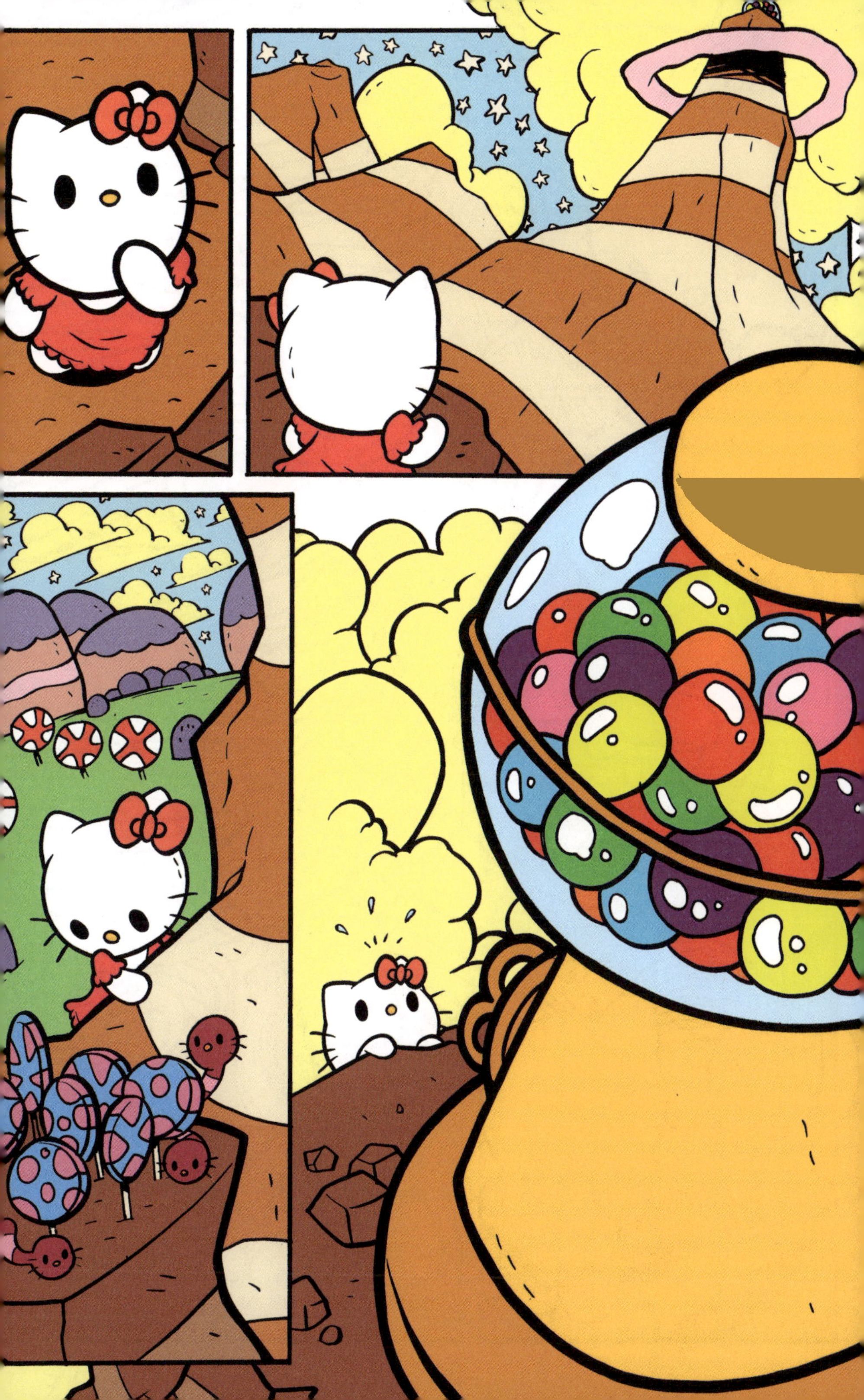

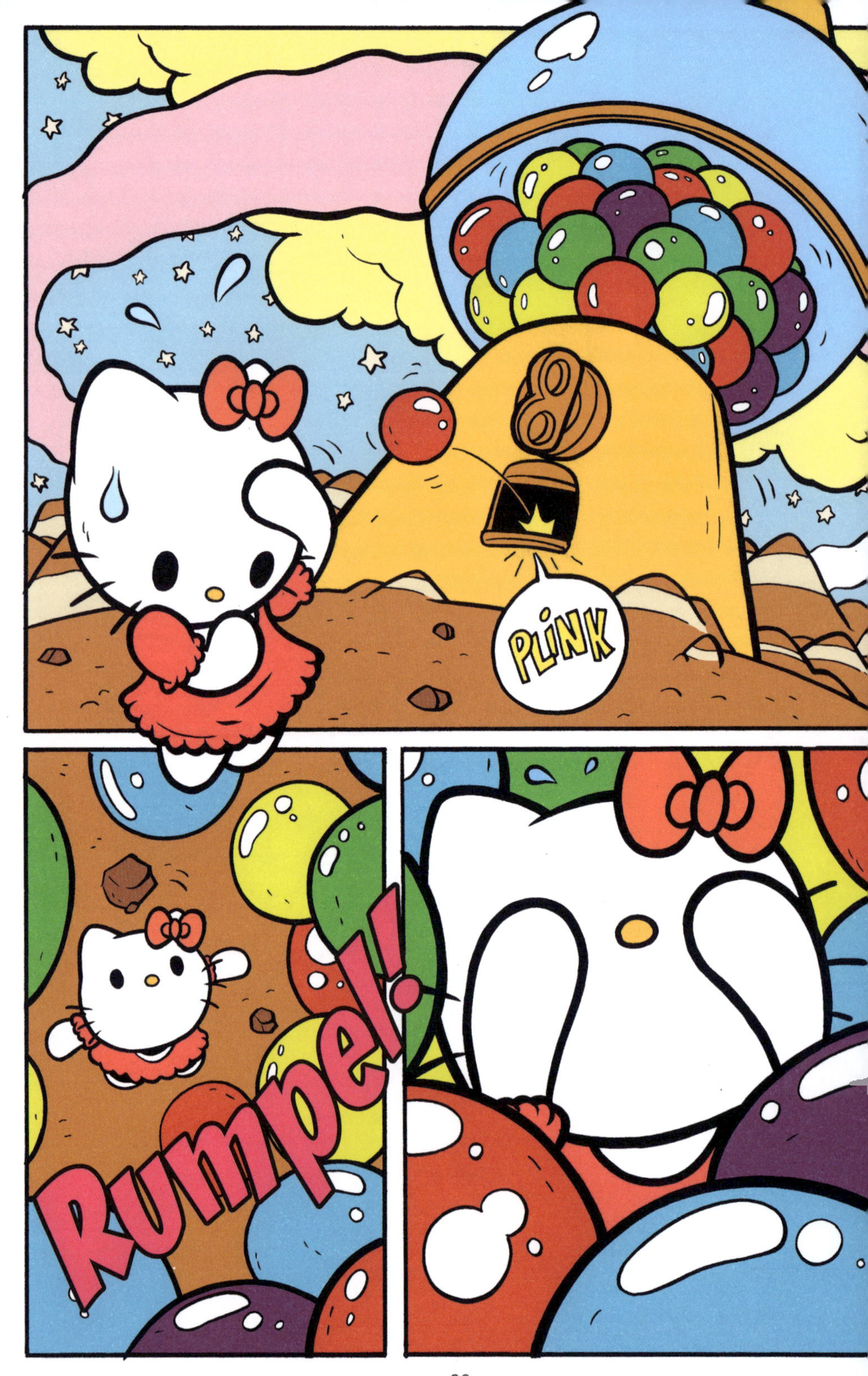
PLINK
Rumpel!!

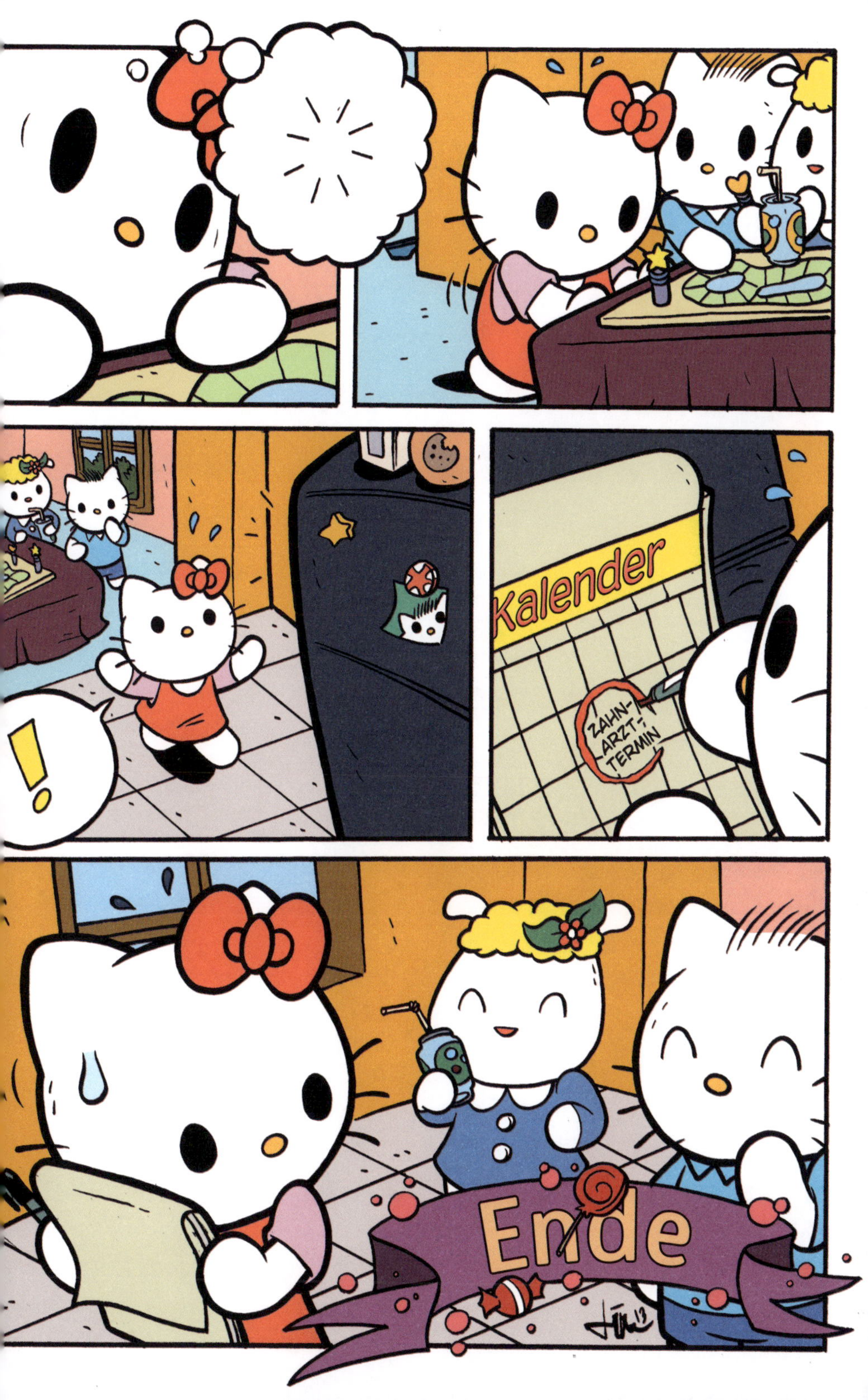
!
Kalender
ZAHN-
ARZT-
TERMIN
Ende

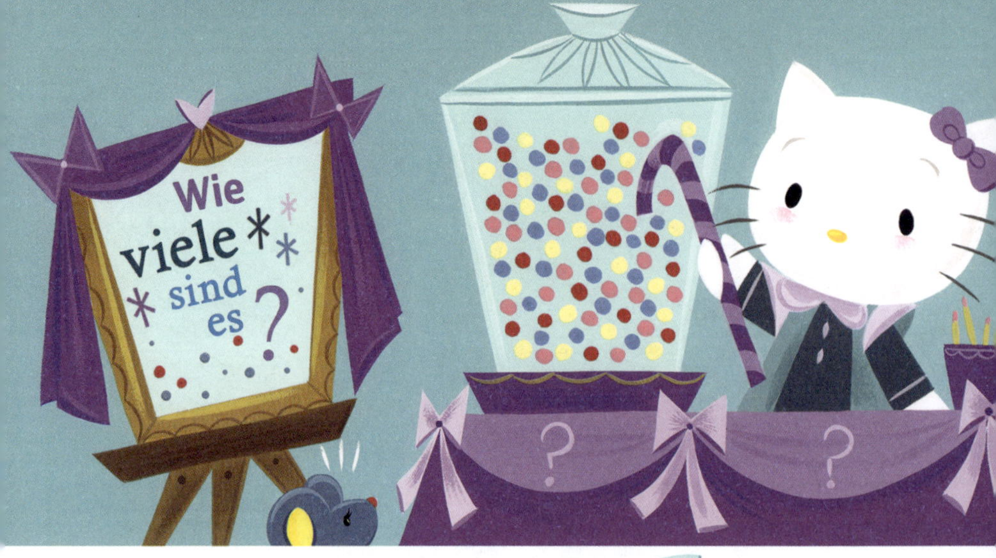
Wie viele sind es?

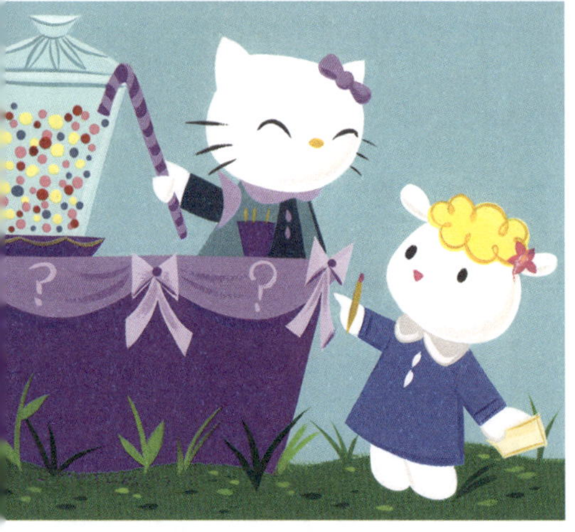

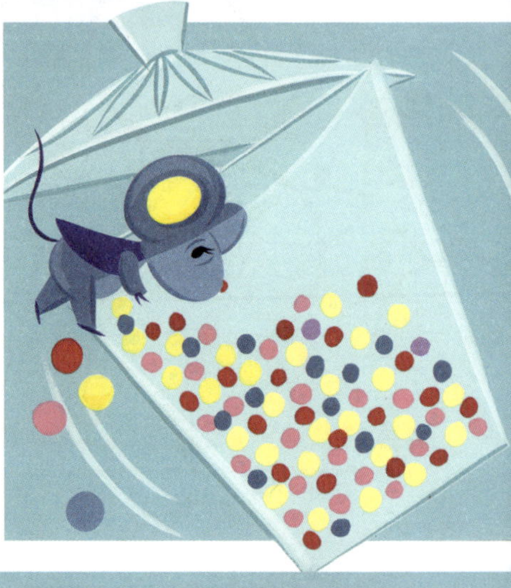

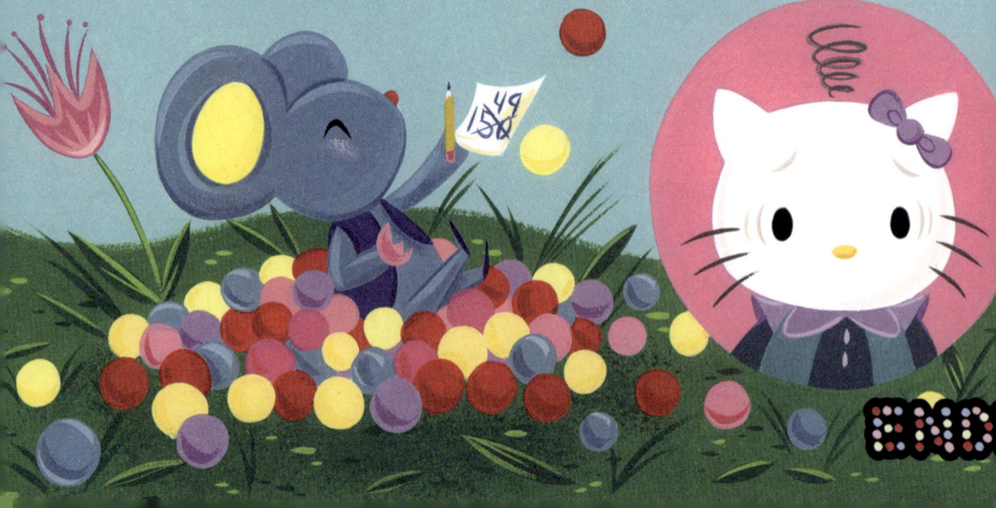
49
150
END

Ein riesiges Problem

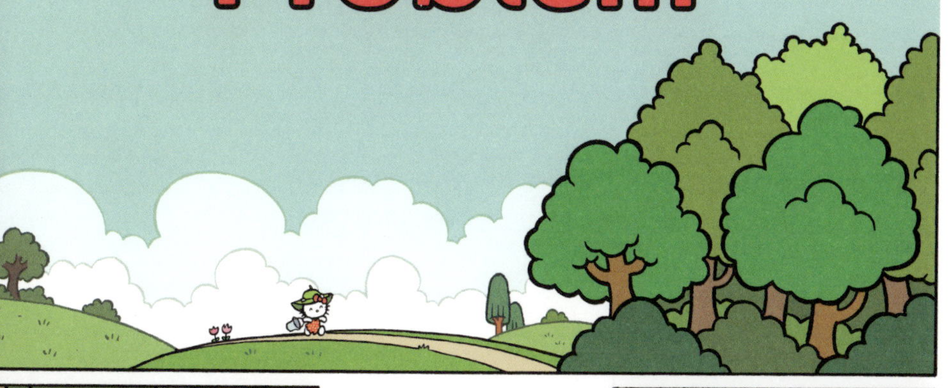

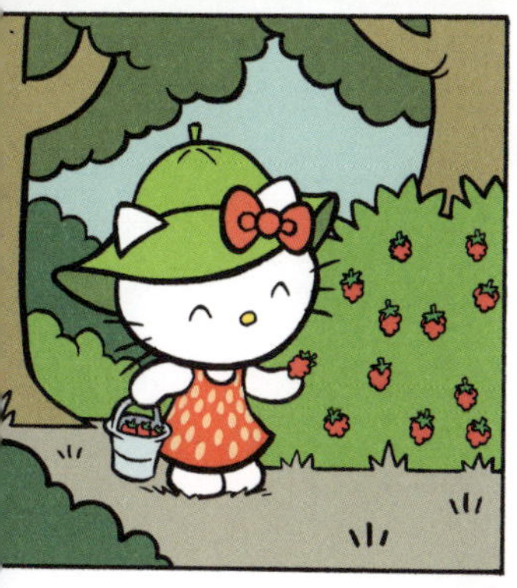

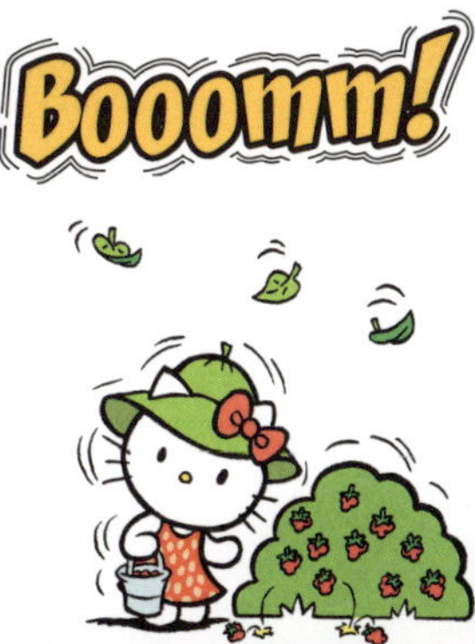

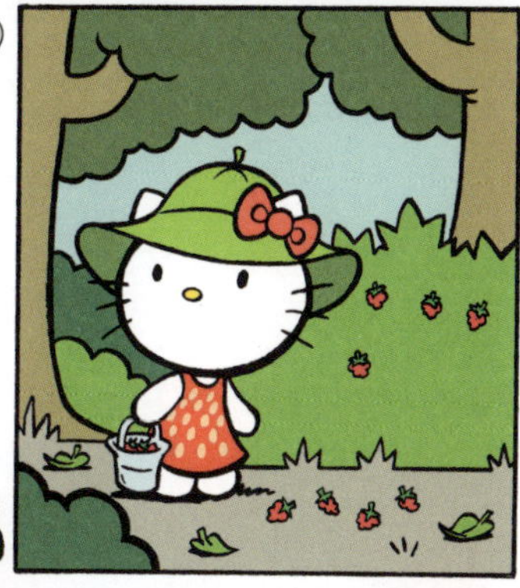

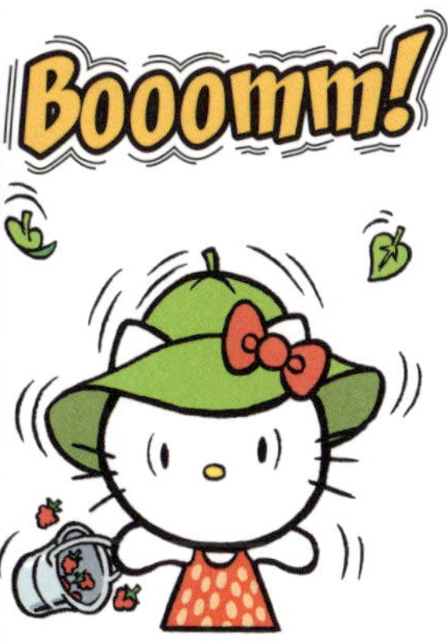

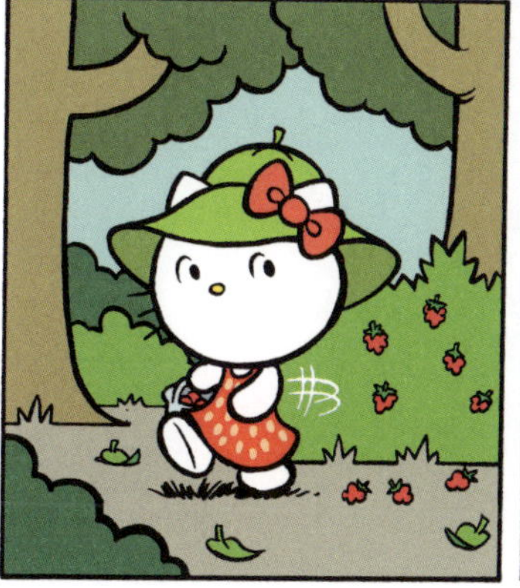

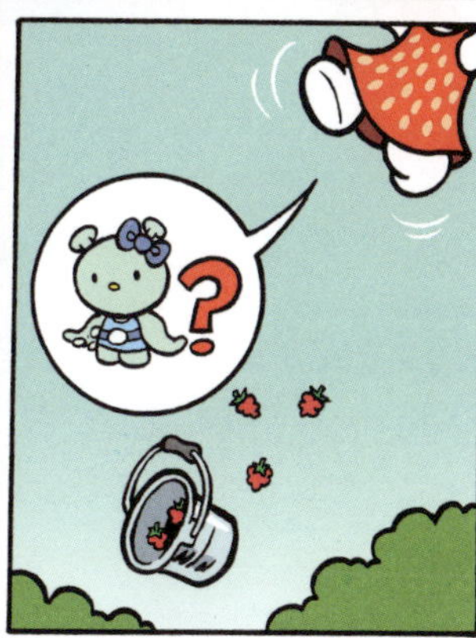

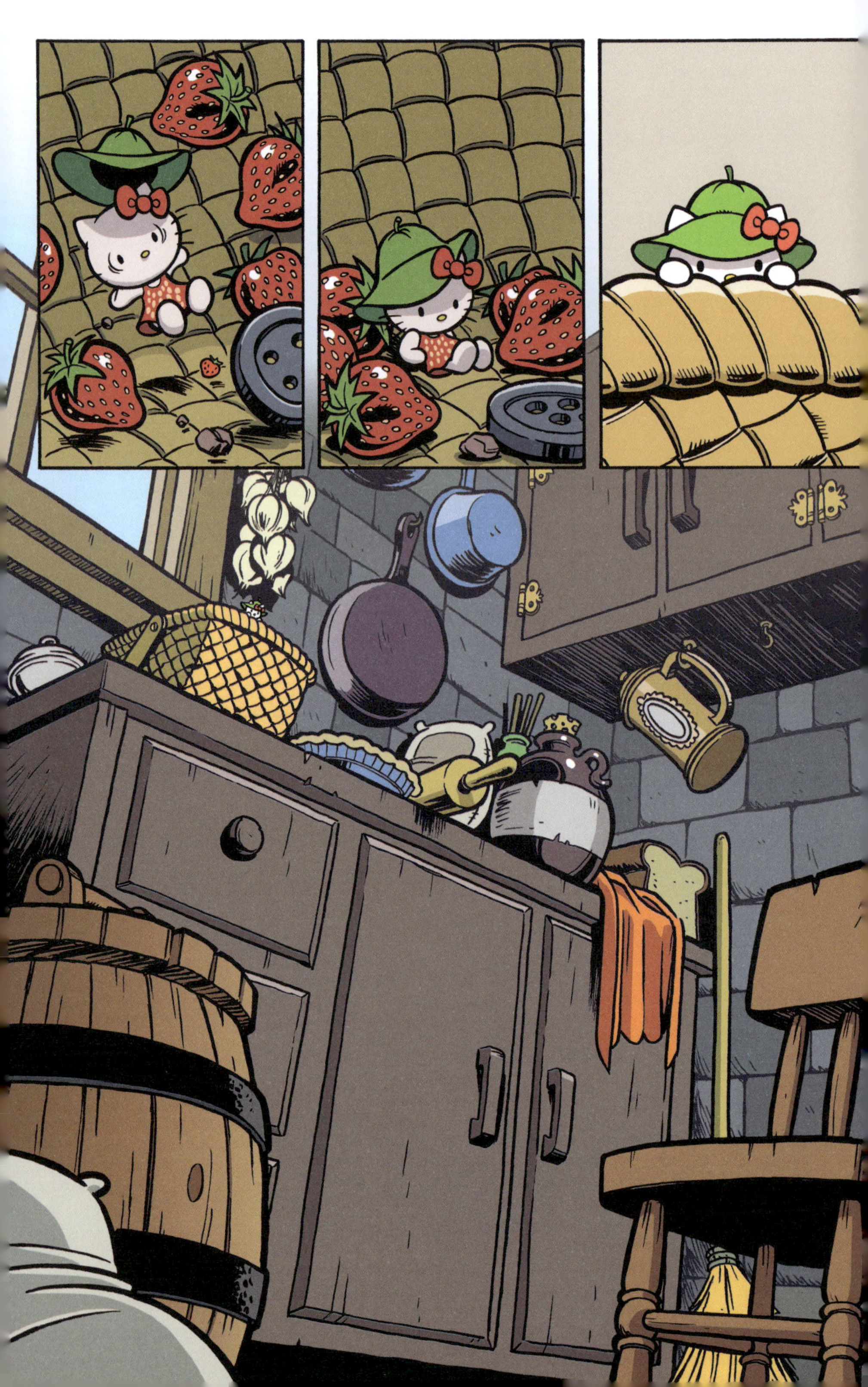

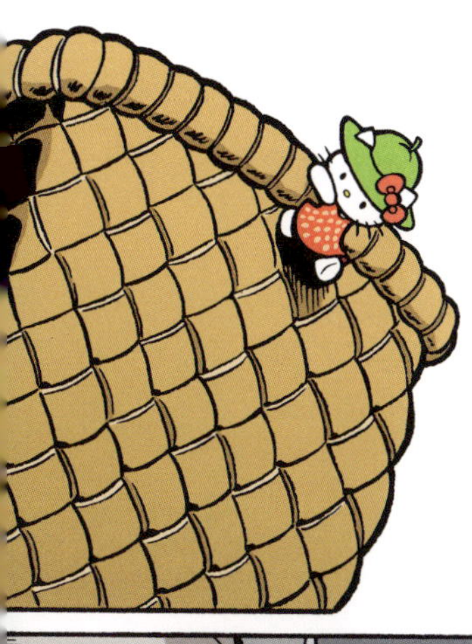
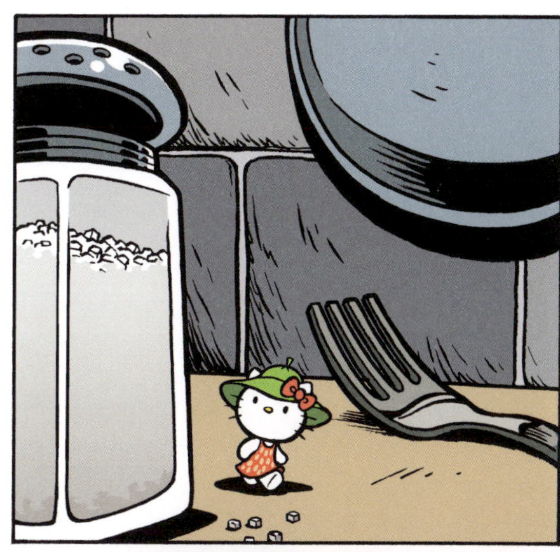
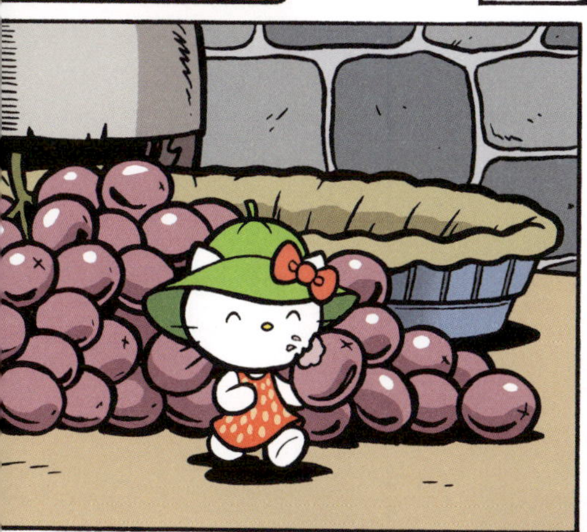
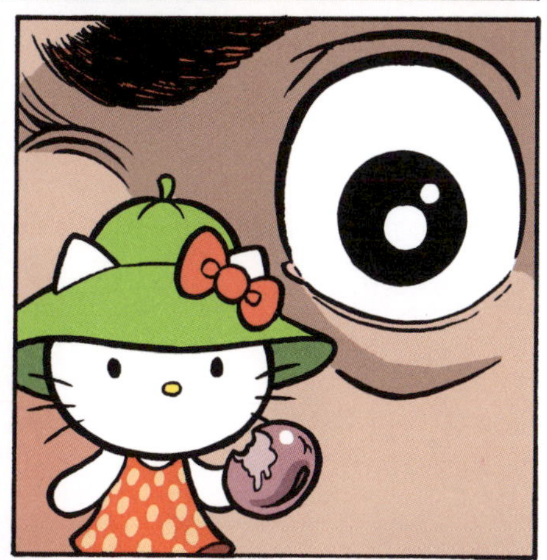
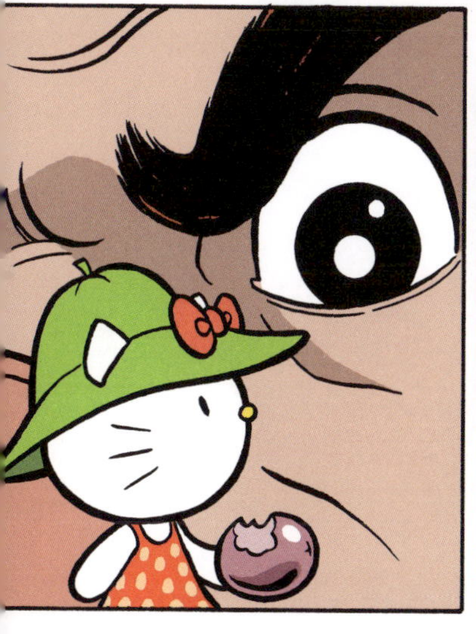
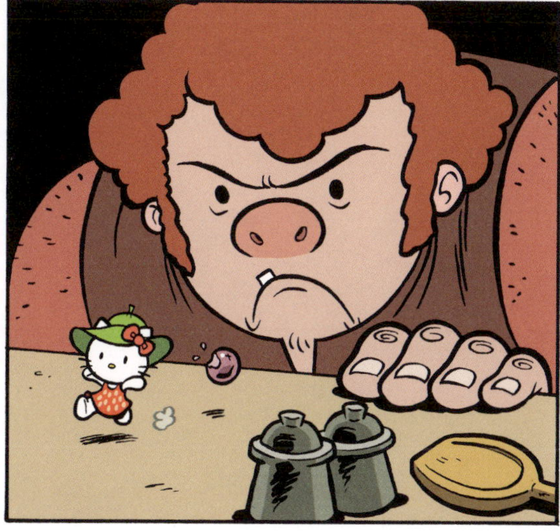

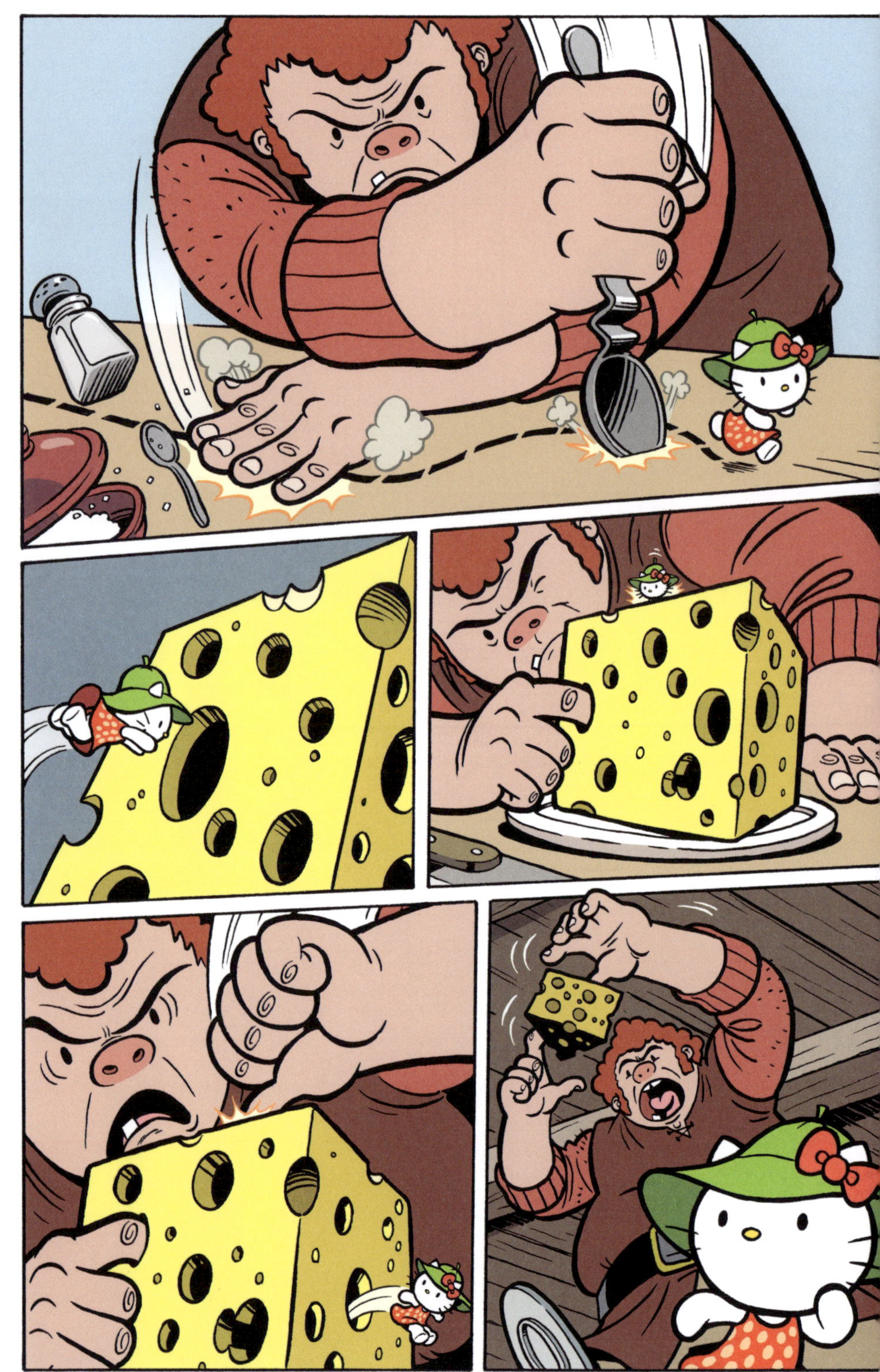

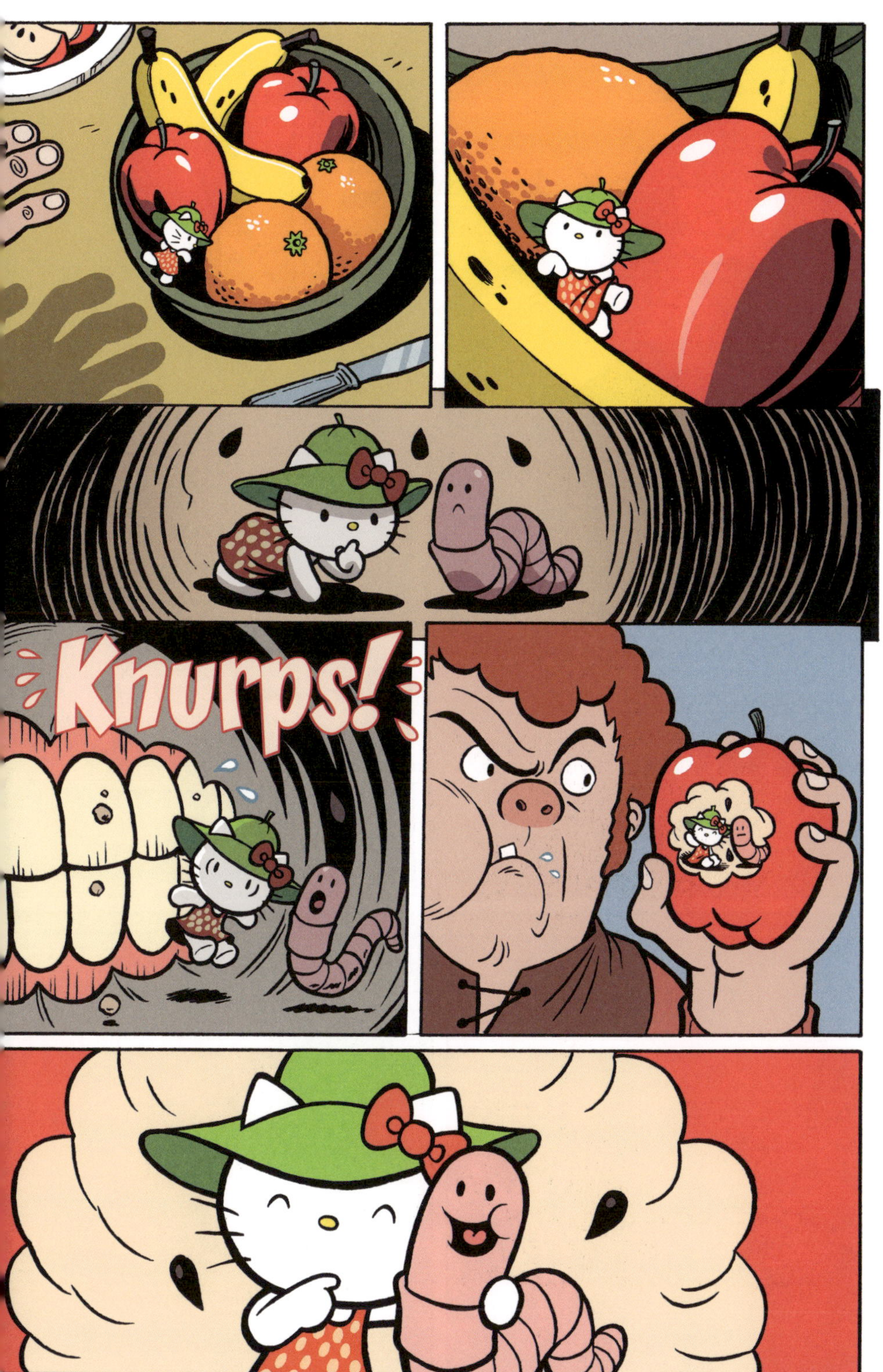
Knurps!

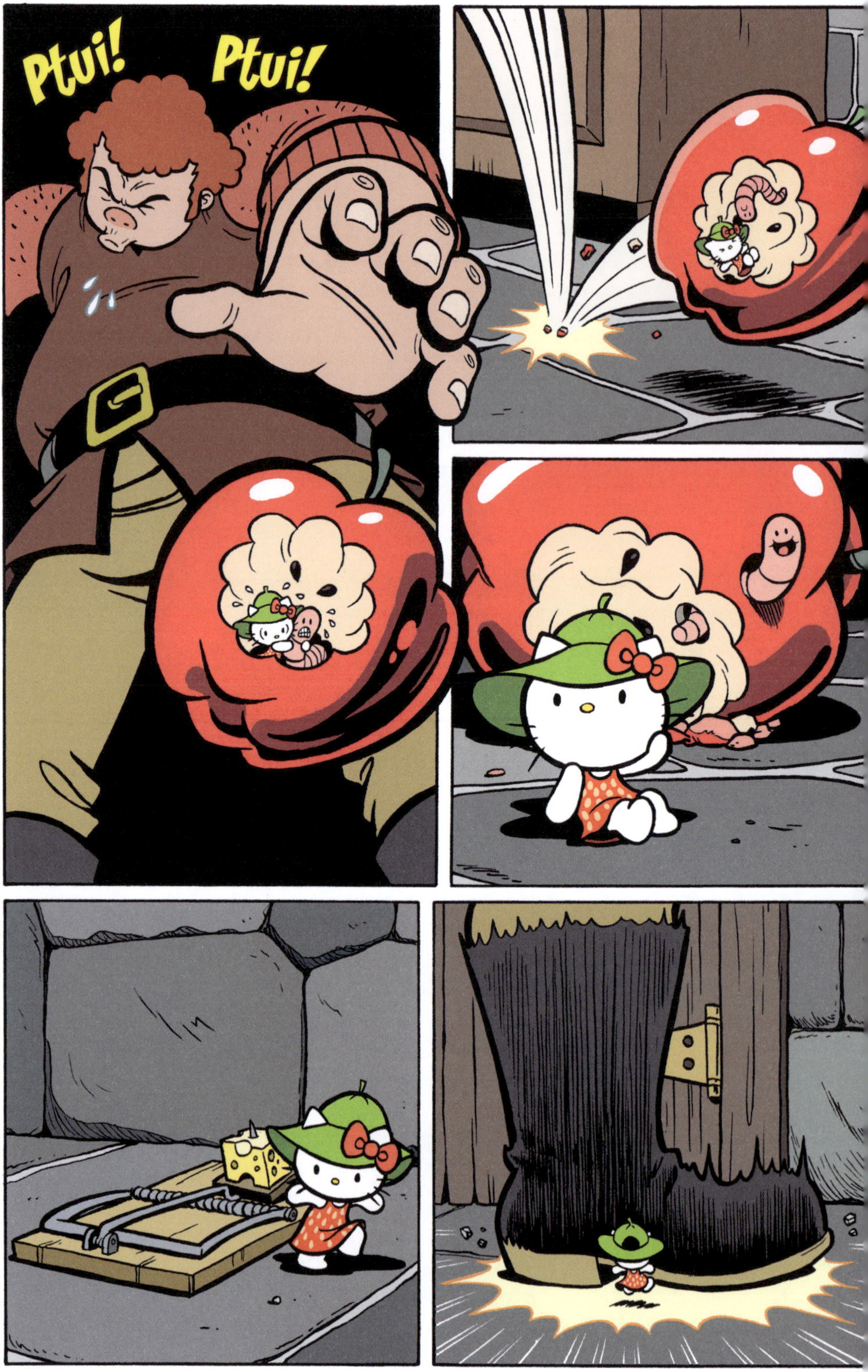

Ptui! Ptui!

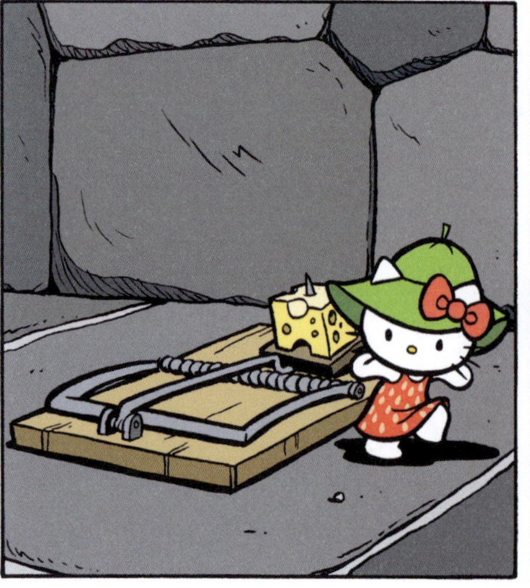

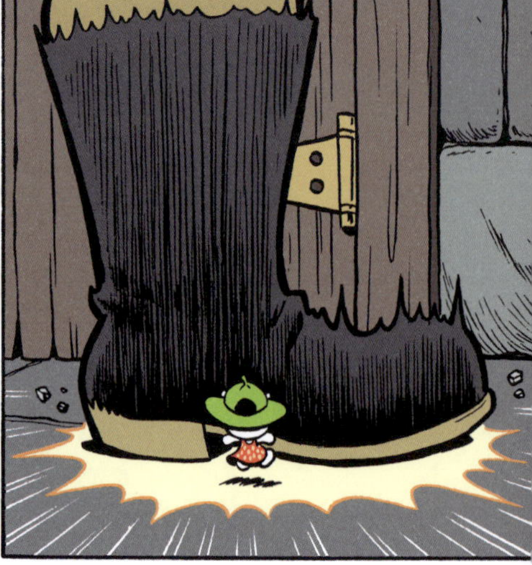

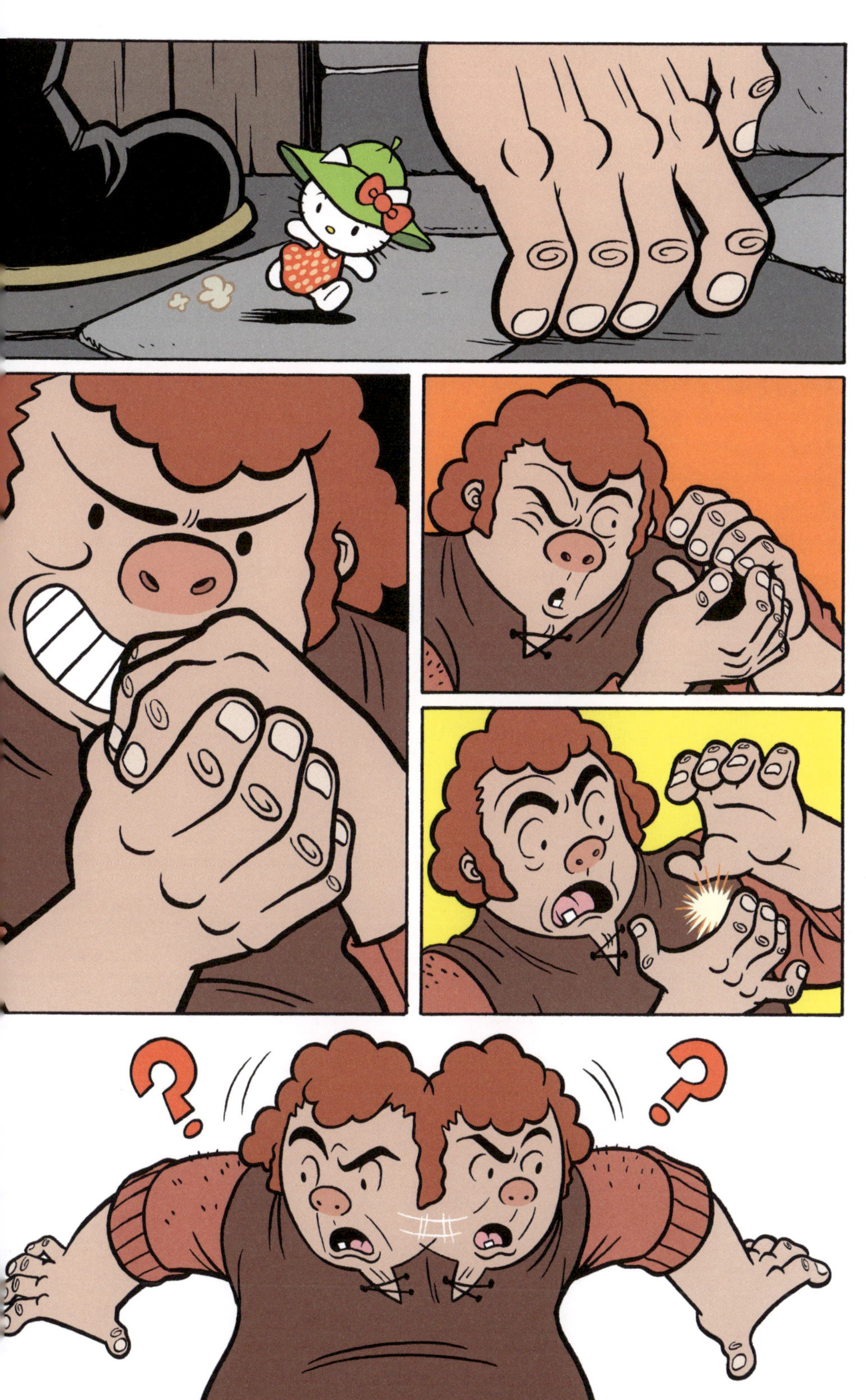

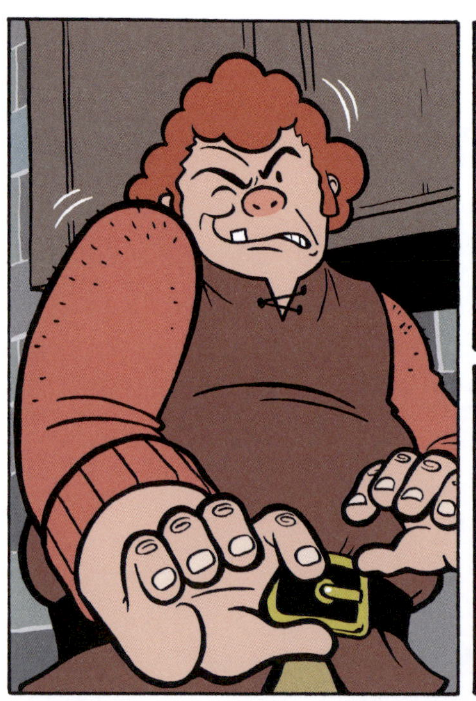
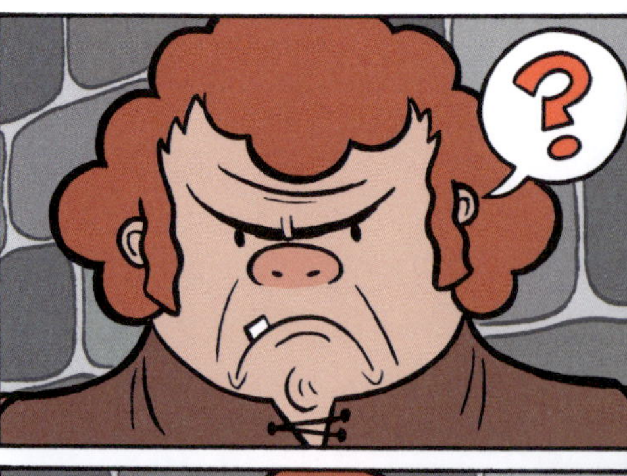
?
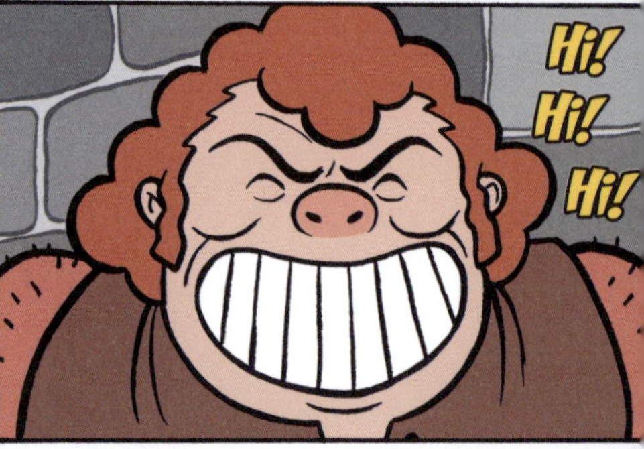
Hi!
Hi!
Hi!
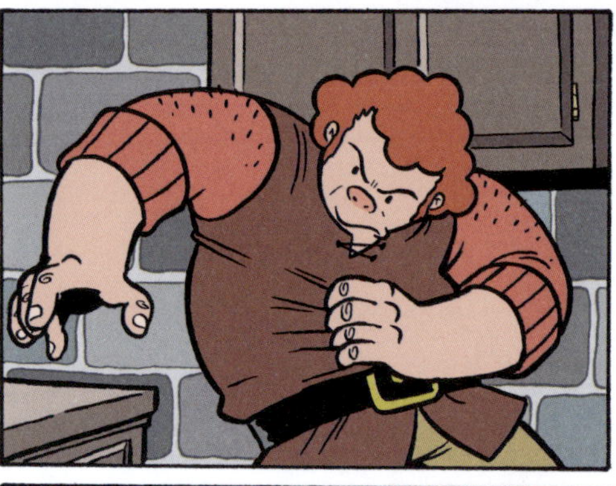
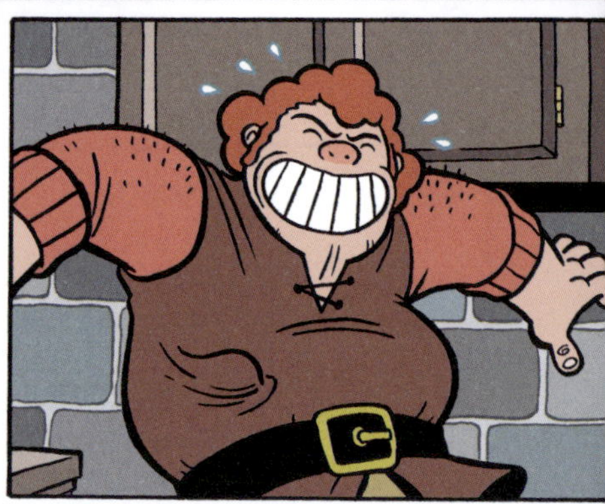
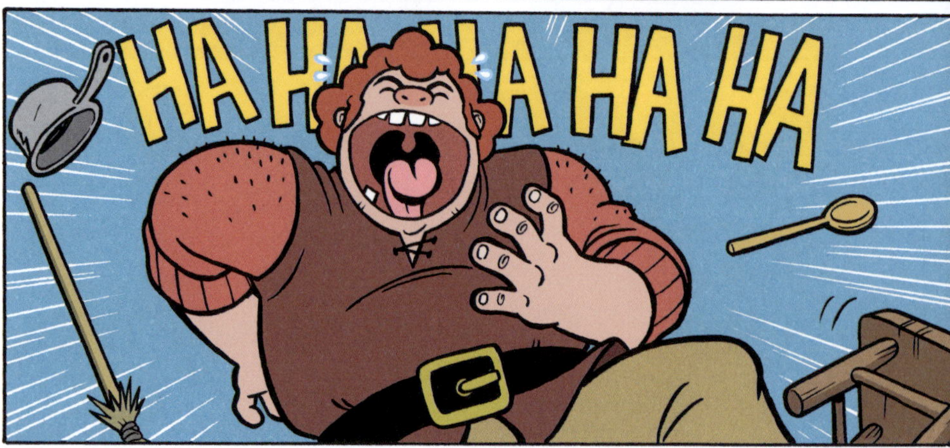
HA HA HA HA HA

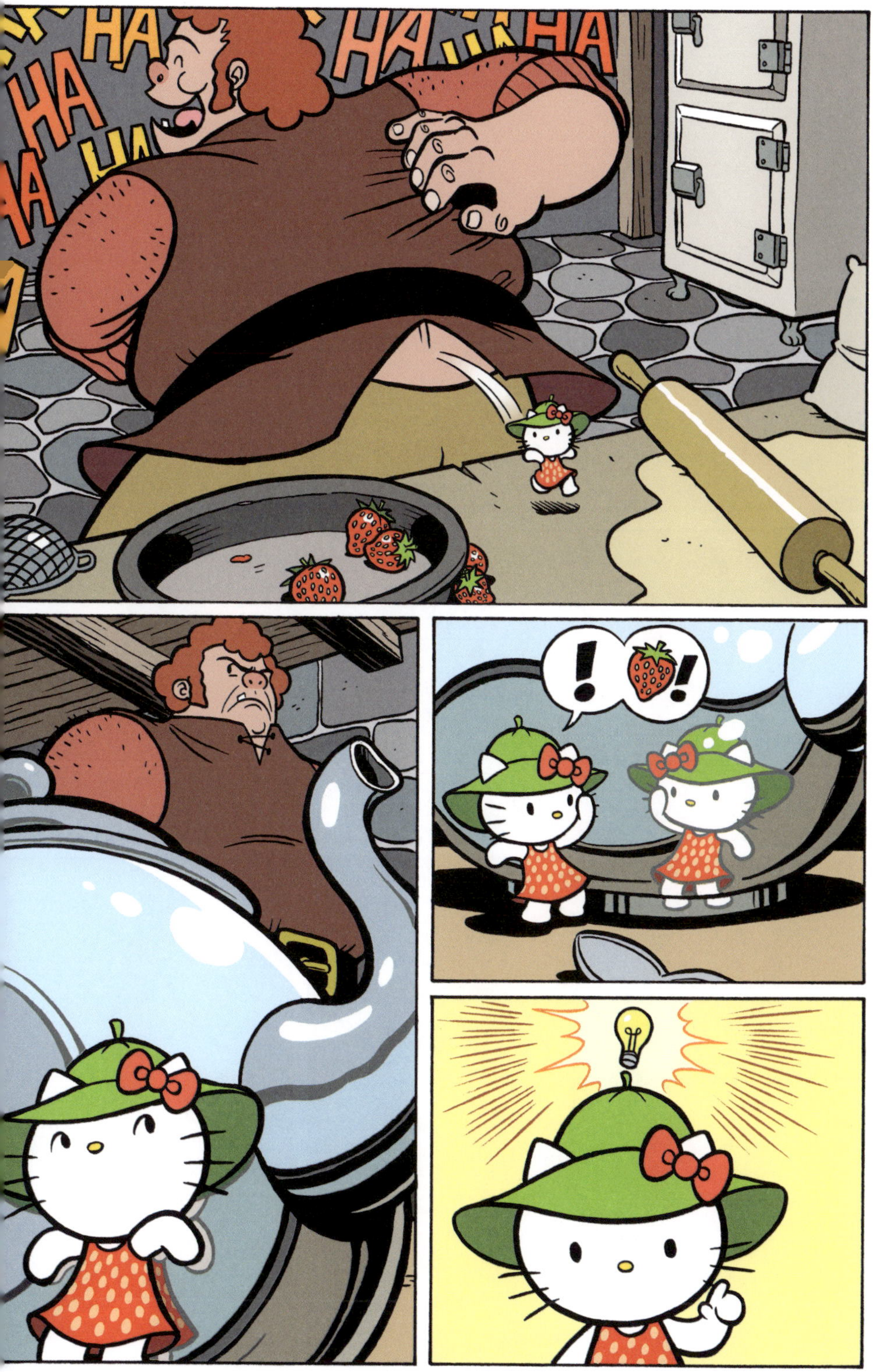

HA HA HA HA HA

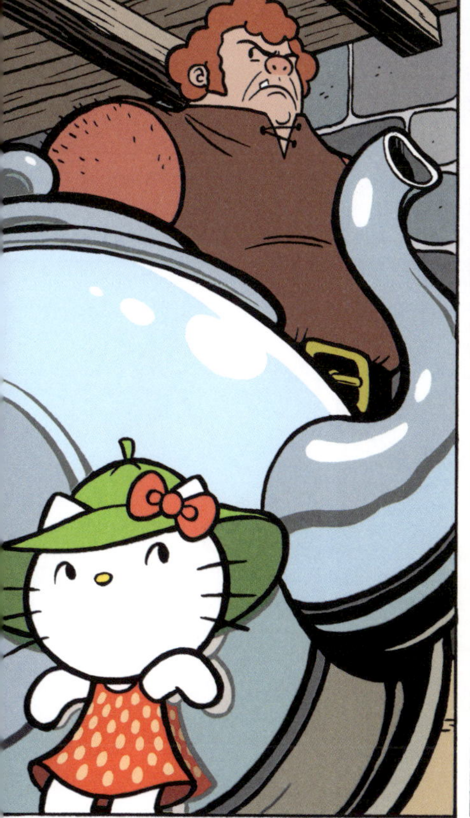

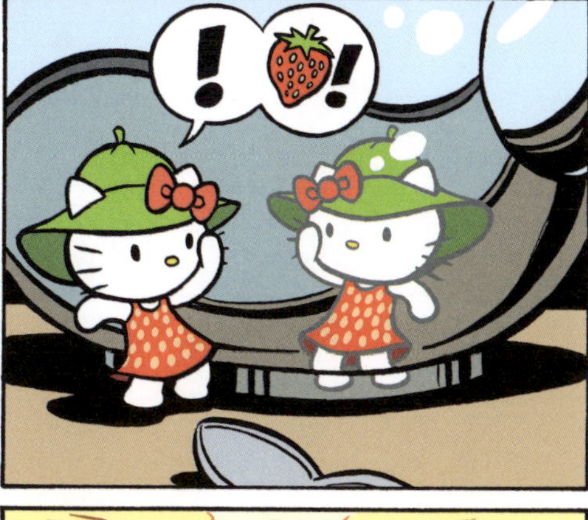

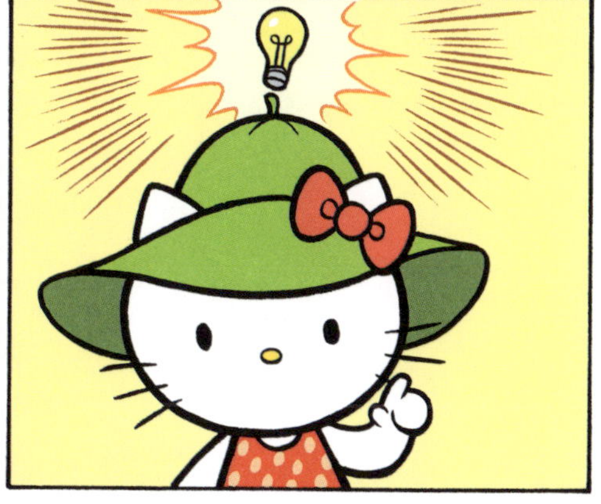

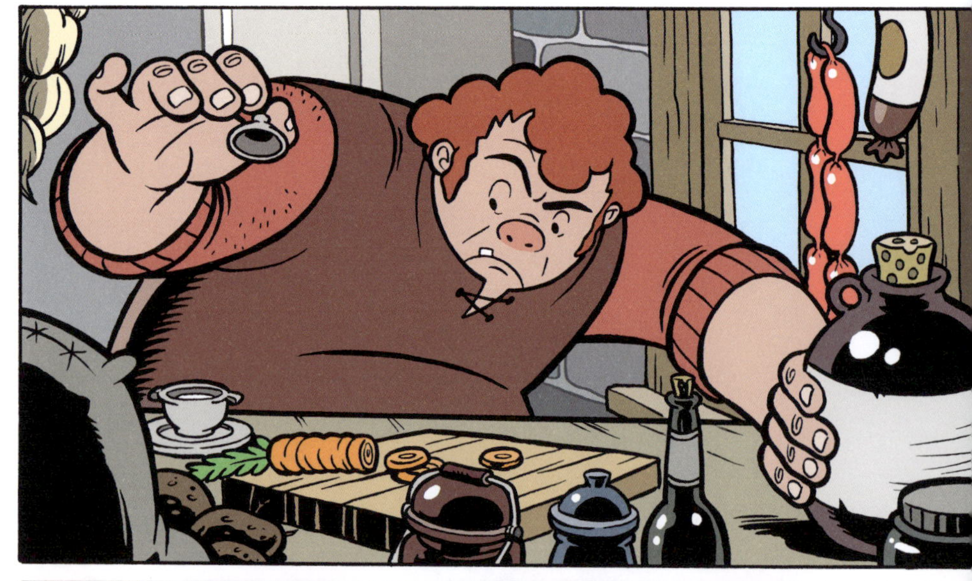

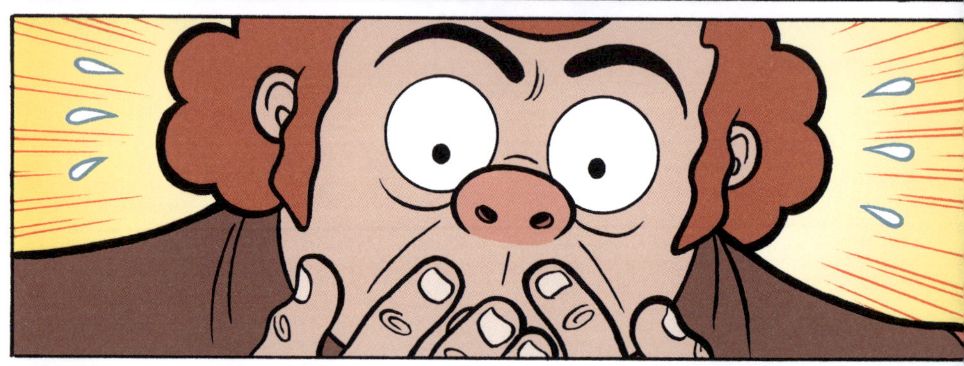

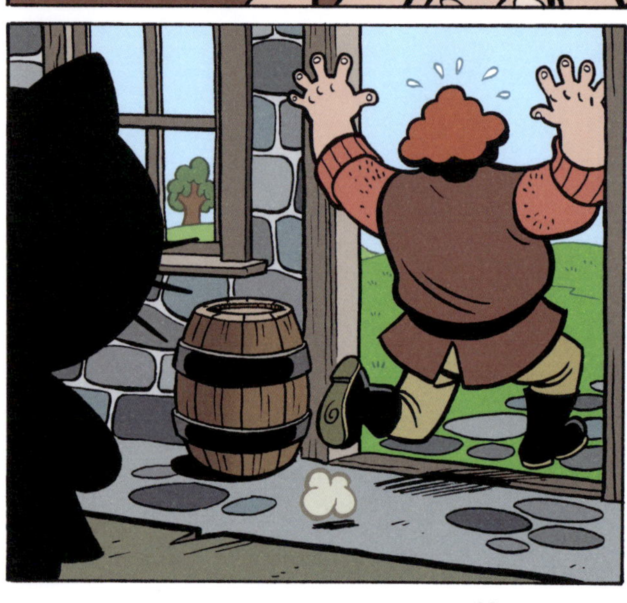

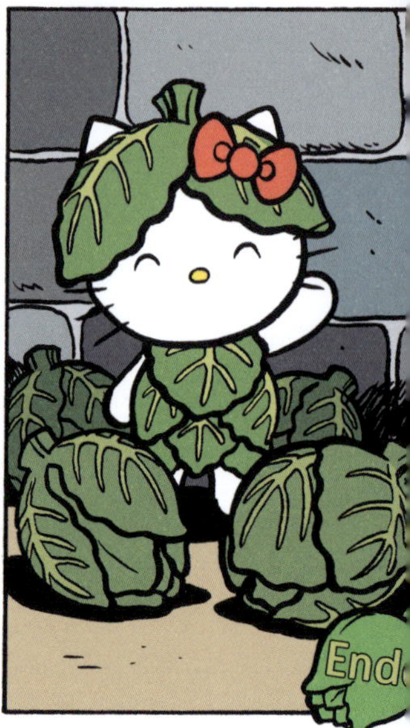
End

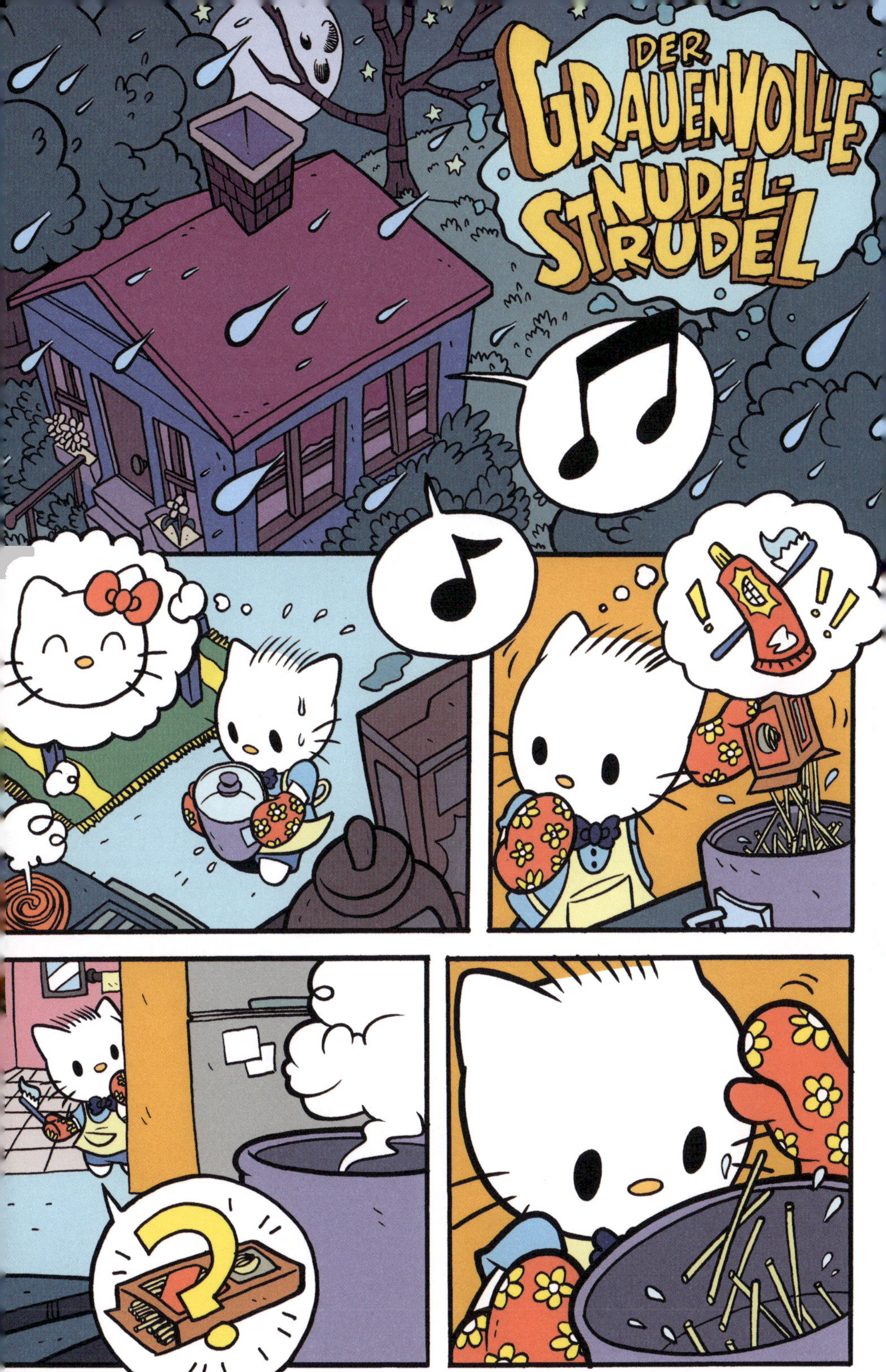

DER GRAUENVOLLE NUDEL-STRUDEL

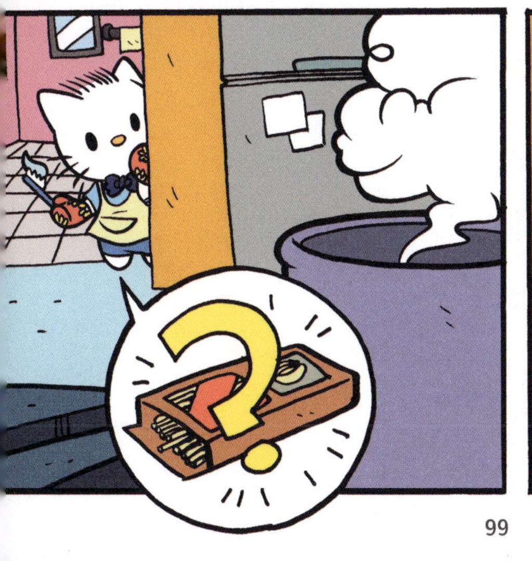

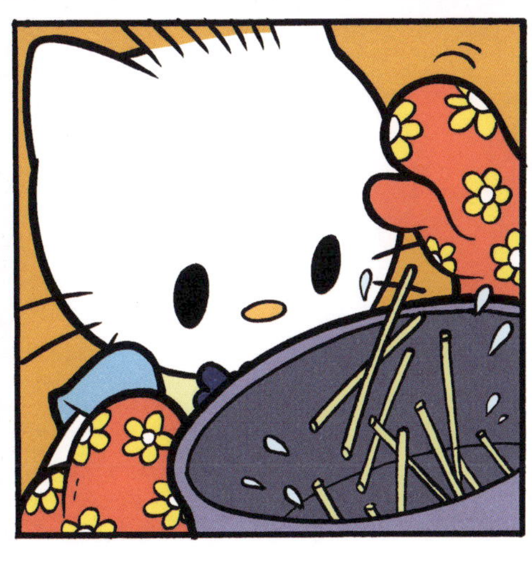

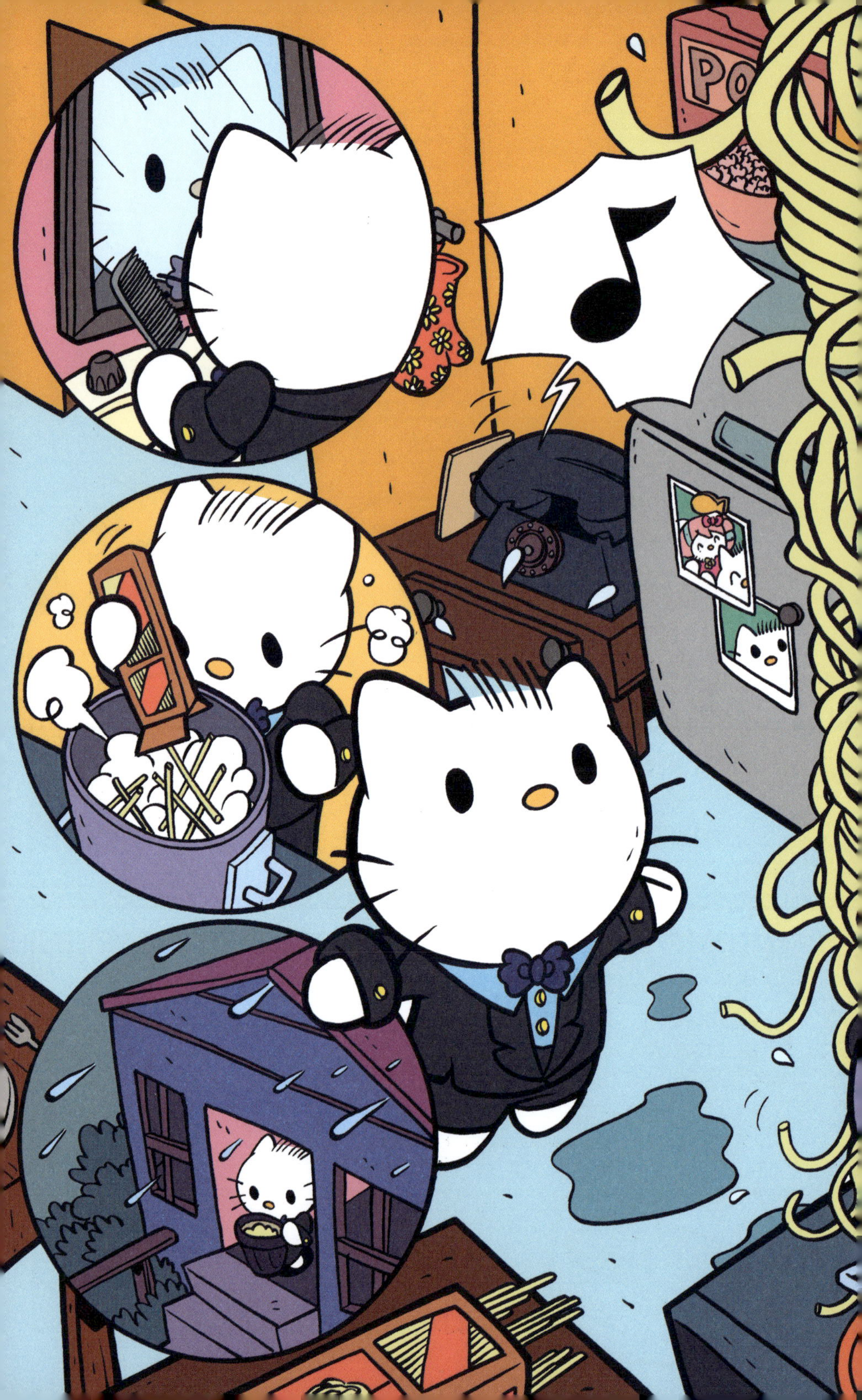

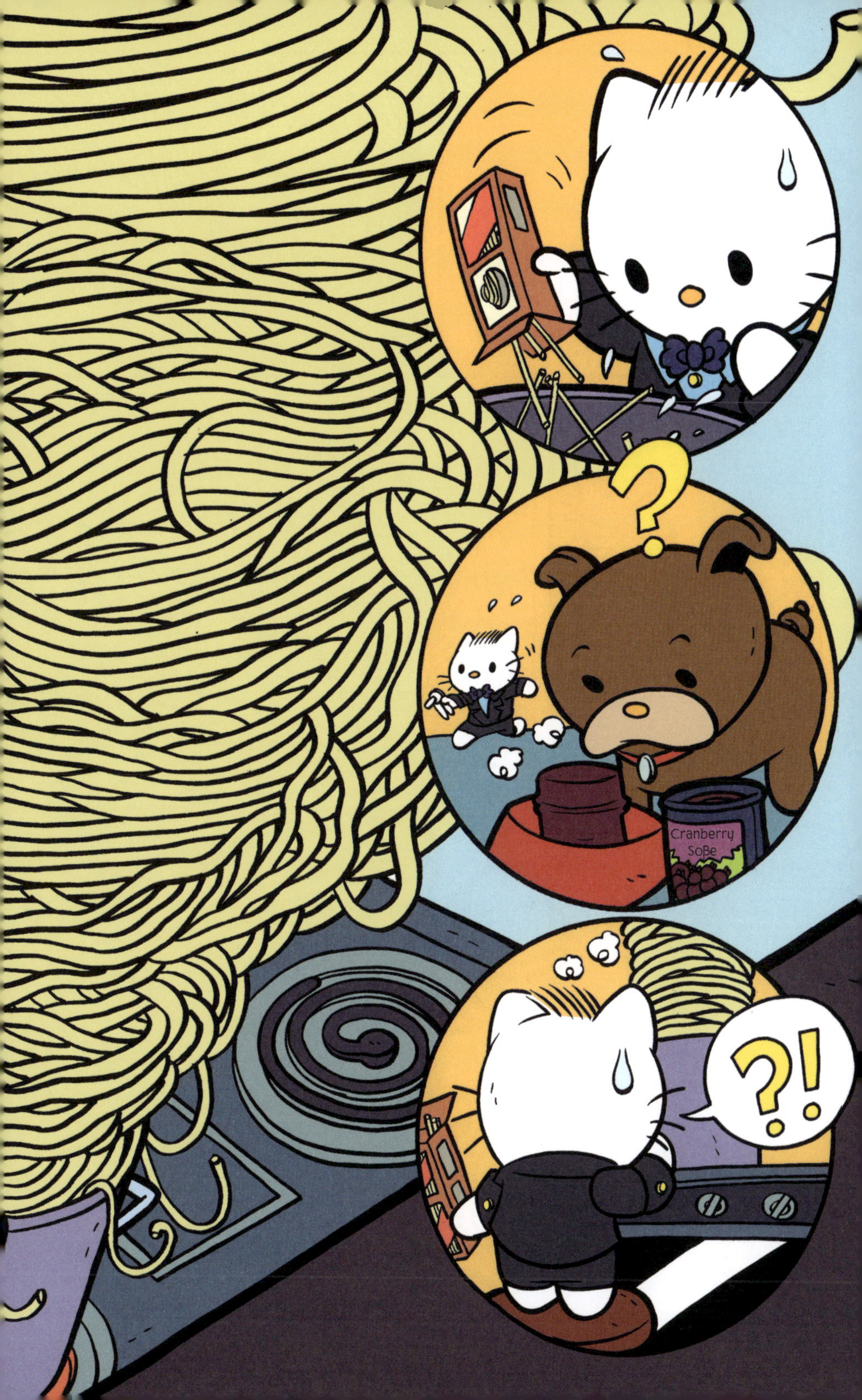
?
Cranberry
SoBe
?!

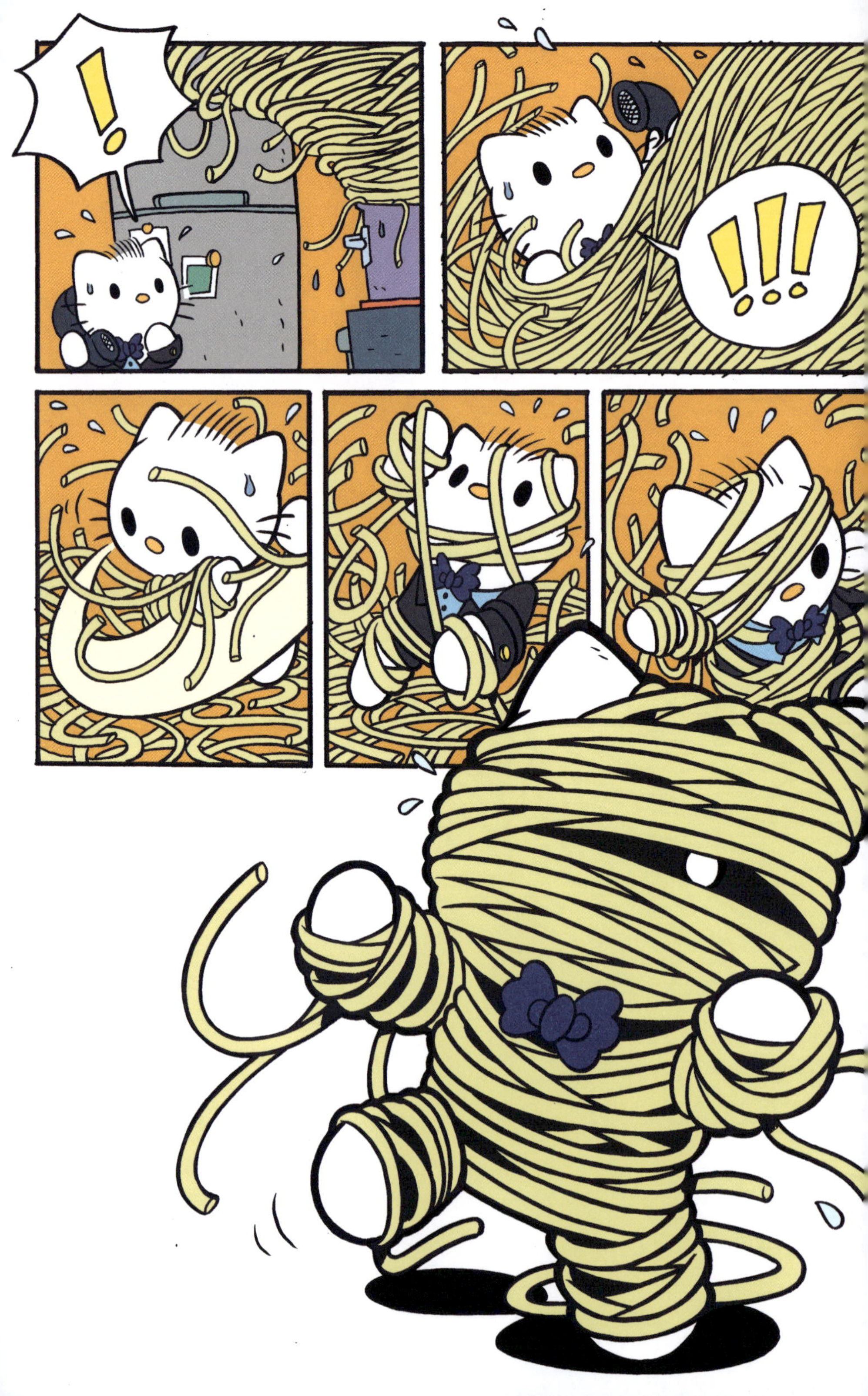

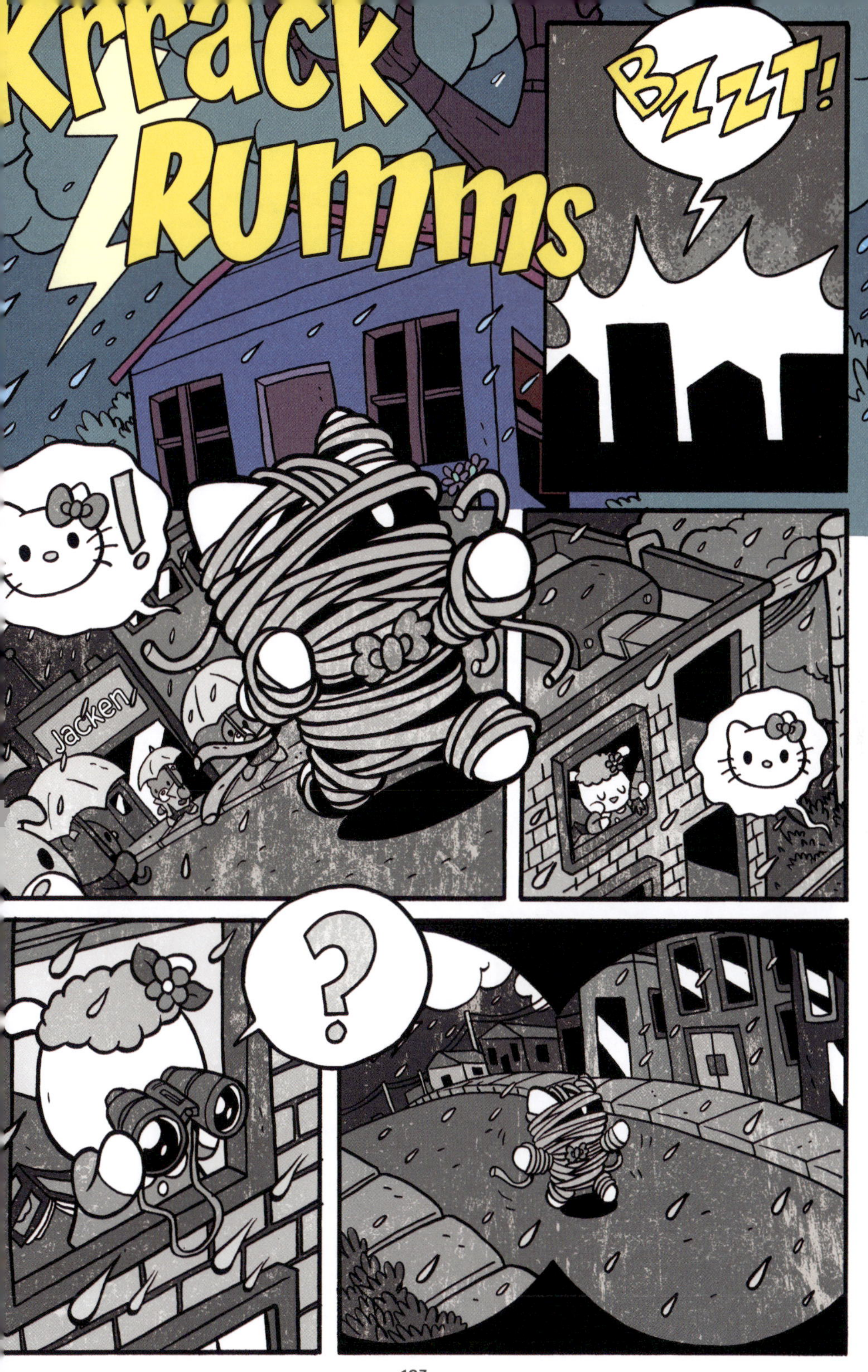
Krrack
Rumms
Bzzt!
!
Jacken
?

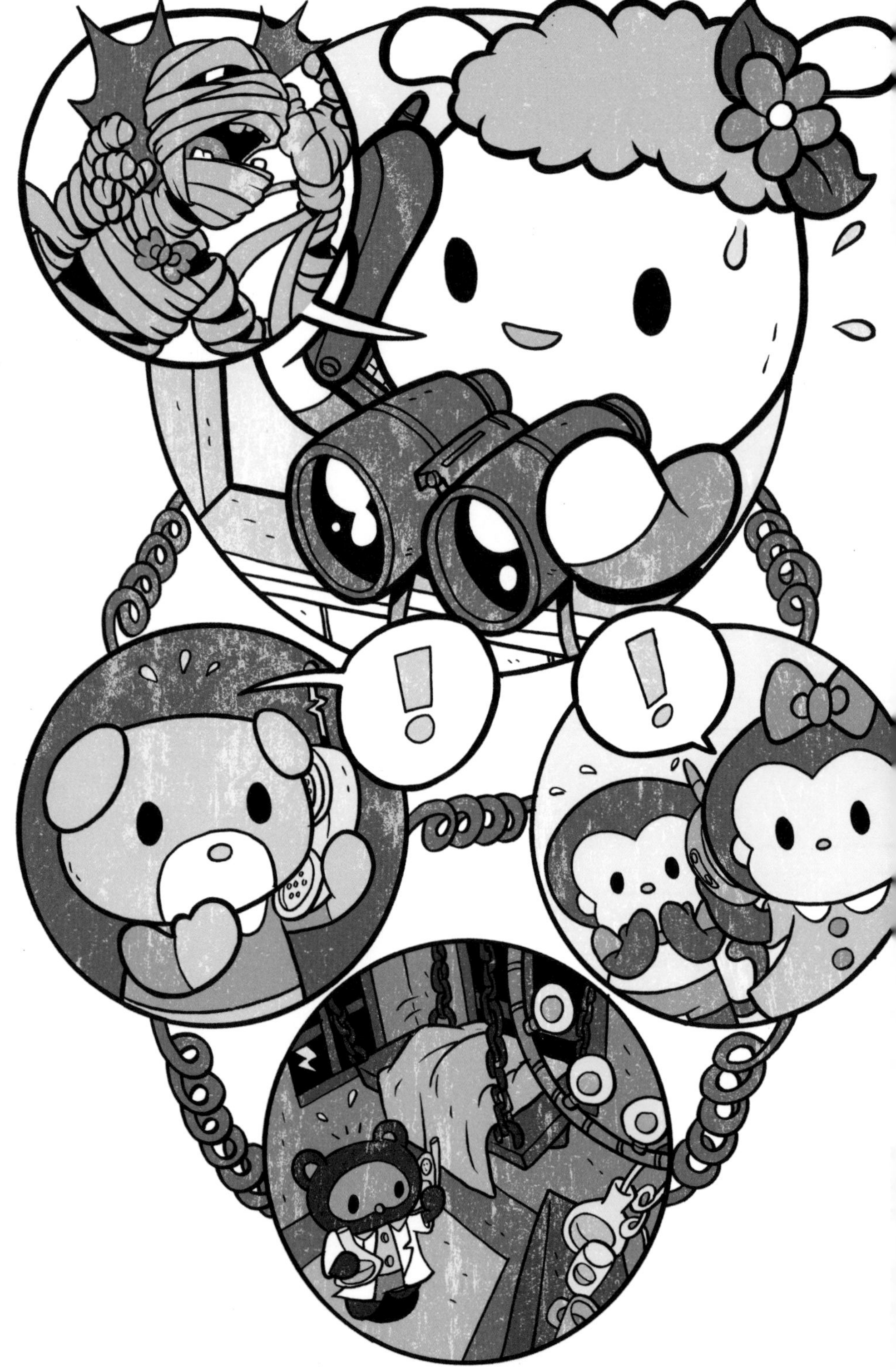

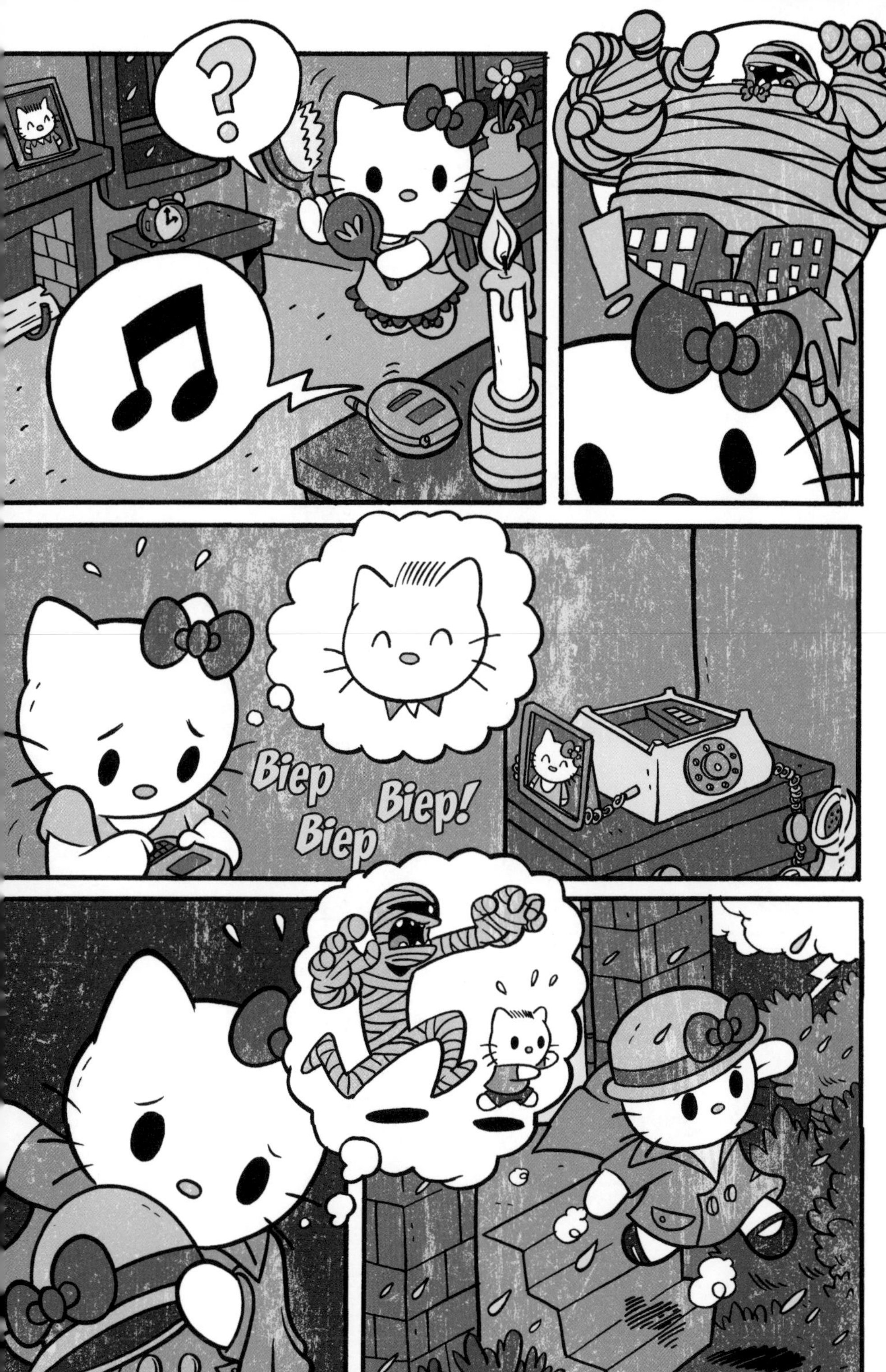
?
Biep
Biep
Biep!

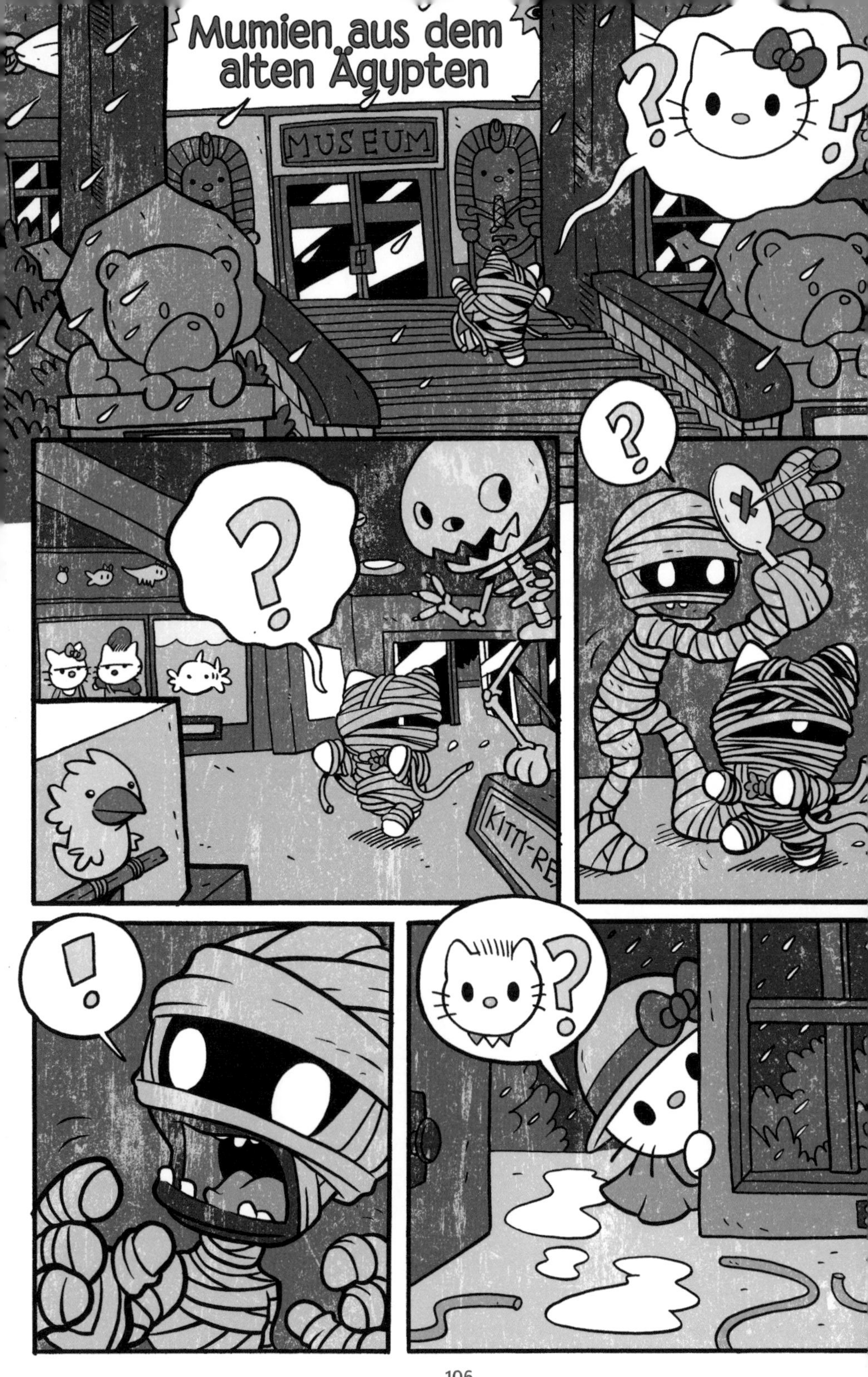
Mumien aus dem alten Ägypten
MUSEUM
?
?
KITTY-RE
!
?

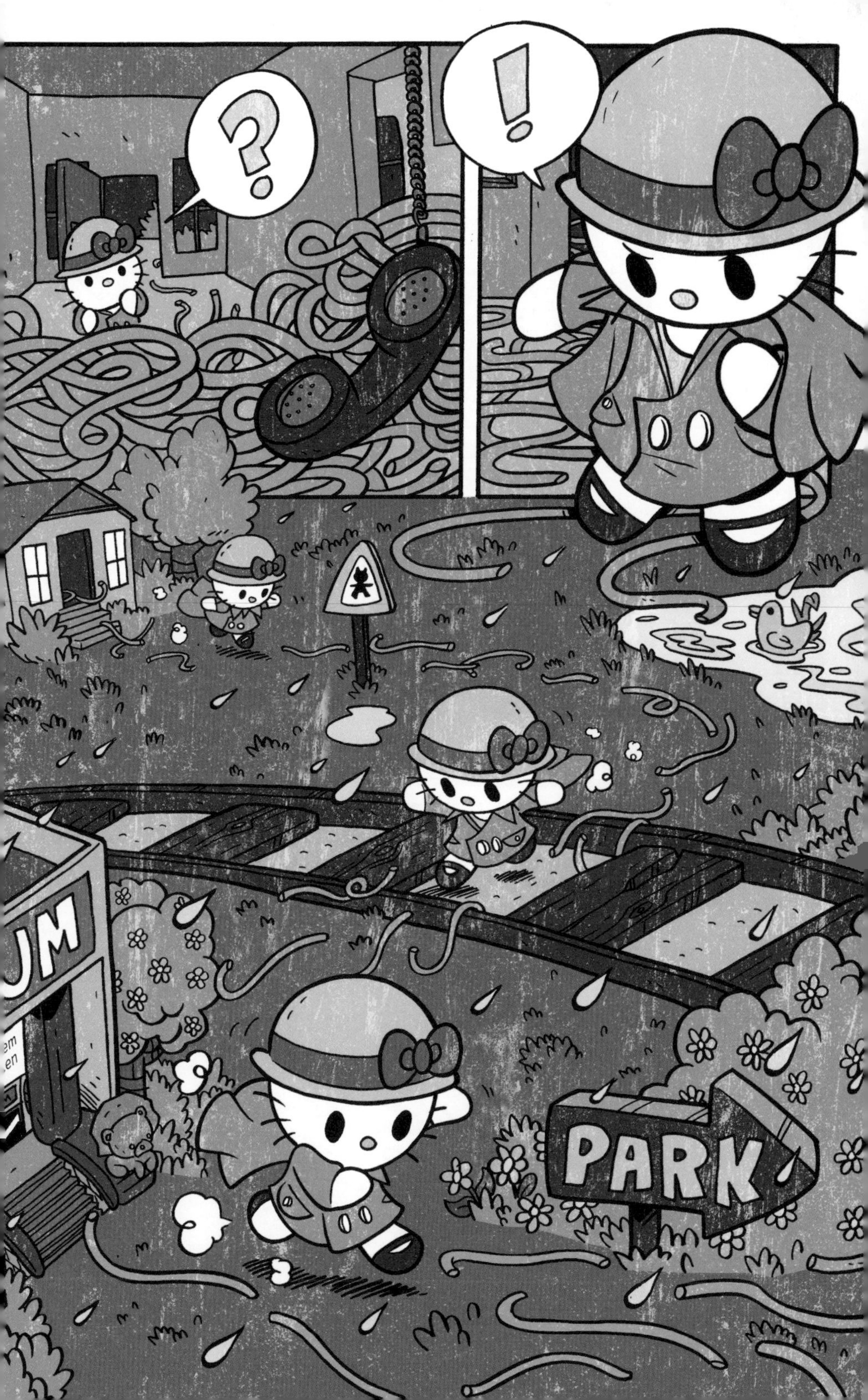
?
!
UM
PARK

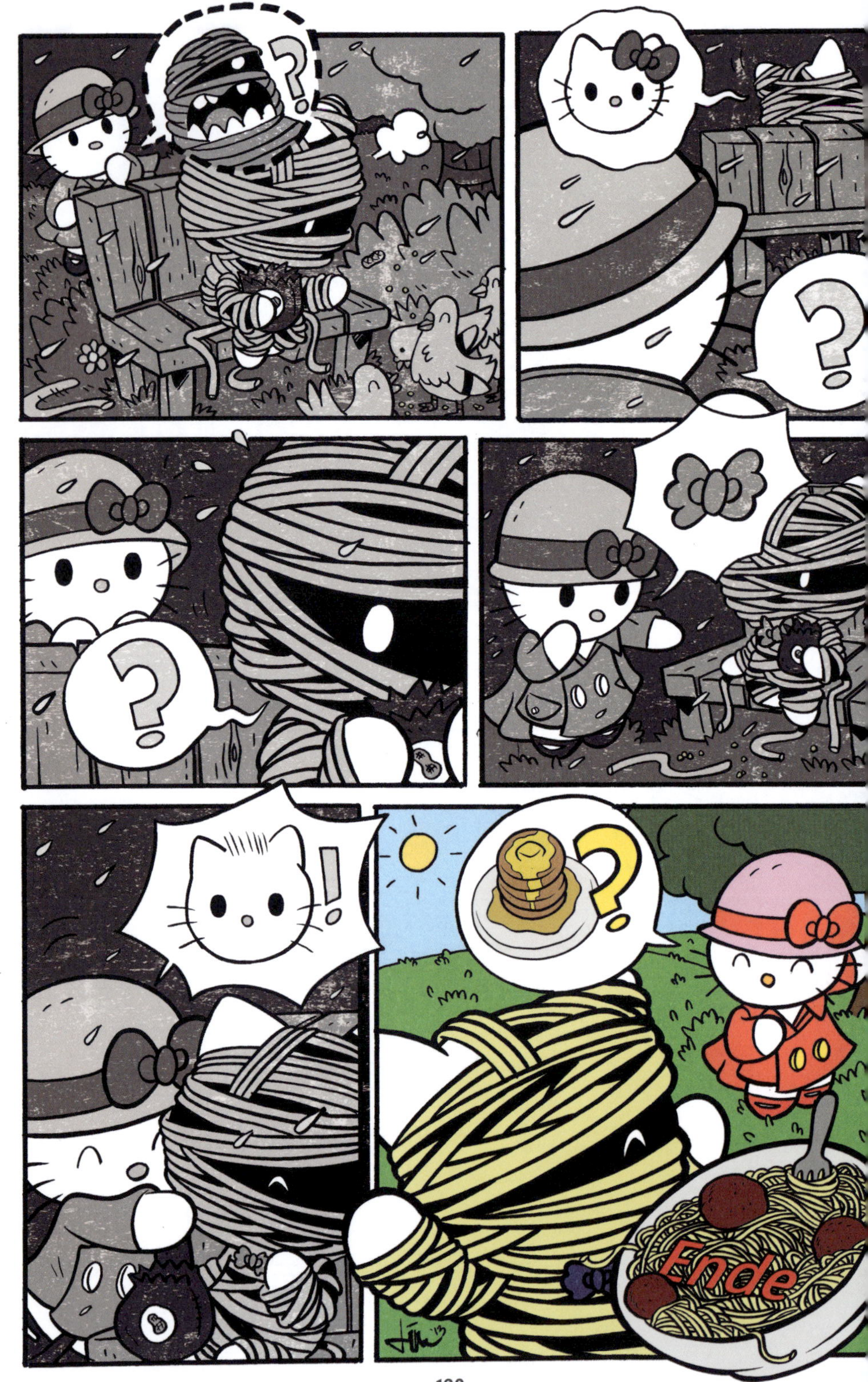
Ende

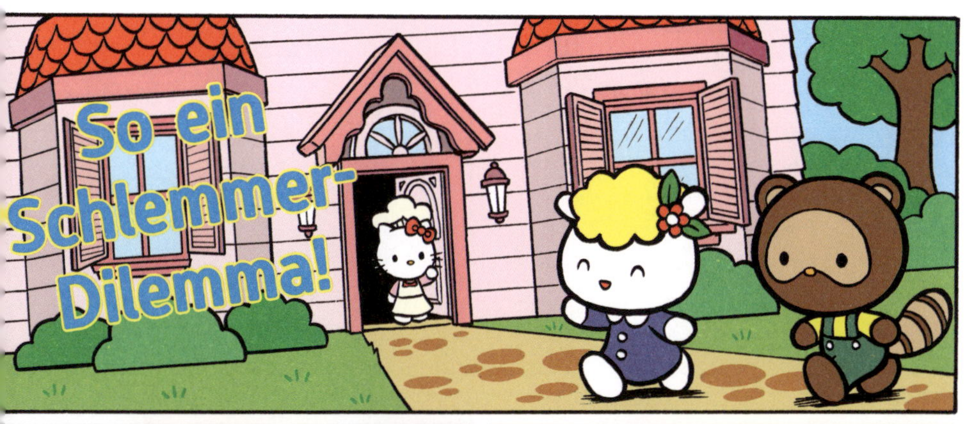
So ein Schlemmer-Dilemma!

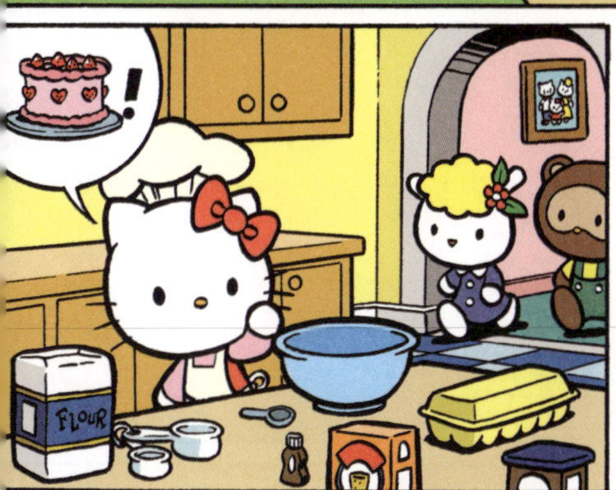
!
FLOUR

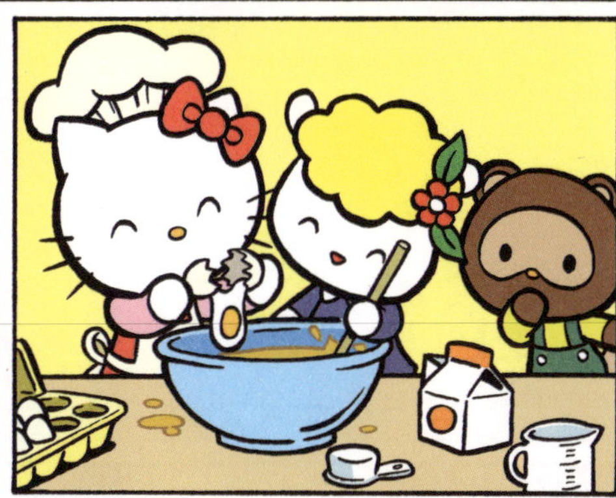

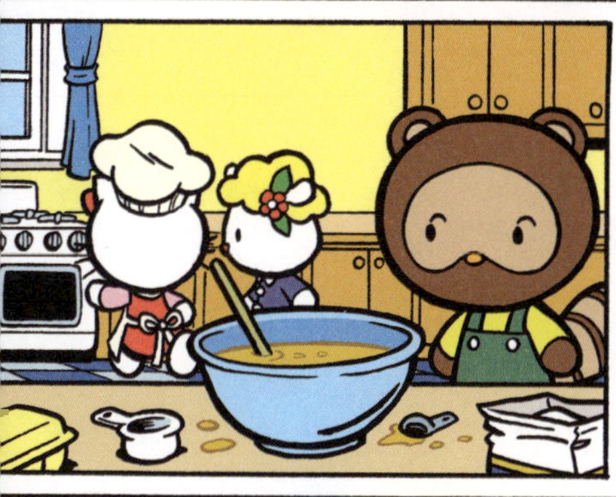

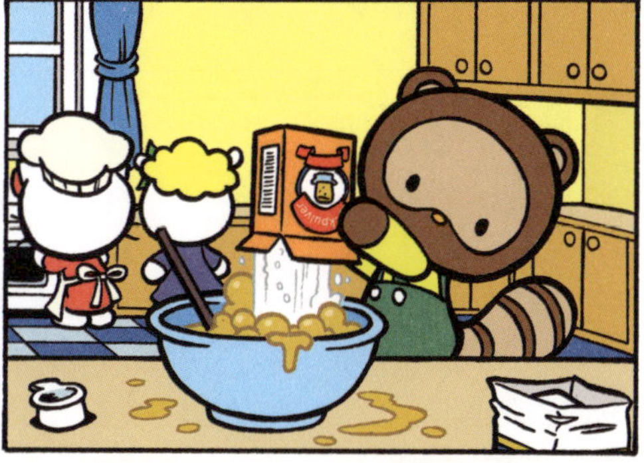

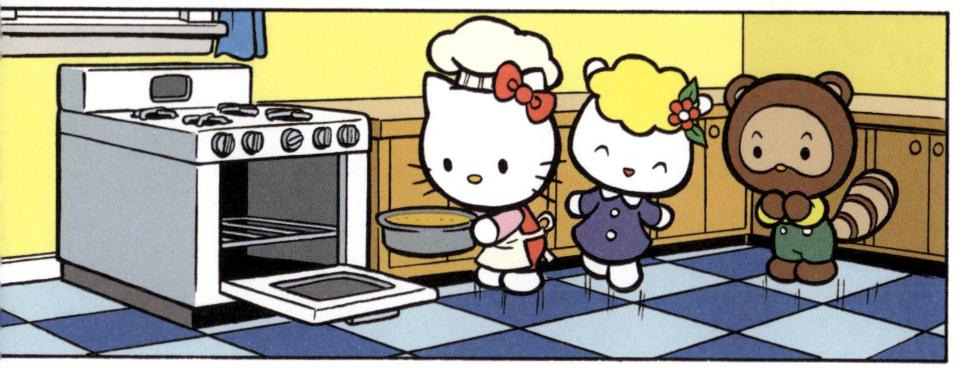

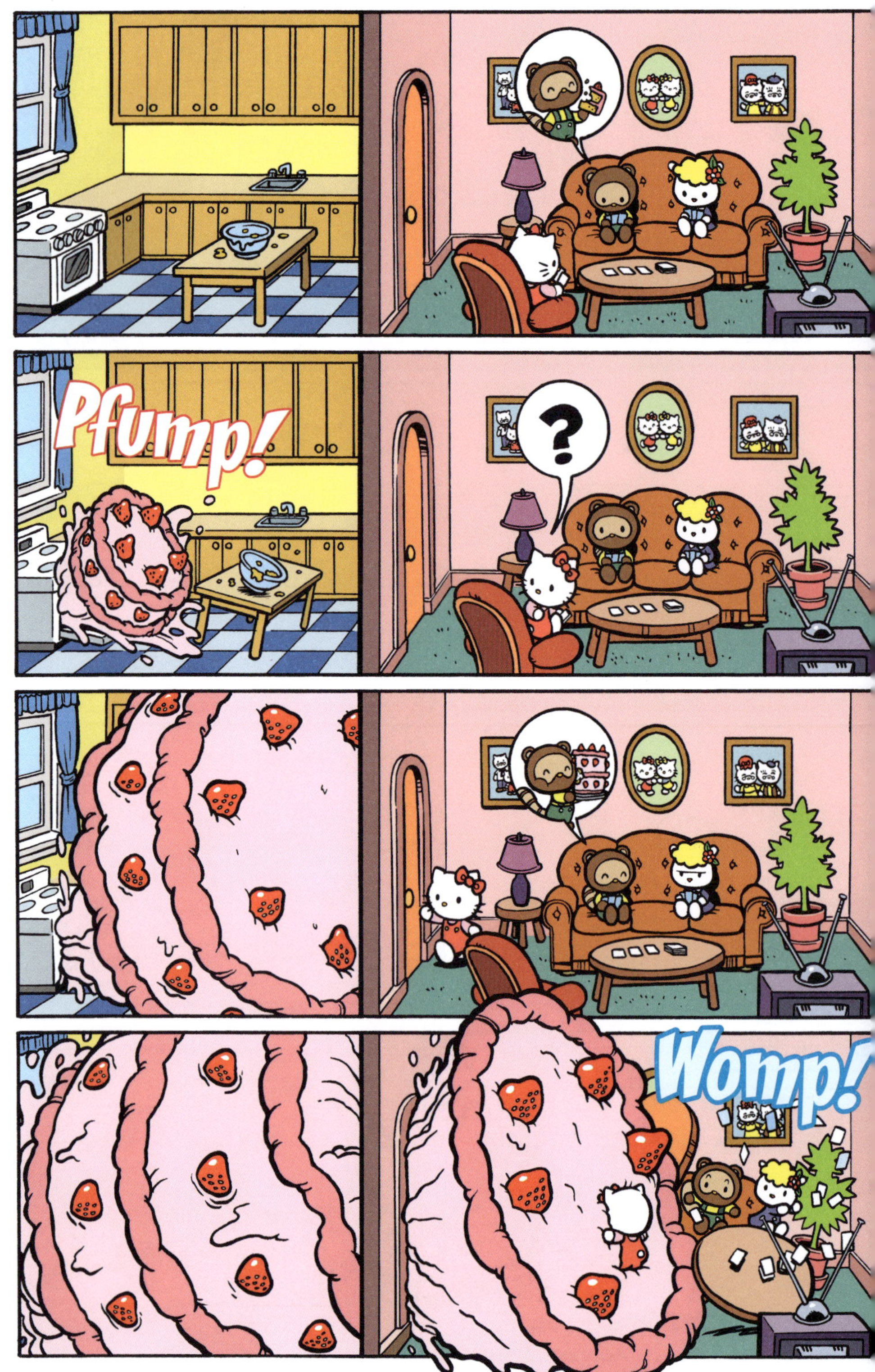
Pfump!
?
Womp!

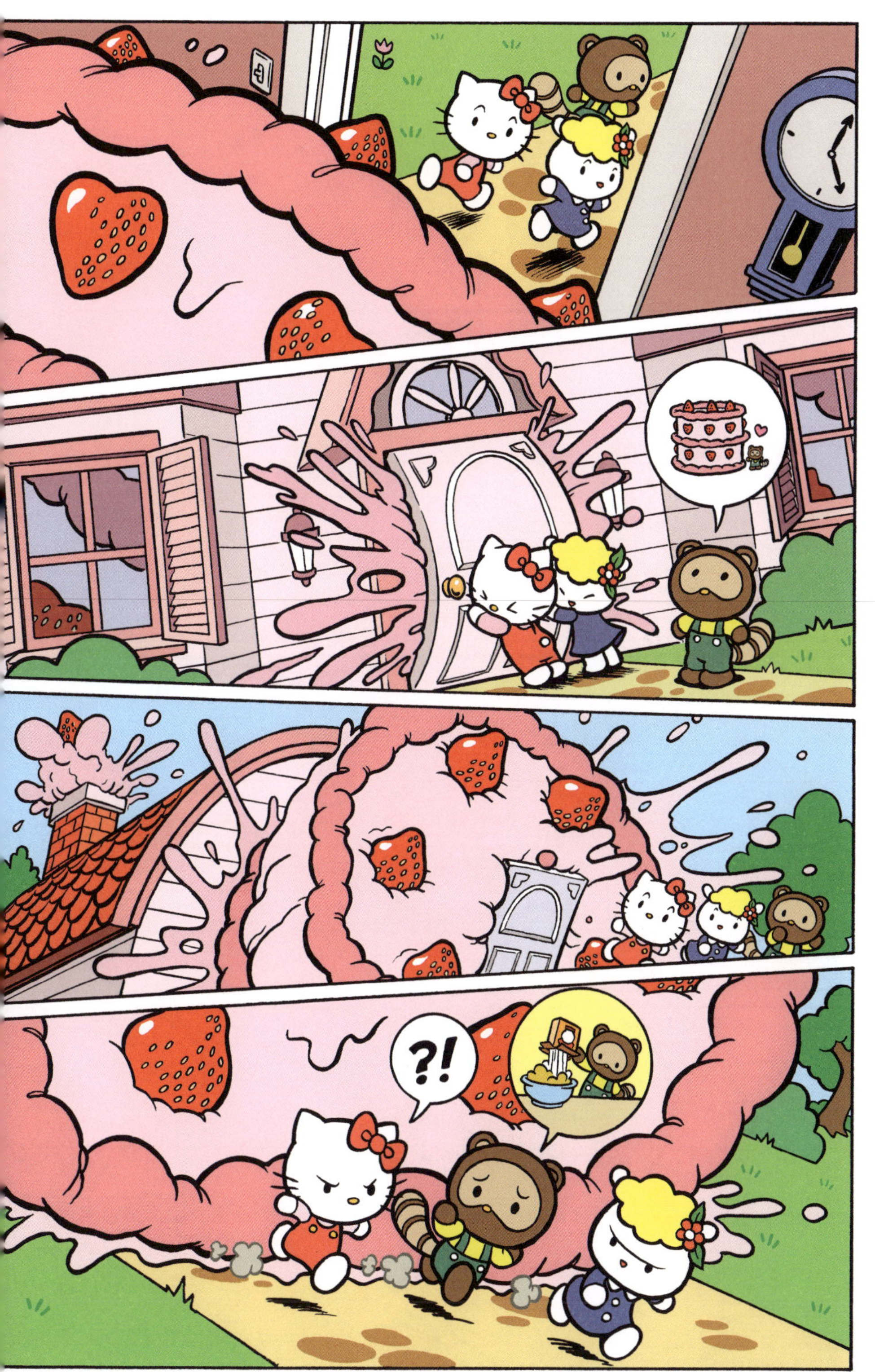

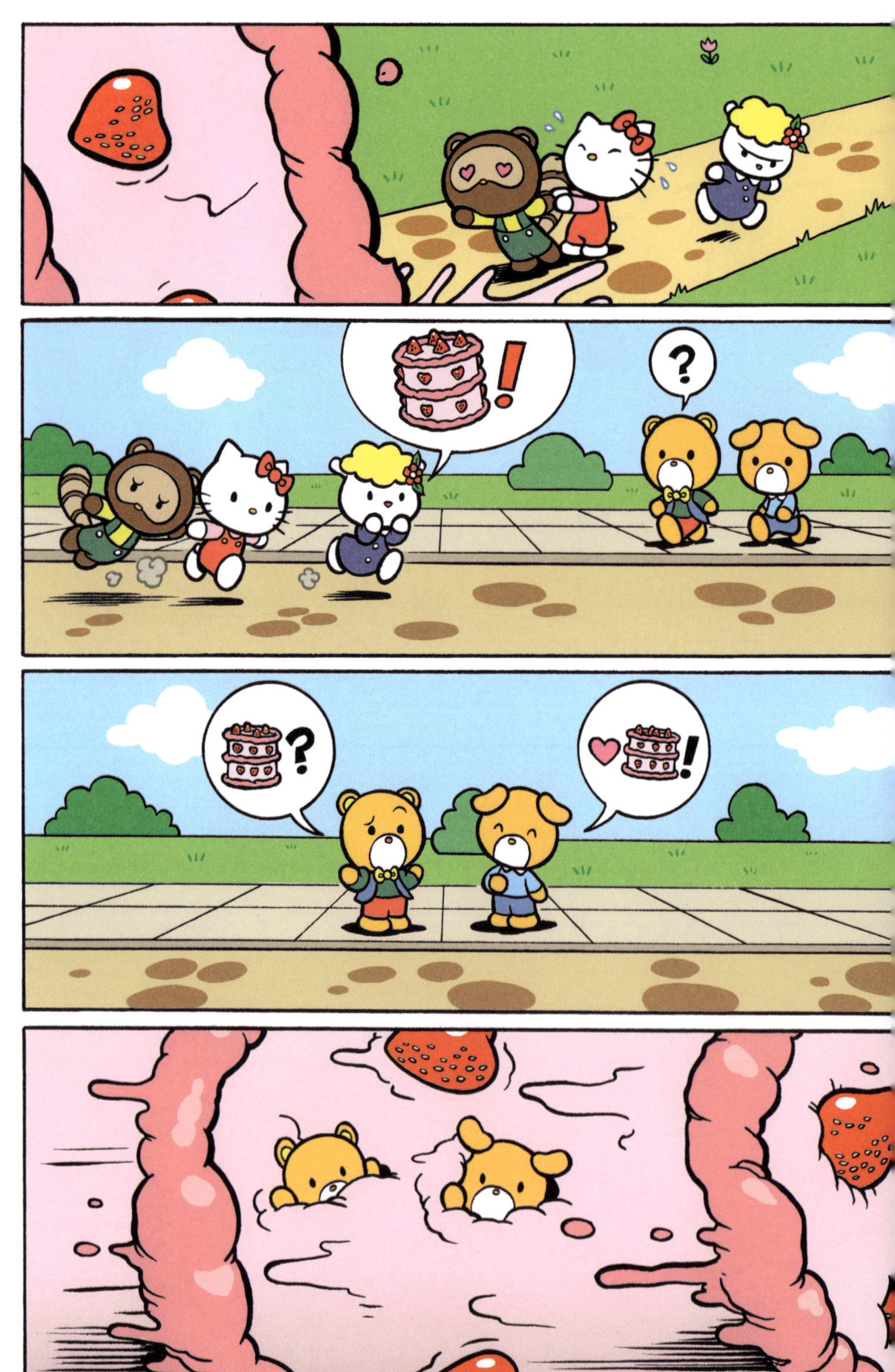

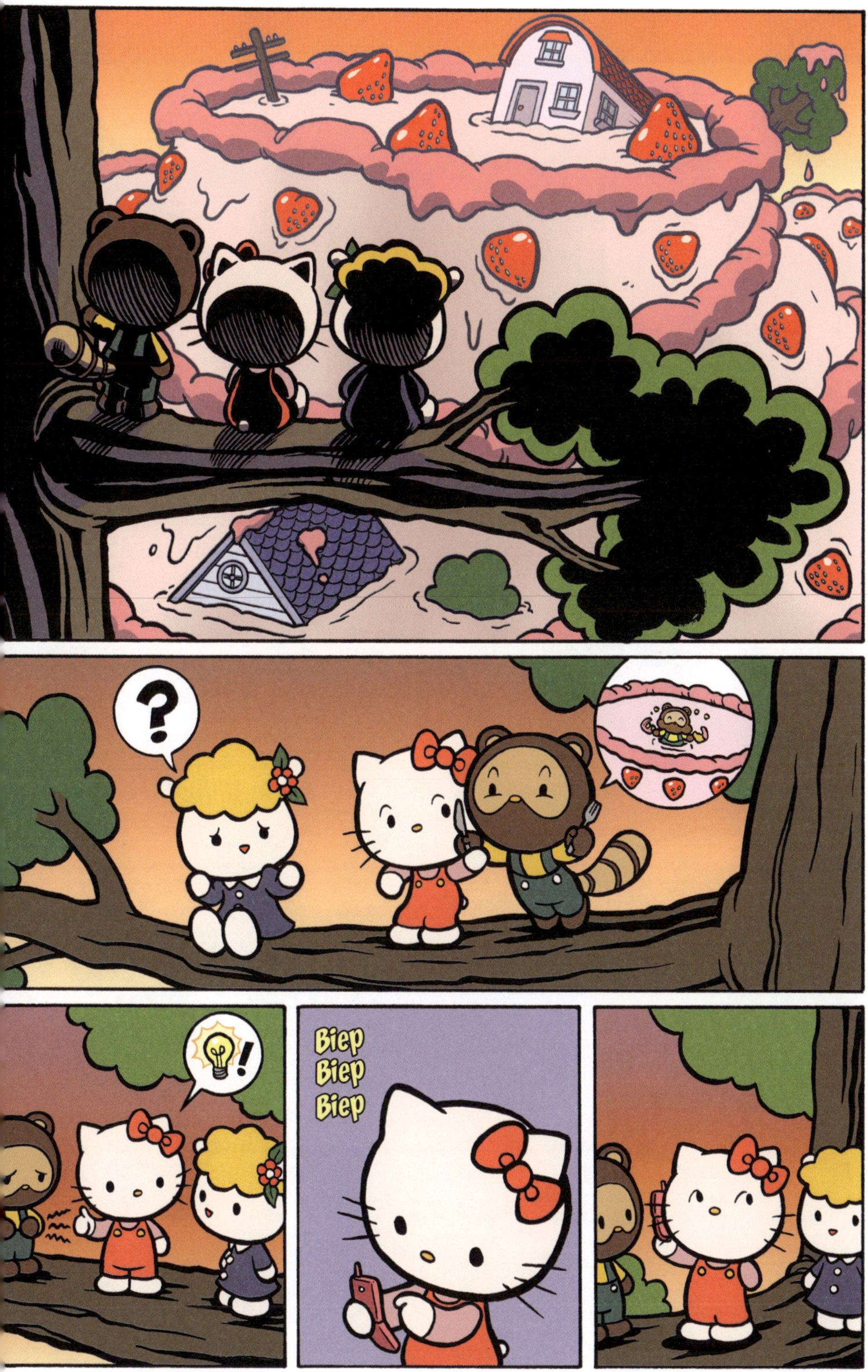

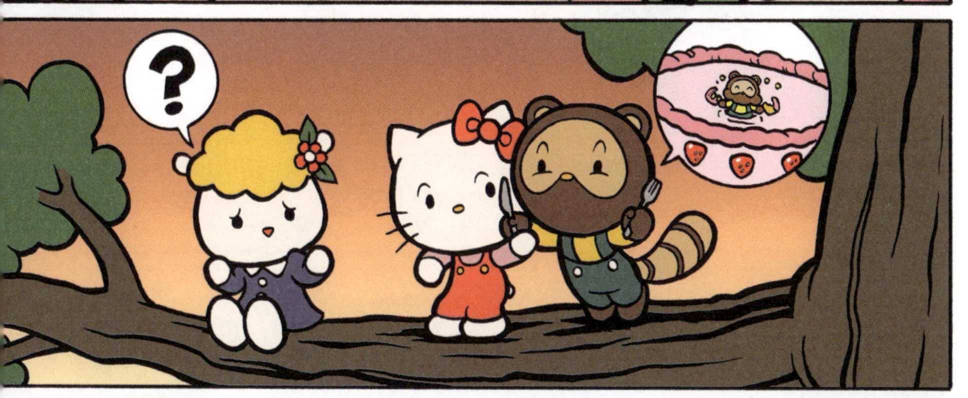
?

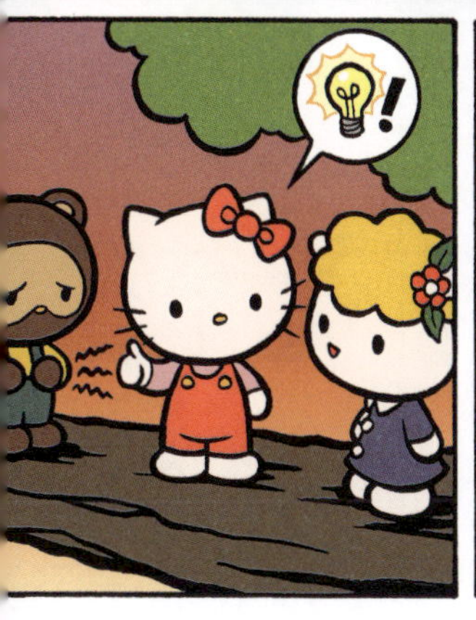
!

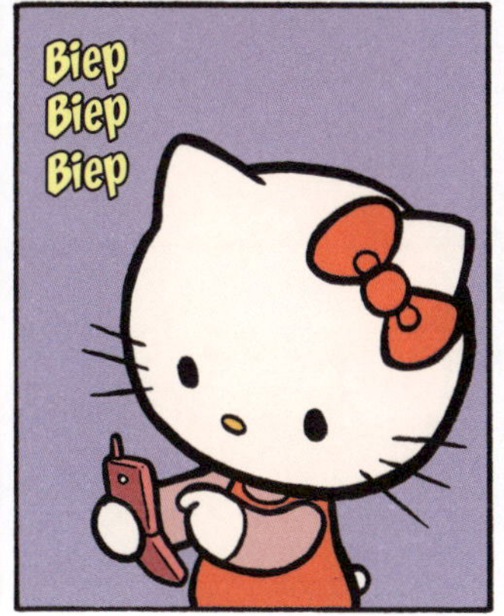
Biep
Biep
Biep

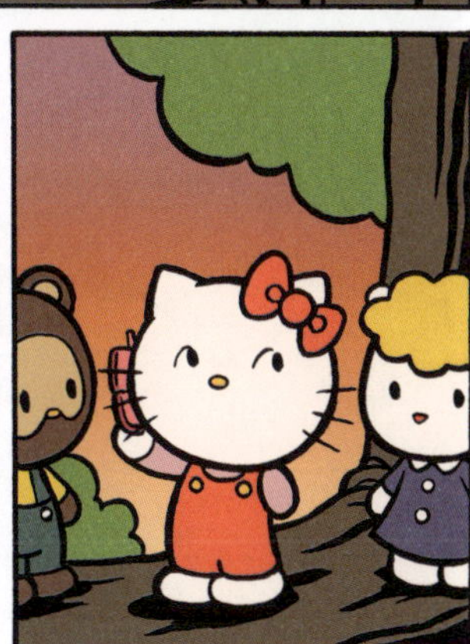

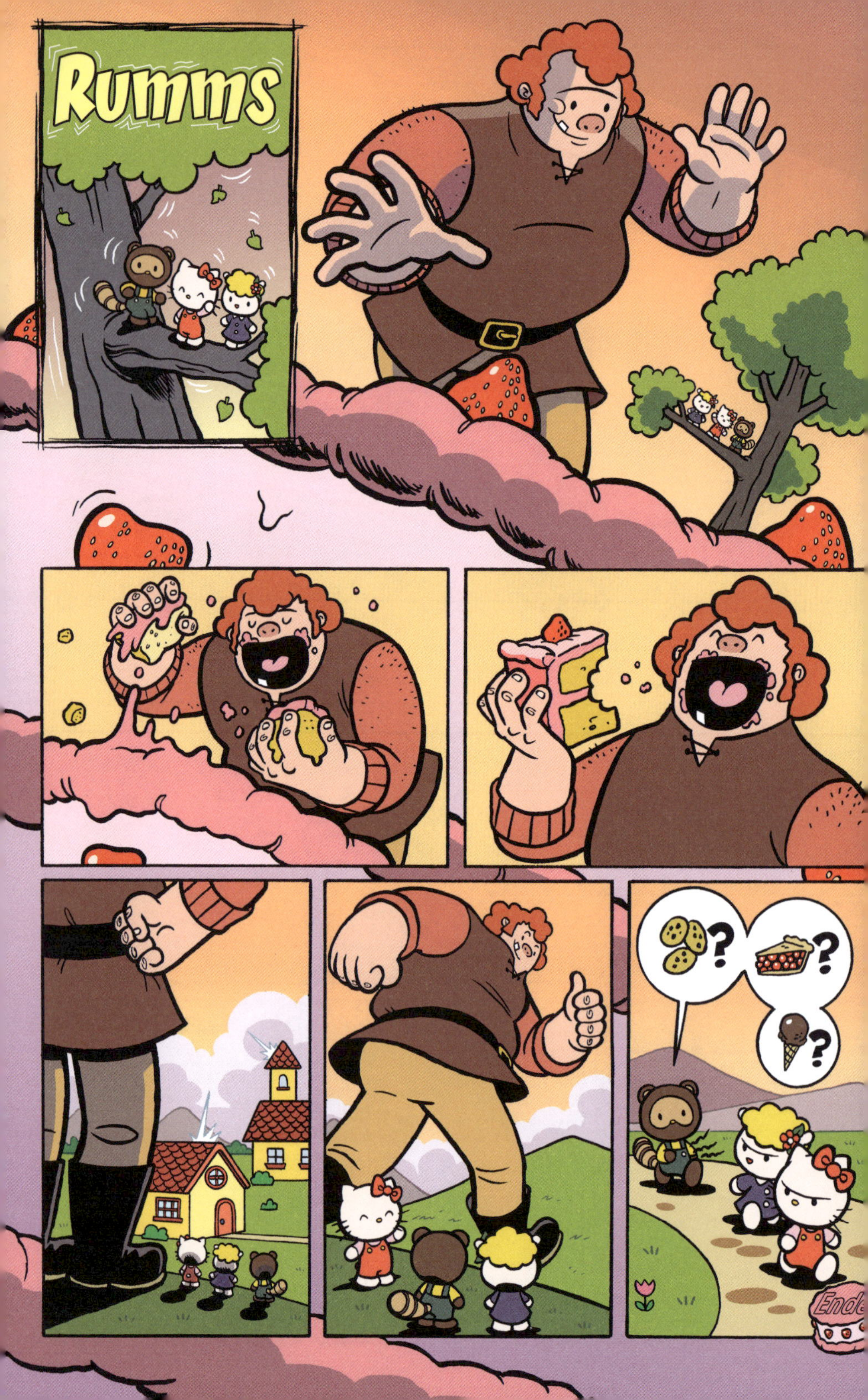
Rumms
?
?
?
End

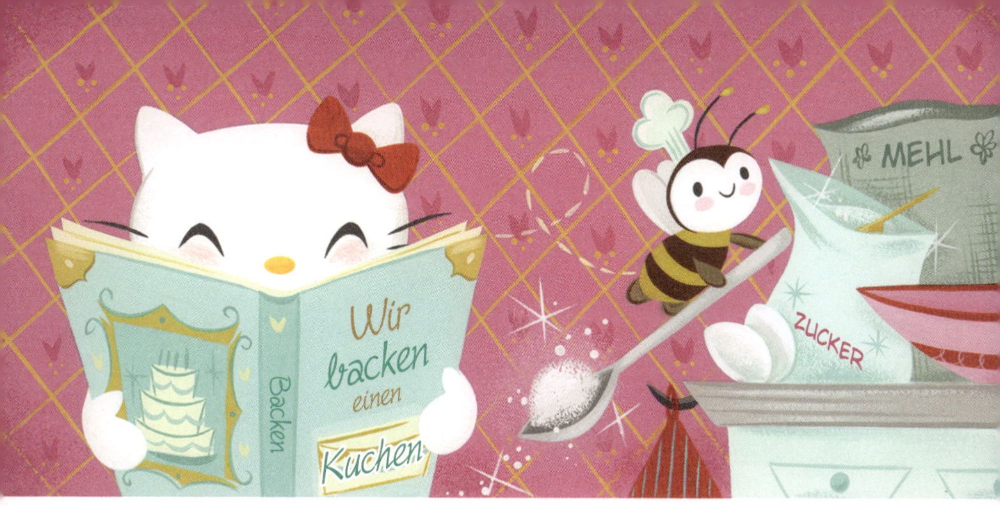
Wir backen einen Kuchen
Backen
MEHL
ZUCKER
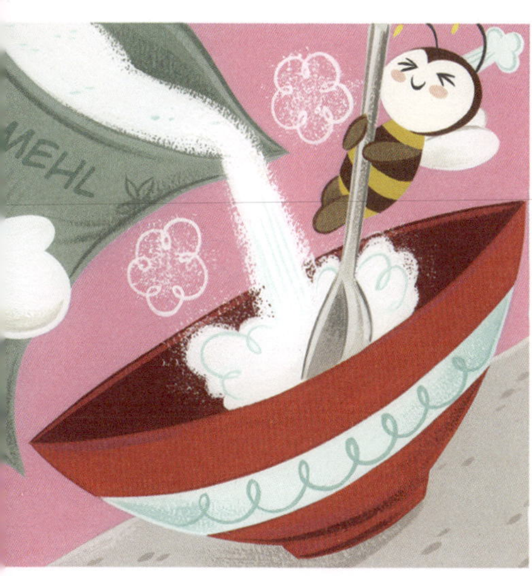
MEHL
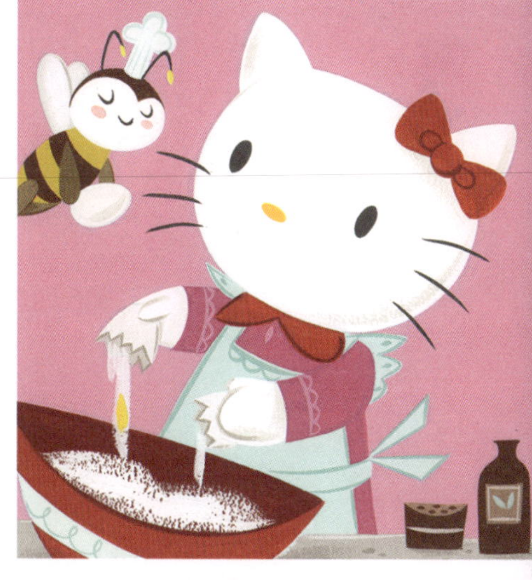
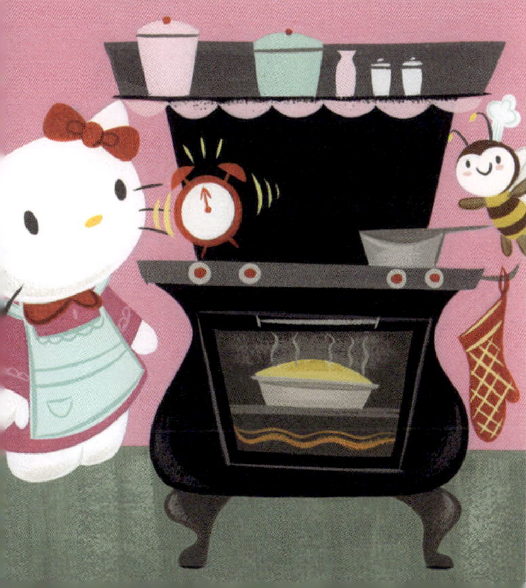
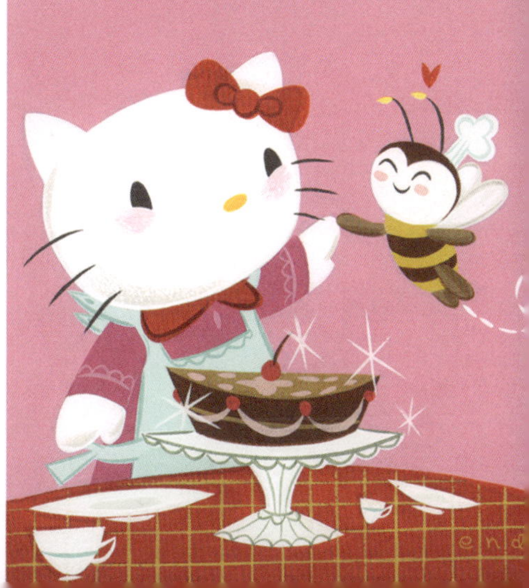

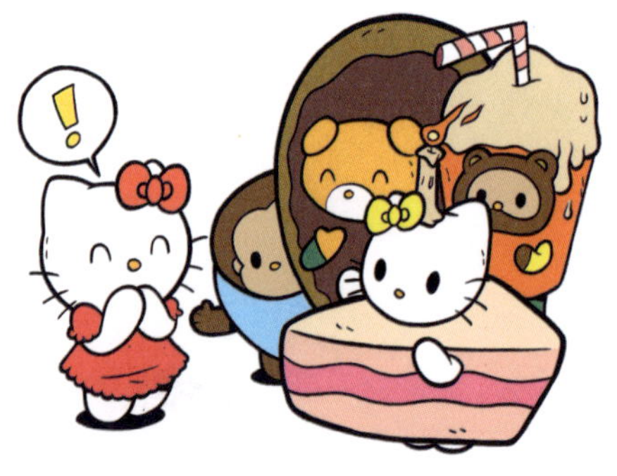

Die Autoren

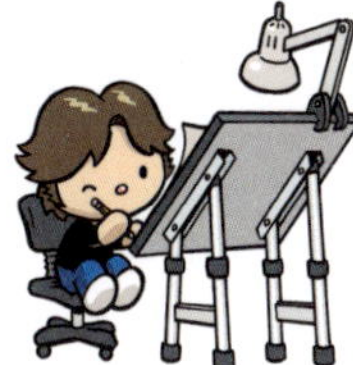

Jacob Chabot ist Comiczeichner und Illustrator und wohnt in New York City. Seine Comics erscheinen unter anderem im *Nickelodeon Magazin, MAD, Spongebob Comics* und verschiedenen Marvel-Titeln. Außerdem zeichnete er die Bände *Voltron Force: Zuflucht vor dem Sturm* und *Voltron Force: Das wahre Gesicht* für VIZ Media. Sein Comic *The Mighty Skullboy Army* erscheint im Verlag Dark Horse und war 2008 für einen Eisner Award als bester Comic für Teenager nominiert.

Jorge Monlongo macht Comics, fertigt Illustrationen für Zeitschriften und für Kinder, designt Videospiele und malt auf Leinwand und Wände. Er verbindet traditionelle und digitale Techniken, um ganze Welten in wundervollen Farben zu erschaffen, die meist schreckliche Geheimnisse verbergen. Man findet seine Arbeiten in Zeitschriften *(El País, Muy interessante, Rolling Stone)* und seiner eigenen Comicserie *Mameshiba*, die in den USA bei VIZ Media erscheint.

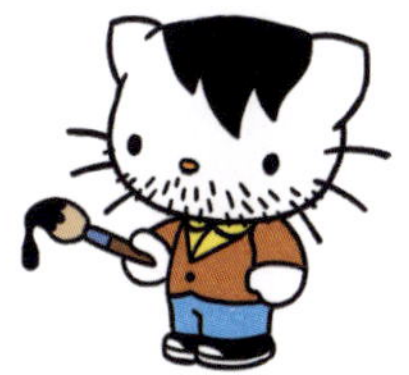

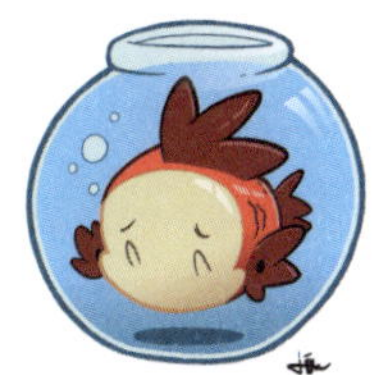

Ian McGinty lebt in Savannah, Georgia, aber auch in irgendwelchen Ecken des Universums! Ebenso auf der Erde. Wenn er nicht gerade Comics und irre Bilder von Oktopussen (oder Oktopi?) zeichnet, lacht er über komisch aussehende Hunde und macht kohlehydratarme Burritos! Ian zeichnet Sachen für VIZ Media, Top Shelf, BOOM! Studios, Zenescope und viele andere coole Leute! Aber aus irgendwelchen Gründen kann er keine Müllautos zeichnen.

Giovanni Castro wurde in Kolumbien geboren, studierte dort Kunst und lebt jetzt in Barcelona in Spanien. Er arbeitet hauptsächlich für Zeitschriften und Comics, was ihm sehr viel Spaß macht. Früher arbeitete er mit traditionellen Techniken, aber inzwischen fertigt er seine Illustrationen digital an. Er liebt Science-Fiction und historische Themen und interessiert sich für Geschichte, Kunst und Sprachen.

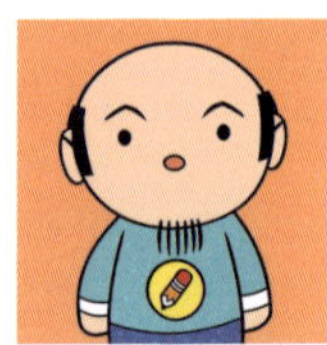

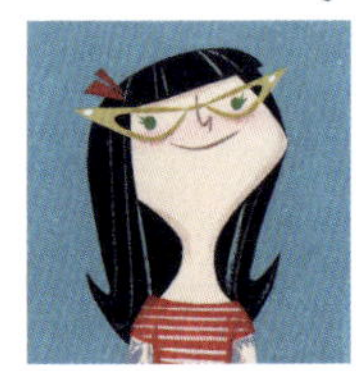

Stephanie Buscema ist eine Illustratorin und Malerin aus New York. Ihre Bilder sind stark beeinflusst von Musik, alten Monsterfilmen, 50er-Jahre-Kitsch und klassischen Kinderbüchern. Ihre Tage verbringt sie in ihrem Studio mit der Arbeit an Coverillustrationen, Comics, Bilderbüchern und Gemälden für Ausstellungen.

Maite Oz ist eine in Schweden lebende argentinische Illustratorin, deren Arbeiten von Textildesign bis zur Illustration redaktioneller Texte reichen. Sie liebt die Natur, Pflanzen und Geschichten mit Bildern.